Cosmologies
and
the Modern World

宇宙观与现代世界

Alan Macfarlane

[英]艾伦·麦克法兰　著

秦雨晨　译

中信出版集团｜北京

图书在版编目（CIP）数据

宇宙观与现代世界 /（英）艾伦·麦克法兰著；秦雨晨译. -- 北京：中信出版社，2025.3. -- ISBN 978-7-5217-7181-7

Ⅰ . B016.8；C91

中国国家版本馆 CIP 数据核字第 2025W4G394 号

Cosmologies and the Modern World by Alan Macfarlane
Copyright of the Content © 2024 by Alan Macfarlane
Copyright of the Graphic Design © 2024 by Cam Rivers Publishing
Simplified Chinese translation copyright © 2025 by CITIC Press Corporation
ALL RIGHTS RESERVED
本书仅限中国大陆地区发行销售

宇宙观与现代世界
著者：[英]艾伦·麦克法兰
译者：秦雨晨
出版发行：中信出版集团股份有限公司
（北京市朝阳区东三环北路 27 号嘉铭中心　邮编　100020）
承印者：河北鹏润印刷有限公司

开本：880mm×1230mm　1/32　印张：9.75　字数：210 千字
版次：2025 年 3 月第 1 版　印次：2025 年 3 月第 1 次印刷
京权图字：01-2025-0377　书号：ISBN 978-7-5217-7181-7
定价：79.00 元

版权所有·侵权必究
如有印刷、装订问题，本公司负责调换。
服务热线：400-600-8099
投稿邮箱：author@citicpub.com

谨以本书纪念和感谢我的人类学老师爱德华·埃文思－普里查德（Edward Evans-Pritchard），是他提供了本书背后的见解。

致敬布鲁斯·罗斯－史密斯——著名诗人、埃文思－普里查德及其家人的密友。

然而，有一点我们可以明确，时间概念不再由生态因素决定，而更多地由结构性相互关系决定，不再是人类对自然的依赖的反映，而是社会群体相互作用的反映。

——埃文思－普里查德，《努尔人》，1940年，第104页

目录

中文版序言 I

序言 V

人类学家的观察 001

为什么希腊人崇尚理性，而中国人讲究圆融？
上帝和"天"有什么不同？这种差异如何影响了中西方文明？
罗马法的遗产如何塑造了今天的西方？
英国人（盎格鲁–撒克逊人）的流动基因从何而来？

第1章 世界观的变迁 021

为什么社会科学总是把历史分成几个固定阶段？
新理论为什么会取代旧理论？
人类如何从一种世界观转向另一种世界观？
库恩的"范式"和福柯的"知识型"区别何在？

第2章 时间的发明与社会塑造 043

不同社会对时间的认知有什么本质区别？
时间观念与社会结构之间存在什么样的关联？
时间概念如何受到权力关系的影响？
人类如何通过历史叙事来解释和理解当下？

第3章 回答"世界为何如此"的三种方式　067

为什么历史上会出现循环、进步和结构这三种不同的时间观?
"进步"和"进化"有什么本质区别?
进化论为什么认为社会发展有固定的阶段和方向?
我们应该如何理解每个时代的"世界观"?

第4章 从历史到当下的转变:人们开始关注"此时此地"　081

为什么社会科学家开始把社会当作机器来分析?
当西方不再主宰世界,理论家们改变了什么?
为什么进化论在19世纪兴起并获得广泛认同?
为何19世纪的欧洲人坚信自己站在进化顶端?

第5章 时间观念的线性化　091

欧洲为何抛弃了"历史是个车轮"的观念?
为什么文艺复兴时期的人开始区分"古代"、"中世纪"和"现代"?
欧洲为什么开始"向前看",而不是像其他文明一样"向后看"?
河流和车轮,哪个更像时间?

第6章 欧洲的进步信仰　103

为什么印刷术让人类开始相信"知识会进步"?
嘀嗒作响的钟表如何改变了人类的时间感?
为什么新大陆的发现让欧洲人不再迷信古人?
航海探险改变了什么?

第7章 18世纪苏格兰边陲的思想革命 125

"进步"概念如何改变了18世纪人们的世界观?

为什么最有创见的思想家反而出现在边缘地区?

苏格兰高地与低地的冲突如何催生了新的社会理论?

从"循环"到"进步"的转变反映了什么样的社会变化?

第8章 法国启蒙运动的衰落 141

法国思想家们为何热衷于研究和借鉴英国的发展模式?

从18世纪到19世纪,"进步论"发生了什么变化?

为什么马尔萨斯的《人口原理》从悲观转向谨慎乐观?

托克维尔如何在乐观与悲观之间找到平衡,重新审视进步的可能?

第9章 19世纪的人类如何重新认识自己 151

新的地质发现和考古发现如何彻底改变了人们对时间的认知?

为什么达尔文迟迟不敢发表《物种起源》?

西方如何从与亚洲平等的力量,转变为19世纪的全球主导者?

为什么社会科学(特别是人类学)会在帝国扩张的时代蓬勃发展?

第10章 新"宗教"对世界的重塑 171

进化论如何成为基督教的"替代品",给维多利亚时期的知识分子提供新的信仰和世界观?

进化论思想如何被用来为帝国主义扩张提供"合理化"解释?

"白人的负担"这一概念如何体现进步论的双面性:破坏与重建?

为什么19世纪的人类学和社会科学与帝国扩张紧密相连?

第11章 19世纪人类学中的偏见与傲慢　191

"原始人"真的缺乏道德感和智力吗？
为何西方要把其他文明都纳入进步的阶梯？
传教士是如何"创造罪恶感"的？
为什么西方会把肤色和文明程度联系起来？
为何要回顾这段充满偏见的历史？

第12章 结构主义对进化论的否定　219

传播论如何动摇了进化论"单线发展"的基础？
第一次世界大战为何会颠覆西方的进步信念？
为什么马林诺夫斯基会认为所有社会都是平等的？
新范式如何改变了学者们看待"原始社会"的方式？

第13章 结构主义取代进化论成为主导范式　241

为什么人类学研究从"扶手椅"转向了田野调查？
殖民主义的变化如何影响了社会科学研究？
为什么这一时期的社会科学转向微观研究？
第一次世界大战如何改变了西方对"野蛮人"的看法？

第14章 进化论的再次兴起　265

二战后的政治经济变革如何影响了社会科学理论的发展？
为什么功能主义在这一时期开始重新关注历史和进化？
新进化论与19世纪的进化论有什么不同？
技术革命如何影响了这一时期的研究方法？

对1982—2023年变迁的反思　277

中文版序言

本书是对东西方过去千年间世界观发生的巨大变迁的一系列思考。本书基于这样一个观点：尽管我们认为自己能够客观准确地回顾过去、审视当下、展望未来，但实际上我们都被一系列不加质疑的假设和范畴所束缚，而对此，我们几乎无能为力。社会科学家们有时称之为"范式"（paradigms），西方学者如米歇尔·福柯和托马斯·库恩都曾在其著作中对此做出重要论述。

在本书中，我进一步发展了他们的思想，将不同文明的思维体系视作人类学家（如我本人）所研究的世界。当人类学家进行研究时，他们意识到一个社会的精神世界在许多方面都是其权力结构、社会结构、长期历史等因素的映射。因此，随着技术和权力关系的变迁，思维体系也在悄然改变，而大多数人却浑然不觉。

这种结合历史学和人类学的研究方法具有诸多优势。对中国读者而言，其中一个特殊的优点在于它开始解释西方对中国态度的变迁。例如，在 18 世纪，大量中国物品涌入西方，西方人开始欣赏中国的伟大与美。哲学家和艺术家们对中国文明的诸多特点赞叹不已，中国在许多方面被视为典范。然而到了 19 世纪，西方开始入侵中国，并认为中国在技术、政治、智识、社会和精神层面都处于劣势。这种种族主义和帝国主义态度，直至中国重新崛起为政治、经济、社会领域的世界强国，才开始发生改变。

当这些重大转变发生时，我们对时间和空间的概念也随之改变。比如，在直至18世纪的漫长时期里，当中国与西方文明大致平等时，时间概念相对静态。从过去到现在并未发生重大变迁，时间常被视为循环的，如同季节更替。当西方在军事等方面变得更加强大时，许多西方思想家发展出一种观念，认为他们的文明已达到顶峰，或者说处于某种阶梯的顶端，而中国或印度等地方则处于底层。

处于底层的是最简单的社会形态，而在西方眼中，中国等"低等"文明需要艰难地攀爬多个阶段才能加入文明俱乐部。西方认为他们的使命就是帮助这些落后的"发展中"国家攀登阶梯，以接近西方水平。作为一个出生于大英帝国末期的英国人，这就是我所接受的隐性甚至显性教育。这种观点构成了近代社会科学、生物学等学科中一个重要理论——"进化论"的基础。我们从简单进化到复杂，从落后进步到先进，从低级发展到高级。这一重要理论至今仍影响着许多人的思维，在西方尤其如此，比如在美国人的思想和行为中就能看到这种痕迹。

身处这个混乱、动荡且快速变迁的世界，如果我们能够跳出当下的体验，仿佛登上高山俯瞰整个世界，回望千年历史长河，就能看清历史中浮现的规律与趋势，它们很可能会延续到未来。

因此，我希望本书能帮助中国读者更深入地理解他们所生活的世界，理解他们在西方世界中将遇到的情感和态度。这种愿景似乎得到了我的一位亲密的中国朋友雨晨的支持，她阅读了英文版并翻译了本书，她在信中写道："就个人而言，翻译本书让我备受启发。在这个动荡不安的时代，走出自己局限的玻璃瓶（这是对维特根斯坦认为我们在哲学上被困在苍蝇瓶或玻璃瓶中的想法的映照），获得新的视角，理解历史思想的转变及其与社会变迁的联系，有助于我们更清晰地看待过去、现在和未来。"

确实，通过观察不断变化的世界观来逐步理解我们世界的过去、现在和未来，正是我写作本书时的亲身体验。我发现了一种对世界全新而深刻的洞见。当我将早年在剑桥大学给人类学专业的学生讲授的这些内容整理成书时，我以一种新的方式理解了自己、自己所处的社会和这个变迁中的世界。亲爱的读者，我希望这也会是你们的体验。

艾伦·麦克法兰
2024年11月于剑桥近郊的洛德村

序言

我们生活在一个纷繁复杂、危机四伏且极度分裂的世界中。我个人采取的方式是深入研究我们如何走到今天这个局面,探索问题的根源。过去我曾通过书籍和电影多种形式地探讨这些问题,而今天我将尝试采用一种新的方式进行探讨。

这种困局部分是西方文明所致,是巨大的政治、社会、经济、意识形态和技术变革的产物,而其中的多数变革我都无力控制。这些变化已经持续数千年,如今,随着我们从新冠疫情中逐步恢复,对生态、人工智能、文明兴衰等领域的新威胁和新机遇有了更深入的理解,对这些变化进行反思显得尤为重要。

这并非易事,因为它要求我们识别并应对周围的意识形态、社会及其他压力,如维特根斯坦所描述的那样,我们就像一只被困在玻璃瓶中的苍蝇。如果我们想要生存下去,甚至找到出路,唯一的方法就是开始理解围绕我们的"瓶子"的本质。

我们应该从何入手呢?作为一名历史学家,我的本能反应是回溯过去,回顾那些引导我们走到今天的历史路径;作为一名人类学家,我则通过观察其他文化来更好地理解自己的处境。例如,通过将我的世界与其他文化进行比较,所谓的"阶级隐性伤害"（hidden injuries of class）及许多其他问题变得更加清晰。这使我意识到了自己的某些偏见和逻辑漏洞。

我一直试图在时间和空间中理解自己，这可以追溯到我的童年和学生时期，并最终成为我作为学者的毕生追求。这项任务永无止境，因为世界在变，我对世界的理解也在变。对我而言，有时候停下脚步，看看是否能发现过去以及我自己的盎格鲁文明中的某种模式，这是非常有帮助的。本书正写于这样一个反思时刻。

1982年夏天，我40岁，晋升为剑桥大学教授。但我的探索并未止步于此。30年后的2012年，我重新录制了1982年的讲座内容[1]，使我的分析更加深入。随后，我又进行了一些反思，尤其是对20世纪90年代以来发生的事件进行了反思。

最初的讲义是在初步了解西方历史和英国人类学的基础上写成的。到了1982年，除了出生后的头五年在印度生活，以及1968年至1970年在喜马拉雅山进行的15个月人类学田野考察外，我对西方以外的世界并没有太多的亲身体验。后来，我和妻子萨拉又访问了尼泊尔19次，日本8次，中国18次，澳大利亚10次，美国数次，西欧和东欧各地多次。我希望，这些访问扩展了我的视野，而更广泛的阅读，特别是孟德斯鸠等世界思想家的伟大作品，加深了我对历史的理解。

虽然这些体验和学习修正了我1982年的某些观点，并使我更清楚地看到了我要讲述的故事的特殊性和独特性，但我认为

---

[1] 原版讲义保留了图表的粗略风格和直观的魅力。

这并未改变其主要方面。我的朋友理查德·马歇尔在书的结尾对我使用的隐喻和西方宇宙观的核心动力进行了有益的总结。这些主要的世界观或范式似乎仍然大致正确，而推动我们从一个世界观过渡到另一个世界观的核心力量，即西方与其他世界的相对政治关系，以及现在与过去的关系，似乎也大体正确。

如果所有这一切都大致朝着正确的方向发展，那么它可能是一个有用的说明，向我们解释我们自身的困境，而且有助于其他人理解西方的主张。我们正处于一个危险的时代，部分原因是亚洲，尤其是中国的崛起，让西方的一些人感觉受到了威胁，从而产生了消极反应。这反过来又使中国人和其他国家的人感到困惑。西方之外的人们希望了解我们，但这并不容易。同样，我们也难以从别人的视角看待自身。

本书的标题是"宇宙观与现代世界"，因此它仅限于特定时期和地区，大致即所谓的盎格鲁文化圈和欧洲文化圈。本书不探讨伊斯兰文明、印度教文明，以及中国或日本等其他世界文明。这些文明与"资本主义"文明截然不同，我的初步观察是，在过去的500年中，它们没有经历过类似于资本主义文明那样的一系列快速且重大的范式变革。此外，本书的探讨也仅限于约1450年之后的时期。这意味着，在此之前的时代被视为一个具有统一范式的周期。实际上，在西方和其他地方，一直存在着多种相互竞争的世界观。例如，在西欧，希腊、罗马、基督教和阿拉伯的世界观在时间、空间和因果关系的概念上各不相同。为了论证的清晰，这些都被排除在外。

在不同文明和世界观之间架起理解的桥梁，逐渐成为我工作的核心。最近，我在自己的YouTube（优兔）频道上发布了6本书的相关视频以及其他多个视频，试图完成这一跨文化传译的任务。本书则是以不同的方式进行的这项工作的延续。

如果本书能帮助你更好地理解自己的过往，以及当前世界中的各种思潮，那么我的目的就达到了。它确实帮助我更深入地理解了自己的来处。正如乔治·奥威尔所言，了解过去的人可能会更好地理解现在，而了解现在的人更有可能预见未来。

人类学家的观察

本书将讨论的世界观或宇宙观，并非凭空或在 15 世纪突然成形。它们是在 2 500 多年的西方历史演进中延续、适应和重塑了希腊文明的产物。如果不了解 15 世纪前后欧洲的景况，即我所讲述的故事开始的时候，就无法真正理解这些思潮的起源。

我如何能在有限的篇幅中简述公元前 1000 年至公元 1400 年间，西欧乃至罗马帝国东部边境地区的漫长历史呢？我将采用以下两种方式，来提供一个全局概览。一是关注各种"起源点"，即后来造就我们现今世界的深厚根源。后来的西方文明之树在很大程度上由这些根源决定。在我看来，这些起源包括希腊、基督教、罗马帝国，以及最终征服罗马帝国的日耳曼族群。西方世界可视为从这些根源生长而来的参天大树。

第二种方式是尽可能远离细节。我没有把自己想象成一个火星人类学家，俯视着这一大片时空，因为我不知道火星人会有什么先入之见，也无法猜测他们会受到什么冲击，而是把自己想象成一个中国学者，一个我在中国偶尔遇到的那种全球历史学家。这类学者对西方历史和社会学了解甚多，并为之着迷。他们曾在西方旅行和生活，阅读广泛而深入。以下是我对这样一位学者可能会对西方历史的哪些方面产生独特见解和反思的一些猜测。

*

对于这样一位中国学者而言,首先可能令他感到惊讶的是希腊对西方世界的深远影响,这里的"西方"指的是西欧及其后的美国。曾有一次,一名小学生请求爱因斯坦解释科学革命的起源,爱因斯坦寄回的明信片上写道:"希腊的几何学和实验方法。"这简明扼要的回答十分精妙。确实,希腊的几何学和数学体系在很大程度上推动了我们的科学进步。这些学问不仅在科学领域,也在文化上塑造了我们的文明。

西方许多的哲学理念都源自希腊。直到 16 世纪,亚里士多德一直被西方世界视为伟大的导师。他的哲学,连同柏拉图及其他希腊诗歌、戏剧和艺术作品,深刻地影响了罗马文明,并在文艺复兴时期对西方世界产生了持久的影响。这种思想塑造了西方世界的人们,其本质与中国思想的深厚渊源截然不同。

中国思想的起源可以追溯到非常古老的时期,由公元前 6 世纪至公元前 5 世纪的老子、孔子和公元前 4 世纪的孟子在一定程度上加以规范化,与希腊思想完全不同。希腊思想建基于逻辑方法,例如对立逻辑,即可以有 A 或 B,但不能同时存在 A 和 B,这就是所谓的"排中律"原则;另有对偶原则,即如果 A 等于 B,B 等于 C,那么 A 必等于 C。简单来说,中国哲学是一种"量子哲学",是一种兼而有之的哲学。你可以同时拥有阴和阳的特质,每一种都包含了另一种的某些成分,并且正在向对方转化。

相比之下，西方的思维方式非常二元，非此即彼。这种思维对某些科学和思想领域是极为有利的，但在其他领域就并非如此。

来自希腊的另一个深刻注解是关于物质世界真实存在的观念。我的意思是，希腊人，尤其是亚里士多德、盖伦等人，可以说是我们现在所称的实证主义者。他们相信存在着客观事物，存在着自然界，存在着各种现象，而它们并不是通过人的思想虚构出的。它们就在那里，需要我们去理解和观察，不会因我们不去思考就发生改变、流动或消失。这是一种对某个世界持有的现实主义模型。

而中国思想的核心涉及"缘起性空""自然无为"，传入中国的大乘佛教没有一个"最终固定不变的现实存在"的概念，道家思想中也没有这一理念，儒家思想中也是如此。事物是处于波动状态的，一会儿是这个样子，一会儿又是那个样子。就像佛教哲学所说的那样，生活中的很多东西都是虚幻的、虚妄的，是"摩耶"①。也就是说，我们以为事物是这样的，但这只是我们大脑和欲望的投射，正是通过认识到这一点，我们才能控制它们。

例如，哲学家和科学史家李约瑟（Joseph Needham）说过，中国古代科学之所以未能发展出近代科学的体系，原因之一是没有一个固定不变的现实存在。一切都是波动的，万物都被赋予了力量，随时可能发生改变。在这样一个风与水的世界里，

---

① 摩耶（梵语 maya），佛教中的"幻""幻象""幻术"。该词最早出现在印度最古老的典籍《梨俱吠陀》中，它是古人从对宇宙万象的直观中得到的共识，随着历史的发展，印度其他宗教如佛教也吸收了这一印度传统宗教观念的某些内涵。——译者注

一个充满"魔法"的世界里,很难发展出现代科学。因为现代科学是建基于这样一个前提:你可以做一个实验,一年之后做同样的实验,结果将保持一致。而在中国哲学中,你未必会得到相同的结果。事物——风、水、洪流、星辰等——可能都已发生改变。西方现代世界的宇宙观中所有哲学体系的深层传承都来自希腊,与中国完全不同。

*

第二个对西方影响深远的是基督教思想。作为一个在西方长大的基督教徒,我从来没有意识到,基督教在我的生活中渗透得如此之深,即使我不认为自己是基督徒,即使我形式上不去教堂,也不相信基督教。当我与一些日本朋友交谈时,他们说:"艾伦,你可能认为自己不是基督徒,但你的诗歌、艺术、哲学、生活方式、伦理道德观,一切都充满了两千年基督教思想的影子。"这一点在西欧尤为明显,基督教在那里传播,后又在我所信奉的新教形式中得到复兴和彰显。为什么会有这样的区别呢?

在我所讨论或已在本书中讨论过的所有思想家背后,有着像大卫·休谟这样虽然放弃了正统基督教,思想却深受基督教传统影响的人物;也有像亚当·斯密、托克维尔这样的人物,无论他们是不是正式的基督徒,其思想都深深扎根于基督教的悠久传统。他们中有些人是天主教徒,如孟德斯鸠、托克维尔等人,也有一些是苏格兰新教徒,但他们的思想都受到基督教的影响。

这实际上意味着什么?首先,上帝是存在的,这是一神论。所有资本主义世界的宇宙观都建基于这样一种观念,即归根结底，上帝是存在的，就像笛卡儿的著作中所提及的那样。我们从"我思故我在"（cogito ergo sum）开始思考，但为什么我们能思考呢？因为有一个"第一推动者"，即上帝的存在。上帝是唯一的，我们能够在某种程度上认知他，我们需要遵循他的律令。

中国传统哲学中完全没有这种一神论的思想。中国有"天"，即"天堂"（heaven），还有一些可能存在也可能不存在的本质，但"天"不是指一个独一无二的神，而是更像一种至高无上的本体或者自然规律。佛教中也有某些精神层面的元素，但总的来说，中国的宗教信仰是由各种哲学流派、古老的自然崇拜和先人崇祖的传统所组成的，你无法在其中找到西方一神教般的概念。这就意味着，中国宇宙观的发展轨迹将与西方的截然不同。

例如，在我们的宇宙观中，有天堂和地狱的概念，一些人将因德行良善而得到救赎进入天堂，而另一些人则由于罪孽深重而进入地狱。某些佛教教派中也有类似思想的痕迹，但并不是主流大义。儒家或道家定然没有这种观念，这种观念也从未成为主导中国思想的核心主张。但对我们这样的基督教徒来说，这却是从小就根深蒂固的观念。我自小就被教导如何与人为善，以期升入天堂，否则就将被打入永恒的地狱和烈火之中。

另一个重大区别在于，基督教是将物质世界与精神世界分离的一股重大思潮。在基督教的某些极端形式中，物质世界被视为撒旦的统治之地，或者至少是由自身法则所统治，与之分离的是精神世界，天堂就是这种分离的典范。这两个世界存在某种张力关系，精神理想与物质世界背道而驰。自然界也日益与人类分离开来。随着世纪的推移，尤其在文艺复兴和科学革命时期，人们构想出一个由机械法则支配的死气沉沉的宇宙，精神世界与之相隔离。精神与自然之间也被区隔开来。

这又与人们所了解的中国完全不同，在中国，自然与人是紧密相连的。我们通常视作死物、无灵性的自然万物，如树木、高山和溪流，实则都孕育着生命之息。中国的世界就像英国诗人威廉·华兹华斯（William Wordsworth）的幼年世界，那里的高山和瀑布都充满了某种处于临界状态的力量与精神。在中国和日本都是如此，自然与人没有被分隔开来。

有人认为，这也许正是中国的科学发展迟缓的一个原因。基督教认为上帝创造的世界是独立存在的：动物与人类分离，是人类的仆人，而大自然也是人类的仆人。对中国人而言，西方人对自然的这种态度更无异于一种剥削、支配和独断专行，而在中国，人们对自然持有一种包容态度，因为你无法控制这些力量，你需要尝试理解，并与它们合作，而非让它们服从你的意志。这是另一个非常大的区别。

还有许多其他不同之处，但我要提到的最后一点是，基督教是一种渐进的启示。也就是说，基督曾经来过，他死了，他承诺将再次来临，即"再临"，并拯救世界，然后我们就可以放心地去天堂了。这就如怀特（T. H. White）所写的一本关于亚瑟王的书《永恒之王》（The Once and Future King）的标题一样，有一位"曾经和未来的救世主"。这意味着你可以回顾过去，看到基督的第一次降临，然后展望未来。历史正在朝着一个最终目标前进，那就是基督的再临。这是一种循序渐进的时间观，最终会有一个结果。

这与中国的情况完全不同，中国有着数千年的文明发展史，其辉煌和伟大大多源于很久以前。当你在中国各地走动时，你仍然会感到不可思议。很多谈话都会引用孔子、孟子、老子或佛陀的言论。这些古代智者的智慧至今仍是人们谈论的热点，因为人们在回顾过去。未来不会有任何人通过"再临"来终结这一切。中国和几乎所有其他文明一样，在回望最初的灵感，而基督教思想则更多包含对未来的期待。

最后需要说明的一点是，以中国人的视角来看，长期以来你所见到的是欧洲，直到后来兼及北美地区，所观察到的其实是一个在历史上大部分时间里规模相对较小的文明。无论是人口数量还是地理范围，西欧地区都仅相当于中国的四分之一至三分之一。而且，西方文明的起源也远远晚于中国。即便追溯至古希腊时期，其历史记载的年限也仅相当于中国的一半。中国文明历史悠久、博大精深，其根基和现行思想体系都与西方大相径庭。作为一个相对年轻、规模较小的西方文明的思想体系，"资本主义宇宙观"很有意思，它的根源是双重的，即希腊文明和基督教传统，另一项特别之处我将在稍后描述的罗马和日耳曼文明时期提及。

*

第三个可能让中国观察者印象深刻的特征是罗马的影响。西方在许多方面继承了罗马文明的特质，尽管罗马文明本身在一些方面经历了颠覆。罗马赋予了西方一些具有决定性的特点，其一在于它不仅继承了希腊的文字系统，即字母文字，还对其进行了改良。这种基于字母的书写和拼写系统与中国的象形文字（类似小图画）符号系统或表意文字（一个字符代表一个词或一个概念）系统相比，差异巨大。这种差异对艺术、哲学、意识形态以及政治的各个方面产生了深刻的影响。在字母系统中，如A、B、C这样的字母本身是没有具体意义的，只有与其他字母结合时才构成意义。而日耳曼语和斯拉夫语虽为不同的语言体系，却同样继承了这一走向抽象的文字革命。

中国的思想体系深受其文字视觉与听觉合一特性的影响。也就是说，当你书写这些象形文字时，它们最初可能是具体物体的图示，如今虽更具风格化，但你的视觉仍旧会被这些图样所吸引。它们不仅是图画，每一个汉字都蕴含着声音和含义，让你可以从听觉和视觉两个维度来理解它们。汉语的强大力量在于它几个世纪以来的统一作用，正是标准普通话促进了不同地区、不同民族之间的沟通和理解。

在西方思想和观念中，语言和视觉之间的差异越来越大，并在文艺复兴时期达到了极致。正如达·芬奇所说："绘画是无声的诗歌，而诗歌则是盲目的绘画。"这是一个巨大的差异，其源头可以追溯到希腊乃至希腊文明之前，并在罗马时期得以延续。

罗马文明的第二个特点是对法律的极度重视。罗马法律享誉世界，经过几个世纪的发展，最终形成了一部高度集中的帝国法典——《查士丁尼法典》。法治在西方文明中占据了无比重要的地位，这是决定其特征的关键因素之一。除了罗马承袭了重视法律的传统，日耳曼民族同样对法律和正义极为推崇，正如塔西佗（Tacitus）所描述的那样。他们有巡回法官，从一个村庄到另一个村庄执法。日耳曼民族的习俗和法律非常强大,且相互融合。事实上,在欧洲存在着两大法律体系:一种是罗马法,在 15 世纪左右得以恢复和重建,在中欧和北欧地区延续,甚至在荷兰形成了一种混合形式;另一种则是英格兰的日耳曼法系,后来被移植至美洲。

将这些法律体系与中国的法律体系相比,后者显得较为简单且强调惩罚功能,而民法、财产法、法院审理民间纠纷等其他法律形式的发展受到了较大限制。中国并非没有法律,它拥有众多法规,但其体系侧重于惩罚。马克斯·韦伯等人指出,欧洲特别是日耳曼法所发展的法律体系,尤其是在财产法方面,显示出极高的微妙性和复杂性。韦伯认为,资本主义的许多核心观念,如抵押、私有财产和市场运作,都在其法律制度的不同方面得到了体现,构成了现代资本主义的基石之一。

西方的法律制度与市场资本主义的发展互为促进。事实上,日耳曼民族是杰出的资本家。9—10 世纪的英格兰拥有欧洲最先进的银币系统,这一点并不广为人知。其各地均设有造币厂,最远的造币地点相距不超过 40 英里[①]。从英格兰经欧洲至地中海,再到斯堪的纳维亚的贸易极为发达。正如梅特兰[②](Maitland)等人所指出,到了 12—13 世纪,资本主义法律制度的基本原则已经确立。这反映出两种文明的起源之间的另一大差异。

另一个差异是源自罗马的实用主义倾向。众所周知,罗马人

---

① 1 英里约等于 1 609 米。——编者注
② 英国著名的法律史学家,他强调每个社会历史发展的独特性,反对简单套用其他社会的发展模式来理解或预测一个社会的发展。——译者注

是伟大的工程师，我们在欧洲各地仍然可以看到他们留下的痕迹。他们建造了高架桥、道路和城镇，非常注重实用性。希腊人是伟大的数学理论家，而罗马人则是实用的数学家和工程师。这种实用主义倾向一直延续至今，体现在他们对自然的驾驭和利用上。这与中国的传统并不完全相异，中国也展现出非常明显的实用主义倾向，无论是治水、修建长城还是建造高速公路，中国的工程师都堪称一流。

罗马的另一特征是其帝国政治制度。罗马最初是一个共和国，但很早就演变成了一个由一位至高无上的统治者领导的帝国。这是一种自上而下的帝国治理模式，与中国的制度在某些方面并不完全相异。然而，在罗马帝国灭亡后的动荡时期，我们经历了持续500年左右的所谓的封建制度。在这种制度下，中央不再由一个强大的统治者领导，而是每个地方的领袖或征服者会将一部分权力下放给下属、贵族和其他人，而这些人又会将权力进一步下放。这样形成了一个层层嵌套的权力结构，通过这个系统，权力被向下层层授权。这就是封建制度的特征，其中统治者向下级提供土地或其他资源并提供保护，而下级则向统治者提供支持（效忠）、军队和金钱。

这种封建委托制度在许多方面留存下来，甚至构成了美国和英国现代民主制度的基础。人们通常没有意识到，我们的民主制度实际上是封建制度的一种演变。在我所在的剑桥大学，这种封建的、授权委任的体系在很大程度上依然存在。

中国的情况则截然不同。公元前221年，秦国统一了六国，秦始皇成为中国的第一位皇帝。在此之前，古代中国在很大程度上采用了一种类似封建的授权委任制。秦始皇开创并进一步推进了官僚中央集权制度，皇帝位高权重，由官僚、吏员和宦官为其服务，没有强大的贵族阶层能对他构成挑战。这种制度以受过教育的吏员为基础，由他们来管理国家，而不像欧洲那样依赖武装的贵族。因此，中国和西方的权力轨迹基于完全不同的基础。

最后，罗马人作为伟大的征服者，从帝国地区的中心罗马城出发，穿过意大利，在几个世纪内征服了西欧的大部分地区。在罗马，这种向外扩张的领土帝国建设一直在持续。罗马灭亡后，君士坦丁在一定程度上延续了这种扩张。15—16世纪兴起的各种王国，特别是西班牙和后来的法国，也采取了类似的行为。因此，征服土地的帝国主义是西欧的一大特征。

中国的情况则完全不同。虽然在一定程度上汉族向外扩张，吸收了一些邻国，但古代中国并没有试图建立一个庞大的陆地帝国或积极夺取更多领土。虽然曾与越南、日本和缅甸等邻国发生过冲突，但直到18世纪的清朝，古代中国才最终纳入了西部的大片土地，这主要是为了防止这些地区落入游牧民族的手中。古代中国可被视为一种"银河帝国"，其中太阳及其周围的星系以中央帝国为核心。而罗马模式的帝国则更倾向于建立统一的帝国，以一个大都会如罗马、巴黎或马德里为中心，围绕这些城市进行征服。

这些都是中国的世界历史学家们认为西方和东方存在深刻差异的特征。他们还会指出，将西方视为一个统一实体是不准确的。欧洲可以分为两部分：14世纪罗马法律和政治复兴后的罗马欧洲，以及在一定程度上包括斯堪的纳维亚和德国北部的日耳曼、欧洲盎格鲁-撒克逊文化影响区（当然还包括英国和美国）。这就是我所说的"欧洲文化圈"和"盎格鲁文化圈"。欧洲被划分为这两个领域，正如它被划分为西方的罗曼语族和日耳曼世界，以及东方的斯拉夫和突厥语世界一样。

欧洲的内部分裂对中国人而言也是比较陌生的。可能会让中国人感到震惊的是，欧洲非常强调规模相对较小的国家，以及后来民族国家和民族主义的兴起。与中国相比，欧洲的面积相当小，西欧的面积大约只有中国的四分之一到三分之一。欧洲被山脉（比如比利牛斯山脉和阿尔卑斯山脉）、河流以及其他地理环境切割成小块，这促进了独立国家的发展。欧洲有希腊、意大利、葡萄牙、西班牙、法国、德国、荷兰、英国和爱尔兰以及斯堪的纳维亚国家等。

这意味着很早以前就形成了一种分离的观念。"我们盎格鲁人"，即英国人，与"你们法国人"不同，而"你们法国人"又与"他们西班牙人"不同，以此类推。具有竞争性和好战性的民族主义的兴起，最初以国家的形式出现，然后转变成民族实体，其中大多数在19世纪既成为国家，也成为民族。但可以肯定的是，强大的、在军事上具有竞争力的国家之间的竞争，从很早开始就是欧洲历史的一个特征。

放眼中国，情况却截然不同。虽然中国各省都有自己的文化、精神和地方语言，但在过去22个世纪的历史中，古代中国大部分时间都是一个统一的国家。你不会看到四川与云南发生战争，尽管云南和四川的面积都与法国相当。不仅四川与云南之间，湖南与湖北以及其他类似省份之间也不会发生战斗。民族主义或数以千万计的人口组成的独立国家的概念并不是中华文明的核心特征。对于中国人来说，要理解西方，就必须了解这些在中国看来相对较小的民族国家的强大影响，这些国家各自代表了一种文化、语言乃至宗教的独立分支，而这些国家在过去1 000年间经常相互争斗。

*

在这里，我想补充一下关于盎格鲁-撒克逊人的根源。这或许不是很流行的话题，而且我了解到一些大学已经禁止使用"盎格鲁-撒克逊"这一表达，但作为一个历史学家，我从小就相信，英国文明在很大程度上受到6世纪左右盎格鲁-撒克逊入侵的影响，因为它逐渐取代了原有的凯尔特人文化和罗马文化，对盎格鲁文化圈（大英帝国和北美洲）产生了巨大的影响。

我认为盎格鲁-撒克逊民族的各种特征可以用来解释我们是如何形成一个民族的。其中之一是亲属制度。就我现在的家庭体系而言，你能够通过男性和女性平等地追溯到我的家族，它采用一套亲属关系术语，明确区分了核心家庭成员，即母亲、父亲、女儿、儿子、兄弟和姐妹，同时围绕其外还有表亲、侄子、侄女、叔叔和姨妈等。这种制度被称为"爱斯基摩"亲属制度[1]，

---

[1] 一种亲属关系分类方式，特点是强调核心家庭成员并简化旁系亲属的称呼。在这一系统中，直系亲属如父母和子女有独特的称呼，而不区分母系或父系的旁系亲属，因此旁系亲属均统一使用如叔叔、姨妈等称谓。此外，所有表兄弟姐妹均称为"表亲"，不详细区分具体亲属关系。这种亲属系统简洁明了，适用于强调核心家庭结构的社会。——译者注

它是盎格鲁-撒克逊的特色，至今也没有多大改变。我们在诺曼征服时期加入了如"叔叔""姨妈"这样的法语词，但除此之外，继承的概念和理念以及其他所有方面都保留了盎格鲁-撒克逊的风格。在家庭方面，我生活在一个盎格鲁-撒克逊世界中。

对中国人来说，这非常奇怪，因为在中国，人们通过男性来追溯血统，从而形成宗族和世系；女性从这些宗族和世系中嫁出去，而且姓氏的选择非常有限，如王、张、李等。但我们的制度完全不同。我们的体系在技术上是"以自我为中心"的：它把"你"放在中心位置，然后向外追溯你的祖先。

这种以自我为中心的特征可能与我们文化中一项非常显著的特性有关，那就是极端个人主义。每个人都是独立完整的个体，每个人的思维都是从自身向外延伸到他们的亲人和周围的世界。我觉得这常常让人联想到《鲁滨孙漂流记》中的主人公，丹尼尔·笛福笔下的鲁滨孙，他在荒岛上独自生活。我们都像鲁滨孙一样，这种特点不仅体现在我们的家庭系统中，还体现在我们的经济、政治、宗教以及其他体系中。盎格鲁-撒克逊人的个人主义家庭制度与中国的家庭制度截然不同。前者的生活很大程度上建立在与非家庭成员、邻居以及陌生人的关系之上。

人类学家将其描述为一种主要基于契约的制度。这并非指书面文件，而是隐含的协议，正如你乘坐公共汽车时形成的"合约"一样——你在公共汽车上要表现得体、支付车费等。这些并非都是书面化的。理论家们，特别是亨利·梅因爵士（Sir Henry Maine），对基于"身份"的社会与基于"契约"的社会做出了明确区分。"身份"意味着你的出生将你与他人（父亲、母亲、兄弟、姐妹、奴隶或奴隶主）的关系固定下来。现代性通常被认为是以契约为基础的制度的代名词，而盎格鲁-撒克逊人在很大程度上拥有契约制度。

换句话说，他们非常机动灵活，没有固定的群体。根据梅特兰等人的说法，盎格鲁-撒克逊人并没有形成任何定居的农业社区，他们最初是狩猎者、采集者和渔民，居住在丹麦和德国北部的沿海地区。他们狩猎、采集、迁移和征服，都没有形成固定的社区。直到今天，滕尼斯（Tönnies）在社会学上使用的严格的社区概念——由血缘、地点和情感联结的社区——并不存在。即使是我自己现在居住的村庄，也不是那种意义上的社区。即使在我来到这里的时候，这里的人们已经居住了一段时间，他们中的大多数人彼此之间也并无血缘关系，只有一种微弱的共同体形式。现在，这里没有真正意义上的社区，只是一个宿舍镇（dormitory town），但我们有板球俱乐部、足球俱乐部和教堂等。

中国在很大程度上是基于"地位"的社会，即儒家哲学中所述的"生来的地位"，并且历史上深深植根于社区，尤其是强大的村落社区、宗族和世系。这与西方的个人主义和自由流动的社会风格大相径庭。

塔西佗在其著作《日耳曼尼亚志》中比较罗马和日耳曼人时指出了另一个差异。他提到，日耳曼人与罗马人截然不同，因为前者是乡村民族。他们热爱乡村生活，典型的特征是居住在森林中的空地上，他们以狩猎、采集为生，饲养牛和其他动物，并从事捕鱼活动。直到今天，他们理想中的天堂依然是乡村生活。而罗马人则认为,"我们爱罗马,我们爱城市,我们热爱城市化,我们是城市文明,而他们是乡村文明"。这种差异后来被卡尔·马克思注意到。时至今日,这种观念仍然成立。相对富裕的英国人的理想就是像我一样,找到一所带有美丽花园和周围是乡村美景的茅草屋,墙上爬满忍冬花。这就是我们的理想生活。

对于那些认为生活全部在城市里的文明来说,这种观点确实令人震惊。在某种程度上,这种英国人的态度与中国人并无太大差异,因为尽管中国拥有规模庞大的城市,但文人退休后的理想生活往往是在一个美丽的花园里,可能是在乡村,也可能是在城镇的郊区。中国人对乡村的向往与英国人相似,并没有显著的差异。然而,这与欧洲大陆的思想大相径庭,即使是在法国、意大利和西班牙,生活也主要集中在城市,而乡村则主要是农民的居住地。

盎格鲁-撒克逊人不断迁移和掠夺。正是这种不安定性最终导致了罗马帝国的崩溃,这种不安分也是盎格鲁-撒克逊文明的一部分。我生活在一个非常不安分的文明中,我们总是在开垦新土地,探索新可能性。我们的文明并非根深蒂固(或植根于土地)。这种情况与印度或中国部分地区世代与土地相绑定的农民相比,是一个根本性的差异。在英国,人们不被土地束缚;人们使用土地,而后继续前行。

英国学者对一个英国村庄进行了长达500年的研究后惊讶地发现,这里的居民一直在不断迁移。中世纪的那种认为人们在同一个地方出生、生活并终老的观念对英国村庄而言完全不适用。大多数人在一个地方出生，仅在那里生活了最初的 10 年到 12 年，之后会搬迁到其他地方，经历数次迁移，可能在途中结婚，最终在另一个地方结束生命。人们在英格兰这座小岛上四处迁徙。这种频繁的人口流动在所有文明中都有所体现，虽然在中国和日本的部分地区偶尔也可见到类似的流动性，但总体上，他们的生活方式更与土地紧密相连。相较之下，我生活在一个不断寻求变化的文明中。

这种不断的迁移与后来的英帝国外扩现象有关。在 16—18 世纪，这个只有 500 万到 800 万人口的小岛向全球各地输送了大量人口，这种规模是极为不寻常的。其中许多人来自苏格兰、爱尔兰和威尔士等贫困地区，英格兰也有相当数量的人参与。他们四处寻找机遇，希望积累财富，并把它带回国内用于建造宏伟的庄园。这种不安定的精神与资本主义和创业活动紧密相连，促使人们总是在寻求更好的机会；只要有所创新，总能迅速获得利润。

盎格鲁-撒克逊人发展了相当先进的技术。他们制造了深且结实的犁，并用牛或其他牲畜来拉犁。他们饲养了许多牛、猪和其他动物，并从事捕鱼活动。他们依赖自然生活，利用包括动物在内的各种资源和其他技术。在其他人看来，他们可以说是一个"懒惰"的群体，他们喜欢以最小的努力，通过掠夺他人或利用动物和自然来创造财富。他们来到英格兰后，很快就适应并发展了这种生活方式。几百年后，英格兰几乎每个村庄都装备了用来磨玉米的水磨。他们不愿亲自动手，而是用水磨这种机器来完成工作。随后，他们发明了风车，并且很早就开始大量使用煤炭。

基本上，英国人一直试图利用"机械"或贸易来最大限度地减少劳动付出，在发展技术方面有着悠久的传统。而在世界上大多数社会中，人们获取财富的方式，尤其是在许多以水稻农业为主的地区，主要依赖于增加劳动力的投入。随着人口的增长，人们会更努力地工作，不会追求效率，因为劳动力非常廉价，有大量人口需要就业。他们会选择投入更多力量，改进水稻农业——实现双季稻、三季稻，改善灌溉系统，尝试新品种。正如克利福德·格尔茨（Clifford Geertz）所说，这是一种"农业内卷式发展"，一场"勤勉革命"。而盎格鲁-撒克逊人则向外扩展，演变成一种"工业"文明。在漫长的几个世纪里，虽然还未使用蒸汽动力，但通过分工和应用相当先进的技术，他们已经实现了广泛的工业化。这正是中国人力密集型劳动与盎格鲁-撒克逊人机器密集型劳动之间的巨大差异所在。

盎格鲁-撒克逊人基本上生活在一个自由的社会中。如果与邻居相处不愉快，可以搬家另觅居所。他们拥有狩猎者和采集者那样的自由，不会被禁锢于某一块土地。当时确实存在某些被束缚的劳动力。但是，从整体上来说，与建基于奴隶制、庄园由奴隶耕作的罗马文明，以及大多数其他传统文明中奴隶制作为一个阶层广泛存在的情况相比，盎格鲁-撒克逊人并非如此。

虽然他们也有一些奴隶，但为数不多。到了12—13世纪，在法律上就不再有奴隶的身份等级，法律手册中也没有奴隶这一类别。从那时起，英国人就有了这样的信念：奴隶制不可能存在于英国国土之上。英国人后来大肆参与海外奴隶贸易，比如，如果一名来自牙买加岛的奴隶到达英国，他便获得了自由身份。他们虽然在某些方面仍受其雇主约束，但实质上已是自由人，可以选择留在英国而不再是奴隶。英格兰让奴隶获得自由，这与绝大多数文明社会有很大区别。这一点与中国并无不同，因为我并不认为中国是一个奠基于奴隶制的文明社会。同样，征服往往会导致奴役他人，如果一个人穷困潦倒，即使是妇女，也有可能被卖为奴隶。但总的来说，中国文明并非像罗马或其他地方那样，建立在大量奴隶劳动力的基础之上。

尽管我谈论的是1 200年前的事情，但这些差异一直在延续，就像最后一个差异——语言（我基本上说的是盎格鲁-撒克逊语）——那样。这并非一时的存在，之后就被其他东西所取代。在过去的1 500年里，除了诺曼人，英格兰从未被征服过，而诺曼人又称维京人，维京人与盎格鲁-撒克逊人出自同源。这只是以不同方式强化了盎格鲁-撒克逊传统，在一段时间内使用不同语言，增添了一些法律，但本质上是同一种东西。

1 500年来，英国人一直生活在这种文明中，正如我在其他地方说过的，这是一种冒险、不安分的、进取、掠夺和征战的文明。其基础是健全的法律体系、相对完善的乡村民主制度和先进的经济体系。所有这些造就了"盎格鲁文化圈"。最终殖民北美洲的人，正是这种文明的后裔。他们的性格、个性和文化与中国人迥然不同。

最后一个不同点在于，如果你看看盎格鲁-撒克逊文学，如诗歌或像《贝奥武甫》这样的长篇英雄叙事诗，你会发现所有这些都可以在托尔金的《指环王》和《霍比特人》中非常清楚地看到——那种北欧世界观和诗歌,也许还有精灵、矮人和冒险的国王,盎格鲁-撒克逊人创造了一种与欧洲大陆和中国的文学及民间传说非常不同的文体。尽管在亚瑟王的传说中也有像梅林这样的巫师,却找不到"魔法"的存在——山水之间并无灵性,我们的物质世界与那万物有灵、充满隐秘力量的世界是全然分隔开来的,两者没有任何联系。盎格鲁-撒克逊文学以及中世纪文学都非常朴实干练。

乔叟的作品中完全没有任何魔法元素。道路在这里分岔,马克斯·韦伯所描述的中国式"神奇花园"(magical garden)在盎格鲁-撒克逊传统中却是完全缺失的。盎格鲁-撒克逊人固然有美丽的花园,但并未注入任何力量或精神意涵。奇怪的是,英国人在宗教改革之前就已接受了新教理念,反对魔法的存在。他们消除和驱逐了几乎所有农业文明中的魔法元素。而在印度、地中海欧洲地区、中国和日本都普遍存在着这种魔法。盎格鲁-撒克逊人是一种脚踏实地、务实理性的文明。这再次体现了一个非常重要且有趣的文化差异。正如拿破仑所说的那样,英国不只是一个小商人的国度,或者说是由小商人统治的国家,更是一个整个民族都具有小商人思维方式的地方。

第 1 章

世界观的变迁

本书是根据我最初于 1982 年撰写的一系列讲稿改编而成的。我在剑桥大学考古与人类学课程的"变化、发展与衰落"单元中,连续四年用这些演讲稿作为教学内容。这些讲座的主题为"资本主义的宇宙观"(Cosmologies of Capitalism),由于时间久远,这些内容从未被记录。我想也许值得一录,于是在 2012 年重新讲述这些内容并录制了讲座视频。

我没有改变讲座的结构或核心内容,但进行了一些即兴发挥,省略了部分内容,并在讲解过程中加入了一些新的思考,同时将其分成了精巧的片段。我的目标是向学习人类学的学生阐释人类学的长期历史背景,回顾过去几百年,介绍这一学科所围绕的范式或问题框架,以及这些范式如何随时间演变。我想先简单介绍一下范式或理解结构转变的概念。

*

作为 21 世纪初期的社会科学家和公民,早期的理论架构就像是我们呼吸的空气的一部分。我们被它们及其产生的语言所束缚。要想获得部分解放,唯一的途径就是客观分析它们创建的方式和存在的原因。因此，在此我将尝试对所有社会科学的历史和发展做一个全景式概述，不仅包括人类学，也包括历史学等其他领域，尽管这种概述难免会过于简单和不够准确。这是一幅非常宽广的地图，细节或许会有错误或过于简化，但我希望它能为人们勾勒出一个可以同意或者反对的总体轮廓。

首先需要指出的是，包括历史学和考古学在内的所有社会科学学科，其理论基础都包含了一套阶段理论。在人类学领域，经常被引用的阶段有原始社会、古代社会和市场社会；这是卡尔·波兰尼（Karl Polanyi）的研究成果，与赫伯特·斯宾塞（Herbert Spencer）和埃米尔·涂尔干（Émile Durkheim）的早期研究非常相似。或者说，最近的人类学家更多从狩猎采集社会、部落社会、农民社会和工业社会的角度进行论述。而在19世纪，路易斯·亨利·摩尔根（Lewis Henry Morgan）等学者则提出了原始人、野蛮人和文明人这样的分类法。

如果我们转到社会学领域，也会有一样的思路。有从以血缘为基础的社区社会到军国主义社会，再到工业社会的阶段划分，这是斯宾塞的划分方式。或者从基于社区的社会到结社社会，这是滕尼斯的观点。或者从机械团结到有机团结，这是涂尔干的理论。又或者是孔德（Comte）关于神学知识、形而上学知识到实证主义知识的阶段论。马克思是这种阶段理论的另一个范例，他认为人类经历了最初的原始古代社会，然后是封建社会，接着是资本主义社会，最后是社会主义社会和共产主义社会。

历史学家们也倾向于采用这种划分方式。我们有古代社会、中世纪社会、近代早期社会和现代社会的划分。还有两种划分方式。考古学有石器时代、青铜时代和铁器时代的划分。埃夫伯里勋爵（Lord Avebury）提出了旧石器时代和新石器时代的概念，将石器时代细分为两个次阶段。即使在人口研究中，通常也会将其划分为过渡前期、过渡期和过渡后期三个阶段。

我们可以观察到，几乎所有这些划分方式都是由三到四个阶段组成的，有时是五个阶段，而且几乎全部都是在19世纪下半叶建立起来的。近期我们又增添了其他的划分方式，例如在经济学领域，有前工业、工业和后工业社会，或是非发达社会、发展中社会和发达社会。

用这种分阶段的方式来思考问题的确很有诱惑力，也容易让人联想到某种进步观念。你从一个阶段过渡到另一个阶段：我们现在处于最高阶段，而我们的祖先曾处于较低阶段。你会将不同的文明和社会安置在这些历史分期之中。那么这种思维方式是如何产生的呢？这正是本书的主旨所在。我们是如何达到这种阶段划分的？它们是否合理？是什么原因导致了它们的出现？我稍后会更详细地探讨这些原因。不过这里先列举几个可能的原因，以解释为什么我们会用这种分阶段的思维方式。

*

首先是人口增长和人口统计学概念的诞生。这是马尔萨斯、达尔文、涂尔干著作的核心主题，一直延续至今。其次，这些阶段与技术发展水平相关联。也就是说，随着新工具或新材料的出现，社会会从一个阶段迁移到另一个阶段。马克思主义中的著名例子是，犁促成了封建制度，而蒸汽机带来了工业化。

第1章 世界观的变迁

这一观点也融入了许多历史学家如费尔南·布罗代尔（Fernand Braudel）的研究中，并在一定程度上影响了人类学家，如杰克·古迪（Jack Goody）和林恩·怀特（Lynn White）的工作。

再者，可以考虑是合理化。也就是说，我们变得更加理性了。这是一种科学，同时也是一种思维方式，在一定程度上也是推动马克斯·韦伯研究的精神动力或能量。正如尼斯比特所说："合理化——劳资关系、政府、宗教和整个文化的合理化——是现代史上一股不可阻挡的力量，这股浪潮必将席卷之前的一切。合理化对韦伯而言，正如平等主义对托克维尔的作用一样。在这两者中，我们都看到了一种历史趋势……适用于所有文明的文化和思维模式。"[2]

许多阶段划分是无法解释变化的，因为它们不是动态的。比如卡尔·马克思的理论，他认为每个阶段内部都存在冲突或不平衡，这导致了下一个阶段的诞生。每个阶段都因内部紧张而崩溃。他关于历史上由主要是阶级冲突引起的辩证变化的著名观点是："辩证法是变化过程。没有两极单位之间的对立交换，就没有变化。每一种结构通过分化过程都为变革所必需的内部矛盾提供了基础……在此基础上，他们[AM：斯宾塞、达尔文等进化论思想家][3]又加上了有目的的社会发展的进化。"[4]

其他人则认为这只是一种自然发展。它就这样发生了。时间流逝，我们继续前进，一个新的阶段出现了，通常是更高的阶

---

2 Nisbet, *The Sociological Tradition*, 1966, p. 293.
3 中括号中的文字用于对引语内容做出偶尔的阐释或评论，其中的 AM 为作者名字缩写。
4 Voget, *History of Ethnology*, 1975, pp. 670–671.

段，而不是更低的阶段。发展被视为一种自然趋势。正如物理世界中存在由万有引力定律所包含的规律一样，"有机体……同样依赖于一个规律，那就是**进化**"[5]。

另一种与马克思的矛盾张力观念接近的机制，是查尔斯·达尔文关于物种间的竞争和淘汰劣者的理论。

最后，还有一种关于随时间推移而日益细分或专业化的观点。亚当·斯密的劳动分工以及后来的赫伯特·斯宾塞和埃米尔·涂尔干的理论都在一定程度上体现了这一点。有些人认为，历史进程具有其内在的必然性或不可避免性。还有一些人认为，历史是由一种力量推动的，这种力量导致一个体系内部的冲突日益加剧，最终崩溃重建。

*

社会科学作为一种特殊的范式和历史经验的根源，显然是世界观或范式发生巨大变化的结果。在社会学领域，进化论的两个阶段构成其基础。"18 世纪的进步主义者首次勾勒出社会科学发展的基本框架……19 世纪的发展论者在此基础上进一步拓宽和深化，将社会过程与支配物质组织和进程的自然法则紧密结合……"[6] 尼斯比特指出，社会学的关键形成期大致从 1830 年延续至 1920 年（代表人物有孔德、韦伯和涂尔干等）。[7] 这一时期为何至关重要？这是因为社会学正是在进化论的思想影响下诞生的："社

---

[5] Chambers, *Vestiges of the Natural History of Creation*, 1844, p. 360.

[6] Voget, *History*, p. 304.

[7] Nisbet, *Tradition*, p. 1.

学家奥古斯特·孔德（1798—1857）和赫伯特·斯宾塞（1820—1903）在发展社会进化科学的理论基础上扮演了开创性角色。"[8]

人类学也是如此，进化论同样构成了其学科基础。"进化论思想为新兴的人类学领域提供了一个统一的理论，并为其独特的比较方法提供了理论依据。"[9] "进化论视角为强调人类与文化的物质和史前发展提供了完美的智识催化剂。所有生物形式都源于一个经过变异的共同祖先，这一观点为探索人类的生物学演化历史提供了广阔的视角。"[10] 这一进化框架的两个主要时期分别是1750年至1790年［代表人物有凯姆斯勋爵（亨利·霍姆）等］以及1850年至1890年（代表人物有泰勒、摩尔根等）。

考古学与人类学的根源相同，都源自19世纪后三分之一世纪的乐观主义氛围。"正如考古学在1850年至1870年的20年间诞生一样，其姊妹学科人类学也在此时期形成。人类学，在理论上被定义为对人类的研究，并在实践中专注于原始人类的研究，因此可以说它包含了考古学的某些方面……人类学与考古学的交会点在于对史前时代的探索……"[11] 丹尼尔再次精辟地指出："任何学科的起源都极为复杂，很难仅归因于单一因素；新地质学、三时代系统（Three-Age system）、对埃及和地中海古文明的发掘、进化论——所有这些元素共同催生了19世纪60年代考古学的诞生。无疑，进化论一旦被接受，便孕育了一个

---

8 Voget, *History*, p. 145.

9 Voget, *History*, p. 116.

10 Voget, *History*, p. 132.

11 Daniel, *The Origins and Growth of Archaeology*, 1967, p. 115.

新的思想氛围，让考古学和人类学得以发展和兴盛。"[12]

历史学亦同此理。普遍的观点是，虽然人们早已记述过往，但现代历史学的基础主要是由18世纪晚期（代表人物有休谟、罗伯逊和吉本）和19世纪晚期（代表人物有兰克、斯塔布斯、阿克顿、梅特兰）两个重要的形成期奠定的。

因此，我们可以看到，人类学、社会学、考古学和历史学深深植根于"进步主义"，特别是"进化论"观点，因为它们公认的根源来自那两个最显著的进化论时期的两批学者，即18世纪后期的进步论者和19世纪后期的进化论者。

尽管20世纪初出现了一些反对这种优越感的相对主义反应，但在某些领域这种思想依然潜伏其中，就像在历史研究中一样，随时可能重新浮现。这种情况是不可避免的，因为如果没有某种像进化论这样的框架，历史学和人类学将会：

（a）因缺乏任何因果框架而失去意义；
（b）与我们关系不大——如果每种文化都是独立的，那么为什么遥远的文化会与我们有关？

我们发现自己被某种世界观包围，而学科本身只是这种世界观的一个层面。因此，学术学科的解释体系及其起源本身就成了研究的对象。为了更清楚地说明白这一点，我将介绍两种关于理论和解释体系演变的观点，这与我后续要探讨的理路相符。

---

12 Daniel, *Origins*, p. 101.

这些阶段遍及所有社会科学、历史学和考古学领域，日益引发历史学家及其他学者对其成因的关注。我现在将探讨关于理论体系及其他体系变迁的两个著名理论，因为我接下来的研究正集中于这些变化的理论分析。

*

我想首先探讨的理论家是托马斯·库恩（Thomas Kuhn），他在1962年出版的著名短篇著作《科学革命的结构》（*The Structure of Scientific Revolutions*）中提出了改变理论体系的问题，这非常有价值，尽管我对他的答案不甚满意。库恩关注的领域是科学，特别是物理科学和天文学。他所展示的，令当时的许多人大为震撼，即科学不是因为每一个新理论都比前一个更好、更准确、更真实而被视为绝对真理、征服一切，而是在很多方面几乎成了一种宗教形式。换言之，科学是一套关于世界运作方式的信念体系，这些信念随时间而变化。这种变化并非因为新思想一定比旧思想更合逻辑、更合理或更优，而是因为它们以某种方式恰当地契合了人们的需求，吸引了人们；或者更加讽刺的是，有人说，这是因为坚持旧思想的人年纪渐大，他们的观点被年轻人挑战，随着他们相继去世，新的思想得以诞生。

库恩主要关注16世纪和17世纪，他指出，天文学中的哥白尼革命、化学中的玻意耳革命、物理学中的牛顿革命以及后来的爱因斯坦革命，都被视为"世界观"（Weltanschauung），反映了那个时代的思想观念。这些都是"范式"，库恩对此词有多种使用方式，但他给出的一个定义是，"范式"是"被广泛认可的科学成就，在一段时期内为从业者们提供了示范性的问题和解决方案"。[13]

为什么有些理论成功了,有些则失败了呢?库恩指出:"要想被接受为范式,一种理论必须显得比其他理论更优,但它不需要,事实上也从未解释过它所能面对的所有事实。"[14]每一个范式都有其不足之处,终将被新的范式取代。

顺便说一句,这并不是库恩的新观点。亚当·斯密在他的《天文学史》中也有同样的论述,他说希腊人、中世纪人和牛顿都发展出了天文学理论,毫无疑问,牛顿的理论将来也会被推翻。斯密在18世纪后期的那篇早期论文中就提出了范式转换理论的完整概念。但据我所知,库恩在没有提及亚当·斯密的情况下将这套说法推广开来。

范式为什么会改变?库恩提请我们注意的一个背景因素是"异常"的概念,即一种范式并不能回答**所有**问题,只能解决其中的**一些**。你发现了一块新大陆、一颗新恒星或一份新手稿,一开始你可以将其搁置,但这样的例外情况越来越多,最终人们会说,这个理论是错的,我们必须放弃它。因此,异常现象在新现象出现中扮演着重要角色。事态发展到危机阶段,突然之间范式就会发生重大转变。他认为,一个新范式的出现并不是简单地通过实验数据直接推翻旧范式那么简单。"在科学发展的历史研究中,还没有任何一个理论被推翻的过程与简单地通过和自然界直接比较来证伪完全相似。"[15]

---

13 Kuhn, *The Structure of Scientific Revolutions*, 1962, x.
14 Kuhn, *Structure*, pp. 17–18.
15 Kuhn, *Structure*, p. 77.

他提到的最著名的例子是伽利略革命,即伽利略的视角和思路的转变。观察这个例子,就可以了解他认为这种变迁是如何发生的。库恩提出:"为什么会发生视角的转变?当然是源于伽利略的个人天赋。但请注意,这里的所谓天赋并非表现为伽利略对摆动的物体进行了更准确或更客观的观察。从描述的角度看,亚里士多德的观察同样准确……相反,真正起作用的似乎是天才人物善于利用中世纪范式转换所带来的新的感知可能性。"[16]

库恩说:"尽管世界在范式转换时并未改变,但科学家后来却生活在一个不同的世界中……在科学革命期间所发生的事情,并非能完全归结为对个别稳定数据的重新解释。"[17] 换句话说,人们可能看到的是同一组数据、同一颗恒星或同一份文献资料,却以完全不同的方式去看待它们。库恩表示,由于这些危机以及其他认知上的变化,伽利略对摆动的石头就有了全新的看法。所谓"正常科学"即较早的范式时期"与伽利略那样的科学革命完全不同……[存在一种]对异常现象的认知……而这种异常现象的终结并非通过深思熟虑和解释,而是通过像格式塔转换①这样相对突然且无序的事件实现的"。[18]

他说,这种新视野通常首先出现在一两个人的思维中。达尔

---

16 Kuhn, *Structure*, p. 118.

17 Kuhn, *Structure*, p. 120.

① 原文为"gestalt switch",这一概念的来源可以追溯到格式塔心理学的视觉实验,库恩在《科学革命的结构》一书中借用了这一概念来形象比喻科学家在科学革命时期,对同一客观现实的认知会发生根本性的剧烈转换,揭示突然性和不可逆转性特点。——译者注

18 Kuhn, *Structure*, p. 121.

文和阿尔弗雷德·拉塞尔·华莱士突然以不同的方式看待了这个世界，赫伯特·斯宾塞以及其他一批人也是如此。有几十个人都在以类似的方式思考。罗伯特·钱伯斯也是其中之一。他们看到了同样的化石和动物，但以不同的方式去观察它们。这部分源于当时的时代分为他们所处的环境和周围的世界，有时也存在一定的周期性规律。正如著名的物理学家马克斯·普朗克所说，一个新的科学真理不是通过说服其反对者而取得胜利，而是因为反对者最终去世了。在某种程度上的确如此。学者们通常会坚守自己的观点，新观点往往需要时间才能获胜，而这在某种程度上也是因为旧观点的拥护者最终退出了。

库恩所展示的，我认为是很有价值的，那就是范式几乎就像**潮流**一样，类似于人类学意义上的迷思[①]，即当前解释世界运行规律的方式。迷思并非必然虚构，它只是一种元叙事，一种阐释事物运行机制的方式而已。库恩在谈及亚里士多德力学时说："如果这些过时的理论被称为迷思，那么迷思也可以通过与如今产生科学知识相同的方法和理由而形成。"[19] 库恩本人就是在说，科学本身是一种迷思，它并非虚构的产物，但也并非绝对不证自明的真理。

我认为库恩的研究在某些方面令人不太满意，库恩本人也承认了这一点，那就是他没有解释范式**为什么**会发生变迁。他指出，这样一种19世纪的观点，即科学之所以进步，是因为新理

[①] 英文单词"myth"的音译。起源于希腊语 mythos，又意译为神话、虚构的人或事，泛指人类无法以科学方法验证的领域或现象。——编者注

19 Kuhn, *Structure*, p. 2.

念更为优越、更为真实、更加准确、更加合乎逻辑、建基于更佳的事实,并不是一个充分的解释。但他并没有用其他理论来替代这一观点。无论是在《科学革命的结构》这部著作中,还是在后来的作品里,他都坦承了这一点。除了偶尔的简短旁述,他对技术进步或外部社会、经济和智识条件在科学发展中的作用几乎未做任何论述。

正如库恩在序言中所说,他意识到这种变革的动力来自变革者个人甚至群体之外,但他也承认自己并不是社会、经济或政治史学家,因此没有能力去探究这些范式变迁的起因。我们算是向前迈进了一步,但步伐不算太大。在书的序言中,他诚恳地承认:

> 更重要的是,除了偶尔的简短旁语,我几乎没有谈到技术进步或外部社会、经济和智识条件在科学发展中的作用。然而,人们只需看看哥白尼和历法的例子,就不难发现外部条件可能会将一个微不足道的异常现象演变成严重危机的根源……我认为,明确考虑这些外部影响不会改变本文的主要论点,但它肯定会为理解科学进步增添一个极其重要的分析层面。[20]

*

我最初做这些讲座时只讨论了库恩的理论,但大约六年后,

---

20 Kuhn, *Structure*, xi–xii.

我又加入了在这一领域有所贡献的另一位思想家。我读过福柯的一些作品，或者说读过相当多福柯的作品，我认为他关注的是类似的问题，即知识理论发生大规模转变的问题。不过他所说的是"知识体系"（epistemes），而非"范式"。同样，我认为他正确地指出了这种知识理论会随时间而发生剧烈变化的事实，我将会探讨这些变化。但我对他的研究也感到不太满意，因为他似乎没有解释这些变化的**原因**。

福柯所说的"知识型"（episteme）是什么意思呢？英语中原先还没有这个词。当然，因为福柯，现在有了。但我在20世纪80年代查找时还没找到。英语中有"认识论"（epistemology）一词，它是希腊语的"知识"和"论述"的结合，意为"关于知识的方法和依据的理论与科学，即我们如何认识事物"。因此，当时我认为，"知识型"指的是科学或理论所达成的一套特定的思想体系，即我们认识世界的方式。[21]

关于福柯所指的"知识型"是什么意思，还有一个线索是，他在作品中交替使用了"知识型"和"构型"（configuration）这两个词。[22]就像许多伟大的思想家一样，福柯的观点也存在一些矛盾之处。起初，他说这不算是一种世界观，并表示自己的关注点不在于描述"一种文化的整体面貌"，而在于某种特定的构造形式。[23]这并非宇宙观上的一次巨大的进化变迁。因此，举例

---

21 Foucault, *The Order of Things*, 1970 p. 35.

22 Foucault, *Order*, xxiii, p. 30.

23 Foucault, *Order*, p. 159.

来说，9—10世纪的进化思想就是一种宇宙观——对他来说可能范围过大了。

但他使用"知识型"一词时，比如在《知识考古学》一书中，就显得自相矛盾了。他说："这种'知识型'可能会被误认为是一种类似于世界观的东西，是所有知识分支共有的一段历史，它强加于每一个分支相同的规范和先决条件，是一个特定时期理性的普遍阶段，是那个时期的人无法摆脱的某种思维结构……'知识型'并非一种知识形式（connaissance）……它并不体现一个主体、一种精神或一个时代的主权统一性；它是在一个特定时期内，可以在诸多科学之间发现的关系的总体……"[24]

它是科学之间的关系，当我们想到结构主义的观点，即意义不在于事物本身，而在于事物之间的关系时，这一点就非常有趣了。但福柯所指的含义仍然有点令人困惑。

让我们从另一个角度来看。实际上，他认为发生过哪些重大的认识论断裂？他将"西方文化认识论中的两大断裂分离出来：第一个发生在古典时期的开端（大约在17世纪中叶）；第二个则发生在19世纪初，标志着现代时期的开始"[25]。

第一个重大转变是从相似性的世界转向分析的世界。正如他所描述的："首先，分析取代了类比的等级制度。在16世纪，基本假设是一个全面的对应系统（地球与天空、行星与面孔、微观

---

24 Foucault, *The Archaeology of Knowledge*, 1972, trans. Sheridan Smith, p. 191.
25 Foucault, *Order*, xxii.

世界与宏观世界相对应①），每个具体的相似性都植根于这一整体关系之中。从现在开始，每一种相似性都必须通过比较加以证实……"[26] 这是 17 世纪初巴洛克时期开端时的情况，"思想不再在相似性的领域中运作"[27]。他认为培根是这一变革的关键人物。

接着就是 19 世纪初认识论的第二次重大转变，即现代之初对古典方法的否定。古典时代"表象理论与语言理论、自然秩序理论以及财富和价值理论之间"[28] 所建立的内在联系，在 19 世纪完全被打破了。福柯说，这种变化不是渐进的。他试图描述"生物学、政治经济学、语言学、一些人文科学和一种新型哲学在 19 世纪开端时共同出现的一系列深刻变革"[29]，这些变革在他的诸多著名分析中都有所体现，例如他对边沁的"圆形监狱"②的解读。

---

① 此处的原文是 "earth and sky, planets and faces, microcosm and macrocosm"。"行星与面孔"的对应反映了文艺复兴时期的思维方式。福柯在《词与物》中指出，16 世纪的知识建立在"相似性"（resemblance）的基础上，认为宇宙间的宏观（如行星）与微观（如人的面部特征）存在着神秘的联系和对应关系。例如，火星对应愤怒的面容、金星对应美丽的面貌等。在这种世界观中，天体与人体、宏观与微观世界之间都被认为有着必然的联系。这种基于对应关系的思维方式在 17 世纪科学革命前的西方知识体系中占主导地位，之后逐渐被分析性思维取代。——译者注

26 Foucault, *Order*, pp. 54–55.
27 Foucault, *Order*, p. 51.
28 Foucault, *Order*, xxiii.
29 Foucault, *Order*, xii.

② 它的核心法则就是以最少的警卫来监视最多的囚犯。在形态上，圆形监狱是一系列按圆形排布的监禁室，并在整个圆形结构的中央设立一座监视塔。警卫们可以随时观察每个囚犯的一举一动，而囚犯却看不见警卫。因此，囚犯们会意识到这种监视行为是一直都可能存在的，但不知道究竟何时会被监视。——译者注

福柯剖析了现代社会中"主体"被"客体化"的方式。他区分了不同的实践领域和学科。他关注像麻风病人这样被边缘化的群体。他审视科学分类体系，并开始探究这些分类范畴的建构。这与人类学的某些观点颇为相似，许多人类学家如玛丽·道格拉斯、涂尔干等，都研究过我们是如何通过分类来划分世界的。福柯的思路与此非常类似。

他所提出的这些历史断裂时期，即17世纪初，以及19世纪早期，对法国及其文学传统而言是具有重大意义的。但它们似乎与我在英国历史上注意到的重大转折点不太吻合，关于这一点我稍后会做出解释。我认为这些断裂是难以跨越不同文化甚至邻近文化的，它们可能只是专指法国文学和历史的重大突破，而非更广泛的转变。我认为它们在美国或英国不太可能被认同，更不用说在中国或日本了。这些断裂不是西方性的，而是法国性的。尽管福柯确实举过英国的例子，如边沁和培根，但我不认为他们代表了全欧洲的情况，甚至我怀疑这些思想传统与其他拉丁文化——以意大利或西班牙为代表——也可能存在差异。

不过，令人振奋的是，福柯将这种思维模式推而广之，应用到各个学科领域。库恩主要关注的是物理科学，但福柯将其扩展到医学、经济学、语言学、性学、犯罪学等诸多领域。他拓宽了视角，强调我们被困于不断变迁的世界观之中。

然而，当我转而探究它们为什么会改变时，我在福柯那里又找不到答案。首先，他承认自己对变化或分析变化不感兴趣。[30]

---

30 Foucault, *Order*, p. 139.

他对连续性或持续变化不感兴趣，更专注于呈现变革前后的差异。他还承认，被称为"考古学"的变迁并不是完全彻底的。不存在单一的断裂，让人们在一个不同的精神世界中觉醒，而是其中有部分领域发生转变，整体系统仍在延续。[31]

就变革发生原因的研究而言，他的研究不够深入。他认为："在几年的时间里，一种文化有时不再像以前那样思考问题，而是开始以一种新的方式思考其他问题，这很可能是从外部侵蚀开始的。"[32] 正如库恩所说，其他地方发生了变化。但究竟是什么呢？他没有继续思考。

他说，铅活字印刷术的发明"无疑是西方文化中最重大的事件之一"，而"写作在西方被赋予的根本地位"也同样重要。"从此，语言的本质就是被书写。"[33] 像所有人一样，他意识到传播技术的重要性，但他并没有深入探讨。他没有将古典或现代转折与技术发展联系起来。

他玩味起因。例如，在《知识考古学》中，他暗示临床医学实践的诞生与政治以及其他变革之间存在一些象征性联系[①]。他看到了这些变革之间的关联。他暗指政治变革如法国大革命可

---

31 Foucault, *Order*, p. 175.
32 Foucault, *Order*, p. 50.
33 Foucault, *Order*, p. 38.
① 福柯在这里特指的是 18 世纪末 19 世纪初，医学界出现了新的临床医学实践，即通过直接观察和检查患者身体来诊断疾病，而不再仅仅依赖古代经典医学理论。福柯认为，这一医学实践的转变与当时的政治和社会变革存在某种象征联系。18 世纪晚期正值启蒙运动和法国大革命时期，人们对既有权威和传统的质疑，对理性与经验主义的追求，在政治和思想领域都产生了深刻影响。因此，医学界摒弃古典传统理论，转向亲身观察和实证主义的临床实践。——译者注

能与之有关，经济变革如工业化的兴起也可能与之有关。但他完全没有深究下去，他基本上放弃了。用他自己的话说，"考古学将分析置于另一个层面"。他的目的不是"孤立出因果机制"，他说："在一系列叙述事实面前，考古学不会问是什么因果联系导致了它们的产生。"[34]

我认为，不管怎样，我们所有历史学家的任务就是研究因果关系。我们可以描述某种现象，但我认为，我们需要尝试理解这种现象发生的原因——虽然成功的希望或许不大。福柯承认，他无法解释重大转变的根源。在《事物的秩序》(*The Order of Things*)一书的前言中，他用一段有趣的论述解释了这一点。

> 要确定是什么原因促使一门科学的具体变革并非易事。是什么让这一发现成为可能？为什么会出现新概念？各式各样的理论从何而来？诸如此类的问题往往令人非常为难，因为没有明确的方法论原则作为分析的基础。对于那些改变了整个科学的一般性变革，这种困境就更为明显。如果是几种相关的变革同时发生，困难就更大了。但在实证科学领域，这种可能性达到了顶峰，因为工具、技术、制度、事件、意识形态和利益的作用与影响非常明显，但人们不知道这种错综复杂、多种多样的因素组合究竟是如何产生作用的。在我看来，目前强求一个我自己都无法提供的解决方案是不明智的，我不得不承认：传统的解释——时代精神、技术或社会

---

34 Foucault, *Archaeology*, p. 162.

变革、各种影响等——在大多数情况下给人的感觉更像是魔法般的说辞，而非有效的解释。因此，在这部著作中，我搁置了原因的探讨。（注：我曾在研究精神病学和临床医学的两部前作中探讨过这个问题。）相反，我选择将自己局限于描述变迁本身，因为我认为，如果有朝一日要构建科学变革和认识论因果关系的理论，这将是不可或缺的一步。[35]

这就是我在本书中将要应对的挑战。我将尝试为西方尤其是其中的英语文化圈找出世界观变迁的合理原因。

福柯回避探讨原因的一个可能理由是，除了他所指出的复杂性之外，他所处时代的世界观本身就不太关注原因。福柯的理论是现代人类学理论和实践在过去几个世纪中所推进的整体思想运动和研究计划后期阶段的产物，我将在本书中对此进行阐述。他来自结构主义时期，是一位结构主义者。尽管他常常否认——他常说"我不是结构主义者"——但我认为他是。总的来说，结构主义者对历史没有太大兴趣，他们更关注现存的结构。变迁及其原因并非他们的核心关注点。正如他经常使用"考古学"一词来定义自己的学科时所透露的那样："然而，考古学看似只是为了凝固历史。"[36]这正是结构主义阶段所做的事情，这也是为什么结构主义者没有为范式变迁这一问题提供答案。

最后，我们从福柯那里学到了什么？答案就是超越特定学科

---

35 Foucault, *Order*, xii–xiii.

36 Foucault, *Archaeology*, p. 166.

层面思考问题是有价值的。例如，我们如果要理解社会人类学或历史学是如何构建其问题和答案的，就应该审视各个不同的学科领域。这些都被包含在一种世界观（world view）、一种时代精神（Zeitgeist）、一种范式之中——用什么样的词来概括它都无妨——它超越了任何一门特定学科。这些世界观不仅包括软科学或人文学科等软性学科，也包括库恩和福柯所指的自然科学，从经济学和语言学等中级理论学科，一直到天文学、化学和物理学等自然科学。这些范式不仅影响我们的思维方式，也影响我们的实践，正如福柯在他对疯癫、性、犯罪等的研究中所展示的那样。

我们面临着一个令人着迷的问题。我们已看到历史上范式的转变，也看到社会科学是建基于范式转换的理念之上的。但对于范式**为什么**会发生转变，我们却没有合理的解释。在下一章里，我想从一个不太可能的来源——一项针对非洲某部落社会的研究——来探讨一种我认为可以解决这个问题的方法。

未来之路

我将使用几个在西方思想中具有特殊意义的词语和短语。在最根本的层面上，我将讨论"世界观"一词。它并不一定是指对整个世界的看法，尽管后来它可能会发展成为一种包罗万象的视角。它指的是"我们如何看待世界"，是对环绕我们的世界的感知和理解。它是一种影响一切的思想体系，涵盖政治、经济、社会和宗教等领域。事实上，它与宗教非常接近。有人也用"宇宙观"和"构型"等词来表达同样的含义。资本主义和共产主义就是世界观的例子。在下面的示意图（图1）中，我将人类历史划分为四大世界观：神话世界观、轴心世界观、科学世界观和后现代世界观。这些是认识世界的根本方式，其中蕴含着许多变体。

下一个层面是范式。这是智识精英群体的思想体系。范式是一套关于可以提出什么样的问题以及什么样的答案可能有用的思想。在科学革命和文艺复兴之后的西欧社会，范式开始发生相对迅速的变迁。我将1500—1980年这一历史时期划分为四个主要范式：发展进步范式、启蒙主义范式、进化主义范式和结构主义范式。

范式为许多不同的**学科领域**设定了框架。例如，19世纪的进化主义范式虽然起源于生物学，但在大多数科学和社会科学领域都有所传播。

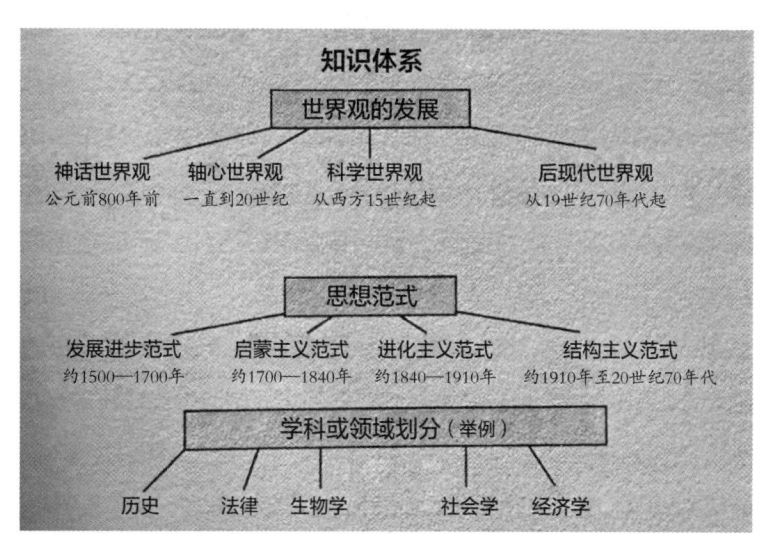

知识体系

世界观的发展

神话世界观	轴心世界观	科学世界观	后现代世界观
公元前800年前	一直到20世纪	从西方15世纪起	从19世纪70年代起

思想范式

发展进步范式	启蒙主义范式	进化主义范式	结构主义范式
约1500—1700年	约1700—1840年	约1840—1910年	约1910年至20世纪70年代

学科或领域划分（举例）

历史　　法律　　生物学　　社会学　　经济学

图1

第1章　世界观的变迁

第 2 章

时间的发明与社会塑造

现在,我想探讨一种方法,试图理解社会科学范式变化的原因。世界观、范式、认识论,不管怎么称呼它们,它们都会随着时间的推移而变化,并影响所有的社会科学和其他学科。这种观点不仅仅局限于我之前提到的福柯和库恩。在许多人类学家的著作中,这种观点既是隐含的,也是显而易见的,下面我会举几个例子。

其中一位是20世纪中期的英国人类学家埃德蒙·利奇(Edmund Leach)。他写道:"在学术作品中,对概念的评价既取决于实用性,也取决于潮流性。在第二次世界大战后的十年间,'社会结构'这一概念在社会人类学家中变得极为流行,有时甚至达到了极其普遍的程度,几乎可以应用于任何有序排列的社会现象。"[37] 从某种意义上说,本书内容探讨的是过去400年来各种社会科学背后所隐藏的关于世界如何运作以及我们如何理解世界的流行、神话或信仰。然而,利奇提到这一点后,并没

---

[37] Edmund Leach, 'Social Structure' in Sills D., ed., *Encyclopedia of Social Sciences*, 1968, v. 14, p. 482.

有深入探讨**为什么**人们会被社会结构或结构主义所吸引，而这正是我在本书后文会探讨的范式。

另一位深入探讨这一问题的是20世纪上半叶著名的美国人类学家A. L. 克罗伯（A. L. Kroeber）。他通过比较研究西方文化与其他文化中的时间概念来探讨这个问题。他指出："通常人们认为，进化几乎等同于进步；而进步意味着朝着更好的方向发展。然而，进步的概念本身就值得关注，因为它是一种文化现象。尽管对我们来说，这可能看起来很奇怪，但在人类历史的大部分时间里，大多数人并未受到这种思想的影响。一个基本静止不变的世界，一种近乎静止的人类状态，很可能被视为理所当然。如果存在任何关于变革的概念，就像相信进步一样，人们同样相信坠落是从黄金时代开始的。"[38]

随后，克罗伯用一段极具启发性的文字简练地勾勒出我将要谈论的那种范式转变。他写道："一种明确的进步理念开始在18世纪的欧洲逐渐发展。在法国大革命的推动下，它在19世纪成为一种自由主义信条。这一理念渗透进了孔德和斯宾塞的哲学思想。斯宾塞将进化视为进步的体现。达尔文提出了一种可以解释有机变迁的机制 [AM：进化论]——普通民众对此机制可能仍有些模糊认知——却被普遍认为是'证实了进化论'，即证实了进步……这种自由主义情操固然有某种高尚，但无疑只是一种情感和教条，而非科学结论……"[39]

---

38 Kroeber, *Anthropology*, 1948, p. 296；原著写于1923年，1948年修订。
39 Kroeber, *Anthropology*, p. 296.

换句话说，如果我们横向比较一下，渐进的进化观念是西方文明的著名假设之一——它是我们大部分哲学、社会思想甚至科学的基础——但它只是一种信念，仅此而已。克罗伯继续写道："首先，人类进步的概念是当代西方文明的一个特殊特征；其次，在这种文明中，它通常具有先验假设 [AM：你的其他假设所依据的根基] 的力量；最后，像大多数先验假设一样，它由相当狂热的情感支撑持续。"[40] 你不会质疑自己的基本信念。这个观点意味着，我们可以通过交叉比较的视角来看待进步、变革和社会科学的深层哲学思想。正如康德所描述的那样，这是一种绝对命令（categorical imperative）。事实上，诺尔曼·布朗（Norman Brown）在描述康德的观点时说，"时间本身并不是外在的事物，而是人类心灵的图式"[41]。

诺尔曼·布朗在此基础上更进一步，他认为"经济学家和科学家在处理时间问题时，实际上是在处理一种宗教"（正如语言学家沃尔夫发现霍皮人的时间观念植根于宗教价值观一样），"西方古典的牛顿时间观念 [AM：这是其核心] 在某种意义上是一种宗教，与所有其他宗教一样，其信徒将其视为绝对的客观真理"。[42]

*

我可以引用诺尔曼·布朗、康德等人的观点，但重要的是要

---

40 Kroeber, *Anthropology*, pp. 296–297.

41 Brown, *Life Against Death*, p. 273.

42 Brown, *Life Against Death*, pp. 273–274.

理解我们观点的相对性，这是人类学的核心，也是我想要解释的。我们必须看到，我们的整个哲学体系、社会科学体系都是我们应该质疑的信仰体系，它们在发生变化且形成的时间并不算长，在世界上的某些地方具有显著的文化特殊性。为了深入探讨这一点，我需要做一些可能被视为时间和空间概念的离题之事。这是因为在某种程度上我想说明的是，正如爱因斯坦所言，时间和空间是相互关联的，但同时它们也与经济、政治、社会以及其他外在因素有更为广泛的联系。

我们如何看待时间和空间，包括我们如何理解历史在时间中的变迁、考古学家的工作，甚至经济学家和心理学家的工作，都是社会中更广泛的深层次力量的结果，我们通常不会认为这些力量会直接影响我们的思想体系。我现在想谈谈人类学家的一些想法，他们因为去到了时间概念和空间范畴截然不同的其他社会，开始在这些较为简单的情况下发现，我们的宇宙观并非完全源于政治、社会和经济关系，而是与这些关系存在深刻的联系。

从某种意义上说，我想以研究部落社会宇宙观的类似方式来研究社会科学史，但不是将人类学方法应用于某个具体的部落社会——比如我曾在喜马拉雅山区工作过的那个村庄——而是应用于整个西方文明，即我所称的"资本主义世界"，也就是西方社会：美国、英国和欧洲大陆等。我想探究我们的宇宙观如何深受理论体系之外因素的深刻影响。

*

现在让我来谈谈部落社会和西方社会在时间观念上的差异，以及"时间的发明"这一概念。我想首先看看英国人类学家的一些著名论述。其中一个是埃德蒙·利奇在一些探讨时间的有趣论文中的论述。他提出这样的疑问：我们如何知道时间的存在，因为它是一个人为的概念？"关于时间最奇怪的一点是，我们竟然拥有这样一个概念。我们体验时间，但不是通过感官。我们看不到它，摸不到它，闻不到它，尝不到它，也听不到它。"[43] 那么，我们怎么能知道时间的存在呢？利奇指出，我们通过三种方式感知时间的存在。

"第一，我们意识到事物的周期性重复。第二，我们意识到万物的衰老和熵①增加。"也就是说，事物会随着时间推移而衰老。"我们对时间的第三种体验，是对时间流逝速率的感知，这是一个颇为棘手的问题"（因为时间的流逝并非均匀规律）。"这些事实启示我们，时间的规律性并非大自然本身固有的属性，而是一个人为概念，是我们为了特定目的而赋予自然环境的。"[44]

爱因斯坦本人曾用一个有趣的比喻来说明我们对时间流逝的

---

43 Leach, 'Two Essays Concerning the Symbolic Representation of Time' in *Rethinking Anthropology*, p. 132.
① 熵（entropy）是一个来自热力学的概念，用于描述一个系统无序程度或混乱程度的量度。一个系统越无序、越混乱，其熵值就越高。反之，一个系统越有序、越有组织，其熵值就越低。——译者注
44 Leach, 'Time', pp. 132–133.

体验是多么不规则。有人问他如何解释相对论时,他开玩笑说,时间的相对性可以这样解释:如果你正在亲吻自己所爱的人,这个吻转瞬即逝;但如果你坐在一块炭火上,时间就似乎变慢了,痛苦会持续很长时间。

我们的经历决定了我们对时间流逝速度的感知,这导致了一个具有讽刺意味的现象:当我们快乐时,时间似乎飞快流逝;而当我们不快乐时,时间却显得行走缓慢。就人类的经验而言,时间流逝似乎是不规则的,但我们却习惯于将时间视为高度规律的。在《重新思考人类学》(*Rethinking Anthropology*)一书中,利奇在一篇标题为《时间的符号表征》的文章中写道:"在我看来,除了时钟之外,我们现代英语中关于时间的概念,至少包含两种在逻辑上完全不同甚至相互矛盾的经验。首先是重复的概念。每当我们考虑测量时间时,我们都会关注某种节拍器……其次,是不重复的概念……现代的主流观点倾向于强调时间的第二个方面。"[45] 我们认为时间就像一条河流,就像一支箭,它不会重复,你无法两次踏入同一条河流。哲学家怀特海说,"时间是纯粹持续性的连续"[46]。它持续不断地流动。我们既有重复的时间,也有不重复的时间。

另一位有助于我们理解部落概念与我们自身时间观念的人类学家,是利奇的同时代人迈耶·福蒂斯(Meyer Fortes)。他指出,"在我们的文化中,时间被视为一种不可浪费的宝贵商品":

---

[45] Leach, 'Time', p. 125.
[46] Whitehead, *Science and the Modern World*, 1927, p. 158.

你必须节省时间,必须投资时间,时间就是金钱,等等。"从小我们就深受这种观念的影响……而我们所有的社会制度也在不断强化这种观念。"[47]例如,诗人约翰·贝杰曼(John Betjeman)的自传名为《钟声召唤》(Summoned by Bells)。在那所我也曾就读的预科学校里,他学会了严格遵守时间的纪律。福蒂斯进一步表示:"这种时间观念与我们的宇宙观相一致,也与我们将历史视为线性发展的观念相符。它同时与我们的家庭体系相吻合,因为我们的家庭体系实际上缺乏延续性,一代人的时间有限。"[48]这是一个非常有趣的见解,因为福蒂斯将时间概念与更广泛的事物联系起来,包括整个亲属体系。

不过,福蒂斯说:"许多原始社会的时间概念截然不同。在他们看来,时间是一个永恒的循环,四季轮回,一脉相承。在他们看来,一代又一代人的社会生活似乎都是一样的,孙子代替祖父继承传统秩序。他们用轮回和神话来表达这种信仰,例如神话中说彩虹是一条会在适当时候出现的天蛇……时间只是场合、目的和需求得到满足的一个方面,其本身并不是一种可消耗的资源。"[49]这是一个非常重要的观点,我将在后文回溯至福蒂斯的同时代人埃文思-普里查德,他进一步阐释了这一点。

第三位值得一提的学者是罗宾·霍顿(Robin Horton),他曾接受过科学家的训练,并将科学与社会问题进行了比较研究。

---

[47] Meyer Fortes, 'Mind' in Evans-Pritchard, ed., *The Institutions of Primitive Society*, 1954, pp.81–94, p. 85.
[48] Fortes, 'Mind', p. 85.
[49] Fortes, 'Mind', pp. 85–86.

他指出:"在传统的非洲,不同文化对时间的度量标准大相径庭。同样,在每种文化中,我们也发现在不同背景下使用的时间尺度是多种多样的……它们的作用都是将事件按先后顺序排列。此外,它们还有一个非常普遍的特点,那就是相对于'之后',通常'之前'被赋予积极的价值,有时是中性的,但从不被赋予负面的价值。"人们认为过去的日子很好,现在就没那么美好了。用我的措辞来说,就是"退化"。"因此,无论涉及何种具体的时间尺度,时间的流逝都被视为有害的,或者至多是中性的……在典型传统文化的主要时间尺度上,人们认为开国英雄时期的黄金岁月要比当下更加美好……这种对时间的态度的必然结果是,人们开展了大量活动,旨在通过'回到起点',来抵消时间的流逝。这些活动通常基于一种神奇的前提,即对某些原型事件的象征性重现在某种程度上能够重现该事件本身,并暂时抹去自其最初发生以来所经历的时光。"[50]

他引用的是著名作家米尔恰·埃利亚德(Mircea Eliade)关于永恒回归神话的论述。从科学的视角出发,霍顿指出,这种回溯过去、循环时间、重温黄金时代的想法与科学对时间的理解截然不同,后者强调运动、进步和持续向前。他说:"我们将视角从传统思想家转向科学家时,会发现对时间过程的整体评判被彻底颠覆。科学家并不认为时间起源于一个黄金时代,自那以后一直在持续衰落。相反,对他们而言,过去是一段陈旧

---

50 Horton, 'African Traditional Thought and Western Science', Part II, *Africa*, 37(2), 1967, pp. 176–177.

糟糕的时光,最美好的东西尚在未来。时间的流逝带来的是不可阻挡的进步。C. P. 斯诺恰如其分地指出,所有科学家'骨子里都充满了对未来的向往'。传统思想家殚精竭虑地试图抵消时间流逝的影响,而科学家则近乎疯狂地催促时间加速向前。"[51]

这在某种程度上呈现出实验方法的定义。实验方法和实验室都在试图加速时间的流逝。它们试图让事物发生得极为迅速,以便你能更仔细地观察。在普通世界里,大多数事情可能间隔几十年才会发生一次,但在实验管和实验室内,一切都被加速了。

我之前提到的米尔恰·埃利亚德也持有类似观点。他认为"古代时间是循环的、周期性的、非历史性的",你无法分出过去的时期;"现代时间则是渐进的、历史性的、连续不断的、不可逆转的"。诺尔曼·布朗对埃利亚德的观点有如下阐述,"埃利亚德指出,古代时间的周期性基于一种周期性救赎的宗教理念",即试图拯救已逝的时光,这听起来有点像普鲁斯特笔下的《追忆似水年华》,努力挽回失去的光阴。"现代渐进时间则基于终极救赎的宗教理念"——救赎、美好时光、弥赛亚的降临都被期待在未来发生,这一理念"源于希伯来语,并在基督教中得到经典表述"。[52]

*

我想探讨的另一位法国人类学家是皮埃尔·布迪厄(Pierre

51　Horton, 'Traditional', II, pp. 178–179.
52　Brown, *Life Against Death*, p. 274.

Bourdieu），他在引用自己在北非共事的卡拜尔人的话时说道："一位卡拜尔老人曾说过，'法国人表现得好像他们永远不会死一样'。对于阿尔及利亚本土文明来说，最陌生的就是试图掌控未来，最令人费解的就是将辽阔的未来视为人类能够开拓和主宰的充满无限可能性的广阔领域。"[53] 未来是开放的，我们可以主宰它，可以塑造它，未来将会发生各种令人兴奋的事情——对许多人来说，这是一个陌生的想法。

布迪厄描述了大多数社会中的定性时间观念。"时间绵延不断，工作日和节假日的轮转以及昼夜更替赋予时间以节奏和韵律。正如人们经常指出的那样，如此标注的时间并非经过测量的时间。主观体验的时间间隔并非均等统一。在时间持续流逝的变化中，有效的参照点是事物表面呈现的质的细微差别。"[54] 时间并非一个连续的过程。"被体验到的时间，就像被感知到的空间一样，是不连续的，由一系列持续时间不等的异质小岛组成。在当下的地平线之外，是一个遥不可及的想象之境。"[55] 对时间的态度与整个体系密不可分，要么全盘改变，要么无事发生："因此，一切都相互关联……我们可以理解，从传统主义态度到预测主义态度的转变不可能是循序渐进的，而必须采取突然和彻底转变的形式。"[56]

---

53 Bourdieu, 'The attitude of the Algerian Peasant Towards Time', *Mediterranean Countryman*, 6, 1963, pp. 55–72, p. 55.
54 Bourdieu, 'Algerian', p. 59.
55 Bourdieu, 'Algerian', p. 60.
56 Bourdieu, 'Algerian', p. 72.

因此，我们可以理解，从传统的态度转变为预测性的现代态度，这一过程不可能渐进发生。西方的时间观念进入一个社会时，往往会彻底改变这种定性时间态度。

最后一位我想提到的探讨时间观念的重要法国思想家是列维-斯特劳斯（Lévi-Strauss），他对部落社会时间观与西方社会的时间观做出了重大区分。他认为，"历史性"解释系统与他所称的"图腾式"或分类解释系统极为不同。他解释道："这或许可以解释为什么人们倾向于称'图腾空缺'[AM：西方文化中缺乏图腾主义]，因为在欧洲和亚洲的主要文明中，明显缺失任何可能与图腾主义有关联的东西……原因肯定在于，后者选择用历史来解释自身，而这一做法与对事物和生命进行分类的做法是不相容的……"[57]

在某些方面，这与我之前提到的福柯的观点有些重叠。通过分类和寻找相似性来理解世界与通过梳理历史演变来理解世界，是两种根本不同的方式。但列维-斯特劳斯的见解更为深刻，他将其视为欧亚文明的一个特征，可以追溯到希伯来人的一神教等。列维-斯特劳斯区分了"没有历史的民族"与其他拥有历史的民族，前者成为埃里克·沃尔夫（Eric Wolf）的《欧洲与没有历史的人民》（*Europe and the People Without History*）书名的一部分。他将前者描述为"冷"民族（历史在这个意义上是静止凝固的），与不断认为自身处于变迁中的"热"社会形成对比："前者试图通过赋予自身的制度来抵消可能产生的历史因素的影响。"回到埃利亚德等人的观点，即他们试图停止时间的流逝，

---

57 Lévi-Strauss, *The Savage Mind*, 1966, p. 232.

试图营造时间静止、美好旧时代永存的错觉。而后者，即"热"社会、历史社会，在他看来则"坚决地内化了历史进程"[58]。

我引述的所有这些话都指向了惊人的对比。它们表明，不同的社会有不同的历史观念和对时间的分类方式，这些观念和分类系统与所处的社会环境和文化背景相吻合，但并没有说明**为什么**会有这些差异，尤其是，它们没有解释长期的变化和历史的变迁。除了埃利亚德对家庭制度的一般性提及，以及对基督教和宗教的影射之外，我们在很大程度上缺乏指导。这一点似乎很重要。

不过，我们可以从中学到一些东西。我们可以像利奇一样，将时间系统分为三大类：线性、循环和振荡。他说："我们在思考时间时，与天文学家的表述联系得太紧密了；如果我们不把时间视为一条从无限远古延伸到无限未来的坐标直线，就会将其描述为一个循环或周期。"这就是循环时间观念。"事实上，在一些原始社会中，人们似乎根本没有将时间过程体验为'历史时期的持续延续'；没有感觉到时间是朝着同一方向不断前进，也没有感觉到时间在绕着同一个车轮不断旋转。"[59]它是不连续的，在变化中向前和向后交替。重复反复，没有朝着同一方向持续前进的感觉。相反，它是"一连串两极对立之间的摆动：黑夜与白天、冬天与夏天、干旱与洪水、年老与青春、生命与死亡"。他说，这种时间观念没有"深度"，因为"所有的

---

58 Lévi-Strauss, *Savage*, pp. 233–234.
59 Leach, 'Time', p. 126.

过去都是一样的过去,它只是现在的对立面"。[60]

我认为,罗宾·霍顿对开放社会、开放的时间观念和进步理念的另一种阐释,可视为一种微小的进步,这正是科学发展的基础所在。他的阐释中蕴含着进步、开放带来的困境以及对时间流逝的感知。霍顿说道:"那些欣赏科学运动世界的人,会体验到滑冰时的振奋感。但对很多人而言,这种感觉带来了紧张和不安,他们宁愿拥抱传统理论所带来的子宫般的温暖与防御感。这种挥之不去的不安全感,使得进步的理念变得极具吸引力。"尽管我们可能会感到缺乏安全感,但至少事情会逐渐好转。"通过让人们对未来的完美知识状态抱有期望,它帮助人们意识到当前理论的不完美和短暂性。"霍顿进一步指出:"'进步'的观念一旦形成,就成了支撑科学态度的有力支柱。因为人们相信,无论如何,新的经验必将带来更好的理论,而更好的理论终将被更优的理论取代。这种信念为人们提供了最强大的动力,促使他们时刻准备去接触陌生和令人不安的事物,抛弃现有的思想框架,努力找寻替代品。"[61] 否则,如果你不相信会有更好的理论出现,那就没有了追求的意义。

我们已经意识到,时间是一个相对于社会体系和社会结构而言的概念,它被社会所操纵和塑造。我稍后会更详细地阐述这一点。另一位杰出的人类学家劳拉·博汉南(Laura Bohannan)在关于西非蒂夫人的家谱文章中也提到了这一点,她说:"蒂夫

---

60 Leach, 'Time', p. 126.
61 Horton, 'Traditional', II, pp. 178–179.

人学习家谱的方式和书面记录的缺乏，使得变化可以随着时间的推移而发生，而人们普遍并不能意识到这种变化的发生；社会变迁可以与社会永恒性理论同时存在。"[62]

我们可能认为这种情况只发生在无文字社会，但我看到，即使在像剑桥这样一个高度文化的社会，也存在同样的现象。在剑桥，我们主要生活在口头文化中，也就是说，很多事情都没有被记录下来。人们会说，我们过去是这样做的，但我们从未这样做过；我们只记得一半。我们不断地改变、重塑、阐述，想象着没有多少东西被改变，而它却在不知不觉中被改变。

这是英国法律制度的一大亮点，因为它总体上是一种不成文的制度。它有先例可循，尽管有很多内容被记录下来，但主要还是一种口头传统。这让人可以不断改变，但又觉得自己仍在保持古老的传统。

布迪厄还谈到了人们感觉到被时间支配的另一个原因，那就是技术系统。如果你处在一个非常不稳定的技术环境中，你就可以看到你的世界是如何被周围的自然力量所塑造的。他说："臣服于大自然与以大自然的节奏来感知时间流逝是密不可分的。卡比尔农民对他们所处的无常而严酷的自然环境怀有深深的依赖和亲近之情，加之他们的农耕技术相对脆弱，使他们更加臣服于大自然的节奏和约束，这种感受促使卡比尔农民形成了对时间流逝的顺从和漠不关心的态度，没有人梦想去掌控、

---

[62] Bohannan, quoted in Gluckman, *Politics, Law and Ritual in Tribal Society*, 1965, p. 272.

利用或节省时间的流逝。"[63]

这是另一个有趣的暗示。一旦你可以通过先进的科技控制你周围的环境,就会有一种掌控世界的感觉,进而觉得自身有能力创造自己的历史。你会意识到历史在过去已经发生过改变,而你也可以在未来改变它的进程。

这反映了人们解读弗朗西斯·培根著作时的一个重大主题,他在《学术的进展》(Advancement of Learning)一书中提出了科学宣言,称我们可以通过"科学"来塑造世界。我们必须努力让世界变得更美好,而且我们有法子可以这么做。过去终将成为过去,古希腊时代还没有指南针、火药、钟表、印刷机等物件。后来,一切都发生了改变,我们也可以推动变革,让它们走向未来。这是另一个我稍后会探讨的因素。

另一个可能让人忽视的是时间与金钱之间的关系。布迪厄说道:"因此,与实物交易相比,使用货币的前提是采取可能性的视角,即一种投射性的态度,承认同样有可能实现或不可能实现的无限种可能性……使用货币的前提是对抽象未来的想象,一个尚未存在的想象中的未来,而像囤积这样的易货贸易则是在预感的预期中,在信仰的模式下,直观地看到了触手可及的具体的'即将到来'。"[64] 布迪厄的论述通常并不容易让人读懂,但其中隐含着一些有趣的东西。

人类学这一部分最重要的一课,在某种程度上与涂尔干的一

---

63 Bourdieu, 'Algerian', p. 57.
64 Bourdieu, 'Algerian', p. 69.

些观点相关,即时间和历史观念本身不是绝对的,而是灵活的,与社会和政治制度相关联。不是只有这些法国学者提出了这一观点,其他人类学家也提出过类似见解,正如我之前所说,其中尤以罗伯特·路威(Robert Lowie)最为突出。路威说:"文化的概念、空间、时间和因果方面并不是截然不同的现实,对其中任何一个方面的深入了解,都会增强我们对其他方面的理解。在这里应用功能主义的观点进行分析再合适不过了。"[65]

这些正是本书探讨的主题,我们所熟知的关于空间、时间、因果关系的概念并不是彼此分离的。它们不是简单地凌空飘浮,而是与我们的社会结构、政治制度、技术和经济等其他层面密切相关。要让这一点在我们脑海中形成概念并不容易,因为我们往往倾向于认为自己的想法在某种程度上是独立的。但正是这种相互关联性,构成了我在撰写这些讲义时的基本思路。

*

我开始理解这一点,不仅源于以上这些一般性的思考,还得益于一个特殊的例子——我的博士论文导师、对我影响深远的牛津大学人类学家爱德华·埃文思-普里查德的著作。在他的著作《努尔人》(*The Nuer*,又译《努埃尔人》)中,有一章名为"时间与空间",我认为这在诸多方面都是他对人类学的重大贡献之一,并与爱因斯坦关于时间的论述有一些联系。

埃文思-普里查德试图通过他在20世纪30年代研究的苏丹

---

65 Lowie, *The History of Ethnological Theory*, 1937, p. 284.

牧民——努埃尔人——来阐释他们对空间和时间的理解。他说："在描述努埃尔人的时间观念时，我们可以区分出两种类型，一种主要反映了他们与环境的关系，我们称之为生态时间；另一种则反映了他们在社会结构中的相互关系，我们称之为结构时间……对于在社会系统中穿行的个体而言，结构时间似乎是完全线性渐进的，但正如我们将要看到的，从某种意义上说，这只是一种错觉。生态时间则显然是循环往复的。"[66]这是四季节律，也是这个游牧民族活动的节奏。

他又说："时间在一年中不同时段的价值并不相同……当时间被视为活动之间的关系时，我们就会明白它在雨季和旱季有完全不同的内涵。"[67]埃文思-普里查德用一个极为生动的比喻阐释了同样的观点，我认为这一比喻极有见地："[努埃尔人]无须将他们的活动与抽象的时间流逝协调一致，因为他们的参照点就是活动本身……一个人不是因为现在是11月而去建造渔坝，而是因为他建造渔坝，所以现在才是11月。"[68]

同样的现象也体现在弗雷德里克·巴特（Frederick Barth）描述波斯游牧民族与蘑菇关系的论述中。他们不会因为"现在是11月，那里可能有蘑菇"而去查看某个山谷，而是到了那里后发现蘑菇已经在那儿，从而知道现在是深秋季节。这和欧洲快速旅游（rapid tourism）的笑话类似：人们在欧洲四处游览，当他们到达目的地时会说，"我们在罗马，现在一定是星期三。

---

[66] Evans-Pritchard, *The Nuer,* 1940, pp. 94–95.

[67] Evans-Pritchard, *Nuer,* pp. 102–103.

[68] Evans-Pritchard, *Social Anthropology,* p. 103.

我们在马德里,现在一定是星期五"。人们会根据他们所在的地点来判断今天是周几。

这与时间单位和时间测量相关,在这种情况下,时间单位和时间测量通常不太精确。正常使用的时间单位有月、日、夜,而生态时间中并没有时间进程的概念。正如埃文思－普里查德所述:"对努埃尔人来说,每天的计时器是牛钟。一天的时间和时间的流逝,主要是通过一系列放牧任务及其相互之间的关系被感知的。活动本身,尤其是经济活动,构成了该系统的基础,并提供了大部分单位和符号,时间的流逝是通过活动之间的关系被感知的。"[69]

如果这一观点从一个特定的部落群体推广到不同的生态环境,其影响可能是巨大的。如果这是真实的,那么工业时间将与农业时间和牧业时间截然不同。埃文思－普里查德继续写道:"虽然我谈到了时间和时间单位,但努埃尔人的语言中没有与'时间'相对应的表达方式,因此他们不能像我们一样,把时间描述为一种实际存在的东西,可以流逝、可以浪费、可以节省等。我认为,他们从未体验过与时间做斗争的感觉,也从未必须使活动与抽象的时间流逝相协调,因为他们的参照点主要是活动本身,而这些活动通常都是悠闲的。活动遵循逻辑顺序,但不受抽象系统的控制,无须与抽象时间准确无误地保持一致。努埃尔人是幸运的。"[70]

---

[69] Evans-Pritchard, *Nuer*, pp. 101–102.
[70] Evans-Pritchard, *Nuer*, p. 103.

最近，我在中国与城市中的年轻人交谈时有了新的体会。他们承受着沉重的压力，似乎在与时间赛跑，总是处于赶时间的忙碌状态。他们常常陷入交通堵塞，手头的事情多得做不完，甚至我的许多同事也忙得不可开交，四处奔波。《爱丽丝梦游仙境》中的白兔先生和它的怀表像是这种状态的一个绝佳写照。白兔先生看着表，匆匆忙忙，嘴里还嘟哝着"公爵夫人，公爵夫人"，担心因迟到而错过各种事情。我们总是在与时间做斗争，但传统上活动相当悠闲的努埃尔人却从未有过这种想法。

我认为这一观察很有启发意义，但埃文思-普里查德进而指出，时间观念也受到空间的影响。也就是说，时间的深浅、你认为时间可以追溯到何种程度，都与我们对世界的认知相关。我认为，这对理解范式转换以及整个社会科学领域都有着深远的影响。

埃文思-普里查德认为，努埃尔人肤浅的时间观念与他们狭隘的空间活动范围有关。"我们已经注意到，努埃尔人对时间的认知维度很浅薄。"他们认为，世界的存在只能追溯到很短的时间之前。他提到，在努埃尔人的观念里，时间"不是一个连续体，而是父系后裔（男性后裔）中第一个人与最后一个人之间的一种恒定的结构关系"[71]。

埃文思-普里查德指出，可以从"人类诞生时的那棵树几年前还屹立在西部努埃尔地区"这一叙述，判断出他们对时间概念的浅薄认知。这一点让我们始终感到惊讶：几个世纪以来，世界

---

71 Evans-Pritchard, *Nuer*, p. 108.

上一些地区的许多人依然抱持这种信念,而基督教则认为世界诞生于几千年前,其时间观同样浅薄,就好像发生在几代人之前。而努埃尔人则认为,世界诞生于七代、十代或十五代人之前,当初人类诞生时的那棵树依然存在,你可以亲自前往观看。

他们对时间和空间的认知都极为浅薄。我认为,基督教对时间概念的浅薄认知与他们对空间的理解相关,我们将在后文看到这一点。"超出一年的周期性循环之外,对时间的计算并非简单地安排事件发生的先后顺序,而是将时间与社会结构在概念上建立联系。在这种观念中,衡量时间的参照点是投射于过去的、族人之间实际存在过的关系。因此,它与其说是一种协调事件的手段,倒不如说是一种协调人际关系的方式,主要是一种回溯性思维,因为我们必须依据过去的人际关系来解释和理解当下的情况。"[72]

这一观点非常重要。我们借助时间的流逝或者说对历史的体验和认知,以及我们是如何走到今天的这一历程,来解释、确认和理解当下发生的事物。这正是迷思的功能所在,在某种程度上,也是历史的功能所在。例如,如果你是一位国际政治家,想在不同社会之间制造紧张对立的局势,你就会重新书写最近的历史,将所有具有威胁性的事件和不愉快的关系都写入其中。相反,如果你希望两个社会和睦相处,成为朋友,你就会讲述你们之间所有美好的事物和时光。在人际关系层面,你也必须调整历史叙事,使之契合你当下的期望和愿望。这一点在国际

---

[72] Evans-Pritchard, *Nuer*, p. 108.

层面和较小的亲属群体层面同样适用。

因此,这不仅仅是爱因斯坦所指出的时间和空间的关系问题。决定我们的时间观念的不只是地理空间,更重要的是社会和政治空间。埃文思-普里查德再次解释道:"此外,对努埃尔人而言,时间是对一个群体具有重大意义的事件的先后顺序,每个群体都有自己的参照点,因此时间是相对于结构空间而言的相对概念,是从局部的角度来考量的……随着时间推移,年月的名称会被遗忘,所有超出这种粗略历史计算范围的事件,都将消失在很久很久以前的朦胧景象中。历史时间是指对一个部落具有重要意义的一系列突出事件。与较小群体的历史时间相比,部落的历史时间通常要久远得多,但可能最多只有 50 年。"[73]

例如,在剑桥生活的经历中,我就亲眼见证了这种情况。我们记住了某些祖先、某些事件,但也遗忘了部分内容。在授课时,你不再谈及某些理论和某些人物;随着时间推移,你会重新书写所在学科、所在学院、所在组织或所在家族的历史。"时间的概念是相对于社会关系而言的,是相对于亲属关系而言的。这里的时间视角并非对实际距离的真实印象,如我们的测年技术所呈现的那样,而是一种对世系之间关系的反映。因此,记录下来的传统事件必须放置于与之相关的世系在其上升路线的交会点上。"随着时间流逝,事件会被安置在世系结构的关键节点上。

这一观点更深层的含义是,时间的概念主要不是由生态环

---

[73] Evans-Pritchard, *Nuer*, p. 105.

境、自然世界或技术决定的，甚至不是由马克思所说的生产关系决定的，而是由更广泛的政治和社会关系决定的。正如埃文思-普里查德在谈及结构时间时所言："然而，在某一点上，我们可以说，时间概念不再由生态因素决定，而更多地由结构性相互关系决定，不再反映人类对自然的依赖，而是反映社会群体间的互动。"[74]

埃文思-普里查德随后为空间制定了一个类似的框架。空间有两种类型："生态距离，从这个意义上说，是指群落之间的关系，是以密度和分布来定义的，涉及水、植被、动物和昆虫等因素。结构性距离则完全不同……结构性距离指的是……社会体系中各群体之间的距离，用价值观来衡量。"[75]

我认为这是一个很好的见解，可以推广到我正在考虑的整体理论框架中。时间和空间的概念密切相关，因此人类学、社会学、考古学和历史学等学科在更深层次上存在内在联系。时间因此成为社会结构的一个方面，而历史则与人类学家所说的"迷思"密切相关。"迷思"并不是指它不真实，而是说它是可以转变和改变的。因此，人类学所说的迷思适用于时间和历史。

迷思常被人类学家理解为一种纲领性质的东西，是描述事物为什么必须如此存在的一种方式。例如，福蒂斯认为："他们的迷思和传说是合理化和界定群体与群体之间的结构关系或其制

---

74 Evans-Pritchard, *Nuer*, p. 104.
75 Evans-Pritchard, *Nuer*, pp. 109–110.

度模式的一种手段。"[76] 从这个意义上说，历史和社会科学的基础就是迷思。

*

总而言之，首先，我希望大家能理解，重新思考我们的范畴至关重要，要认识到这些范畴并非固有且不变，而是受到更广泛力量的影响。我们知道，正如库恩、福柯和克罗伯等人所提到的，存在范式的转变，我们被困于其中。当我们处于其中时，我们无法看见它们。我们可以在历史中观察到它们，正如亚当·斯密早已注意到的，它们将来也会发生变化。

其次，我们可以得出结论，从最广义的角度来看，所有社会科学的历史都提供了若干这样的例子，特别是与进步、时间、进化和变化的观念相关的例子。这些构成了"我们的"宇宙观。我们构建社会理论来解释我们的世界，这些理论跨越了各个学科。

最后，人类学在较为简单的社会中的研究似乎表明，从一个范式到另一个范式的转变与技术有关，如文字、货币、农业技术，以及向工业技术的转变。这是一个重要的主题。但更为重要的是，这些转变与我们的社会关系、我们如何看待他人以及群体间的权力关系相关。

在本书中，我将把这种观点应用到我称之为过去500年资本

---

[76] Fortes, quoted in Gluckman, *Politics, Law and Ritual in Tribal Society*, 1967, p. 271, referring to the Tallensi.

主义社会的整个"宇宙观"中。我观察到,随着世界不同地区间权力关系的变化,随着一个地区变为主导而另一个地区衰落,我们的时间观念也在发生变化。

基本的观点是,如果权力关系存在很大的差距,使得某个群体、某个国家或世界的某部分遥遥领先,我们就倾向于认为时间呼啸而过,它在迅速向我们靠拢。如果权力关系大致平衡,我们则倾向于认为时间相对静止,社会或技术没有显著的进步。我认为,这甚至比技术快速变化的事实更为重要。因为我们可以看到从原始技术到更好技术的进步,并期望出现更优秀的技术,正如培根所预见的那样。

第 3 章

回答"世界为何如此"的三种方式

在这一章中,我想站在历史的角度,从整体上审视过去 500 年社会科学,尤其是人类学范式的发展历程,并运用我在前文讨论过的人类学及其他领域的观点。

前文主要提到的是,我们可以像分析任何文明(无论其规模大小)的宇宙观那样,来分析西方的宇宙观和社会科学哲学理论。我们不仅应该区分不同的范式,还应该试图分析导致它们变化的原因。这遵循了人类学研究其他社会时的标准做法。你去到某个地方,观察他们的宇宙观、信仰和思想体系。

在这些社会中的观察表明,人们只相信和接受那些符合他们思维范畴和生活经历的解释。随着社会的变迁,他们倾向于不断创造和重塑自己的意义体系。举例来说,迷思和信仰会被改编,用于证明或解释当下的现实。人们不断修改对过去的认知,以适应当前的处境。但事情并非如此简单。关于我们如何来到这里的历史以及我们将走向何方的理论,似乎是自然而然地发展而来的,我们也认为它们是正确无误的。但当你审视越来越长的历史跨度时,你就会发现这些理论与孕育它们的文明类型有着相当密切的关联。这并不像一些新马克思主义者所声称的那样简单直白，认为意识形态只是社会关系的反映，但可以肯定的是，意识形态在相当程度上受到经济、社会和阶级关系的制约。让我们先从一个非常宏观的视角来审视哲学体系，在后续的内容中我会对此进行更深入的探讨。

我在1982年的时候就认为这似乎有三种主要的范式，虽然后来这一观点有所改变，但我认为大致是正确的。奇怪的是，它们与人类学中著名的"通过仪式"[①]的观点不谋而合。在这个观点中，你处于一个先前的状态，在一个平坦的景观中前进，然后向上走出时间和空间，进入一个边缘阶段，接着回归，一切都改变了，进入一个新的阶段。可以说是三个阶段。关于这一点，可以用下图（图2）来说明。

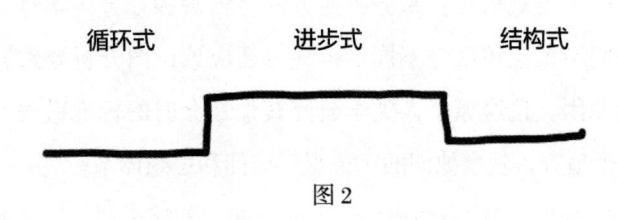

循环式　　　　　进步式　　　　　结构式

图2

如果我们审视社会科学的历史，就可以很好地将其归纳为三个阶段的理论。首先是循环式时间，即时间不断周而复始，我

---

① "通过仪式"（rites of passage）是法国人类学家阿诺尔德·范热内普在《过渡礼仪》中提出的理论。根据这一理论，个体在生命中经历重大转变时，往往要经历三个阶段：分离、过渡和融合。在分离阶段，个体脱离原有的社会角色；在过渡阶段，个体处于一种模棱两可的状态，尚未获得新的社会角色；在融合阶段，个体重新融入社会，获得新的身份和地位。这一理论后来被广泛应用于人类学、社会学及其他社会科学领域，用于分析各种仪式和社会变迁。——译者注

随后将对此加以解释；然后大约从1700年开始，我们进入进步式时间，随着进化阶段的到来，时间不断向前和向上发展。最后，我们回到原点，大约从1890年开始，时间以另一种方式再次变得静止，我们可以粗略地将其称为"结构式"。

这一划分与沃格特（Voget）在其《民族学史》（History of Ethnology）中提出的阶段大致吻合。他将民族学史分为1725年至1890年的发展主义、1890年至1940年的结构主义以及1940年以后的学科专门化。这也与尼斯比特关于社会学理论的有趣研究相契合。尼斯比特认为，进步主义、发展主义和进化主义是18世纪至19世纪西欧的三种主导哲学。他写道："两个世纪以来，西欧占主导地位的历史哲学一直是进步主义。当然也有例外……但与大多数哲学理性主义者（从17世纪初的培根和笛卡儿，到18世纪末的孔多塞和边沁，再到19世纪的马克思和斯宾塞）的观点相比，这些偶尔出现的质疑微不足道。丰特奈尔（Fontenelle）曾在1688年写道，'人类永远不会堕落，人类智慧的增长和发展永无止境'。"[77]

有趣的是，正是在这个进步阶段，也就是18世纪和19世纪，包括人类学在内的现代社会科学在两次巨大的浪潮中诞生：一次是18世纪的进步主义阶段，即我们所说的启蒙运动；另一次是19世纪后期的进化阶段，我所在的学科就是在这一时期建立的。

"18世纪的这种分化，是伴随着进步观念被广泛接受出现的。在这一综合概念的基础上，人们试图编写一部人类通史。"

---

[77] Nisbet, *The Sociological Tradition*, 1966, p. 266.

这正是18世纪启蒙思想家们的努力所在。"1860年前后，人类学从社会科学的主干中独立出来，其中一个重要的推动因素是地质学、古生物学等学科的历史性发展，这些学科为寻找人类祖先提供了诸多线索。进化论这一革命性思想再次整合了人类学领域，明确了人类学的研究目标，并为人类学研究提供了阐释基础。人类学的目标显然是致力于揭示人类的早期历史。"[78]

此后，人类学的分化越发显著。例如，代表英国人类学传统的社会人类学，以及主要由美国学者（在一定程度上也包括法国学者）所代表的文化人类学。从20世纪30年代开始，人类学又出现了更多分支：经济人类学、政治人类学、城市人类学和心理人类学等。前文所述的三个重要阶段将是我接下来重点讨论的内容。让我先对每个阶段进行更详尽的介绍，以此作为后续内容的背景解释。

*

第一种是大约1700年以前流行的时间循环论或时间重复论。这种理论认为，人类历史并非呈线性进步或发展。正所谓"太阳底下无新事"，社会和制度总是周而复始，兴衰更替。我们最多只能希望重拾祖先的智慧，回到过去，实现某种"复兴"或重生。在这种观念中，时间在很大程度上被看成是在轮转。帝国兴衰更替，我们只能寄希望于重生，重回昔日文明——如古罗马、古希腊或孔孟时代——的辉煌。

---

78 Voget, *History*, p. 542.

接下来我们将看到,这种观点是从古希腊时期一直到17世纪的主流哲学和范式。正如编辑弗朗茨·罗森塔尔(Franz Rosenthal)所描述的那样,在欧洲主要传统之外的北非海岸,著名的阿拉伯哲学家和历史学家伊本·赫勒敦(Ibn Khaldun)在《历史绪论》(*The Muqaddimah*)中对此做了最精彩的阐述。他说:"伊本·赫勒敦强调游牧民族和城镇居民的区别。游牧民族成群结队地在沙漠中游荡,他们被'氏族'[AM:可以称之为整合、共同体]维系在一起,这是一种源于血缘关系的情感,它使每个成员都将个人利益置于氏族利益之下。在这种状态下,人们的需求很少,他们表现出许多美德,其中最突出的是勇气,尽管他们对掠夺和抢劫毫不在意。当群体数量足够多时,他们就会迁徙到肥沃的土地上,最终转变为城镇居民,或征服已有的城镇社区,接受先前建立的文明。城镇居民逐渐过上了相对奢侈的生活,丧失了自卫能力。随着需求的增加,统治者不得不持续加重赋税;由于不满族人要求与自己平等,统治者开始依赖外国支持者的援助。因此,国家日渐衰落,成为新的游牧民族的猎物,而这些游牧民族也将经历同样的历程。一个国家的正常寿命为120年,即三代人,每代40年……国家有一个固定的期限,有成长期、成熟期和衰退期,与个人的生命周期类似;除了东方专制主义之外,他不了解任何其他形式的政府。"[79] 这是一个著名的周期理论:三代人的时间后,一切又回

---

[79] David Margoliouth, article 'Ibn Khaldoun' in Seligman, Johnson, *Encyclopaedia of Social Sciences*, 1935 printing, v. 7, pp. 564–565.

到原点。像吉本这样的著名历史学家，以及其他研究罗马帝国兴衰的学者，甚至是赫勒敦，都认为历史并无明显进步，而是漫长的循环，最终又回到起点。

在中国历史上也可以看到类似的情况。定居的中原民族不时受到游牧民族移民浪潮的冲击，其中最著名的是蒙古人和后来的满族人。而这些民族最终被同化进中华文明。

*

这种周期性的观点大致持续到17世纪末，然后我们开始看到一些进步和发展的可能性。它始于一个相当温和的观念，即渐进式增长的概念，或者至少时间是向前推进的，不会再回到过去。这种发展主义有两个方面。

首先是渐进式的发展，轻微的增长，然后是非常快速的增长，几乎是指数式的增长，我称之为进化论。起初是进步，正如培根的《学问的进展》（*Advancement of Learning*）所述，我们在前进，在技术或健康等某些方面优于过去的人。最一开始，这并不极端，而是一种进步，"启蒙"这个词本身就与此有关。它意味着从中世纪的黑暗世界进入一个"光明"的世界。

一个常用的比喻是"磨砺"。粗糙的东西，比如一块粗糙的石头，经过打磨后，就会变得更好。你并没有改变这块石头，它并没有发生翻天覆地的变化，只是所有粗糙的部分都被打磨掉了，"启蒙"的比喻也是如此。后来出现了一个更极端的版本，我们称之为进化论。

另一个区别是，进步主义倾向于沿着一两个维度发展，主要是技术进步、理性和宽容度的提高以及诸如此类的东西。而进化论则体现在各个层面，正如我们将会看到的，它往往包括道德、审美、政治等各方面的进步，并且每一种进步都同时以一种非常戏剧化的方式发生。这些都是巨大的变化，也是进步主义和进化论在各个层面上的区别。

这三种时间模式可以简单绘制如下（图3）：

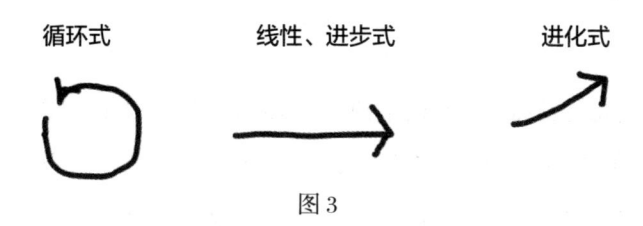

循环式　　　线性、进步式　　　进化式

图3

人类学家拉德克利夫-布朗（Radcliffe-Brown）在描述"进步"时抓住了这一对比。他说："我认为，使用'进步'一词来描述人类通过发明和发现增加知识、改进技术，从而实现对自然环境更大控制的过程，是比较方便的。我们现在能够从空中摧毁相当一部分城市，这就是进步的最新显著成果之一。"[80]

这段话充满讽刺意味。进步与社会进化并不相同，却与其密切相关。你可以在制造业、武器、生物战等方面取得进步。这意味着系统变得更加强大。进步主义者看到的是更多的连续性。正如我所说的，石头被打磨过，但它仍然是同一块石头；而进化论者则认为，石头的性质和结构发生了真正的变化。

也可以这样表述（图4）：

---

[80] Radcliffe-Brown, *Structure and Function in Primitive Society*, 1952, p. 203.

进步主义　　　　　　　进化论

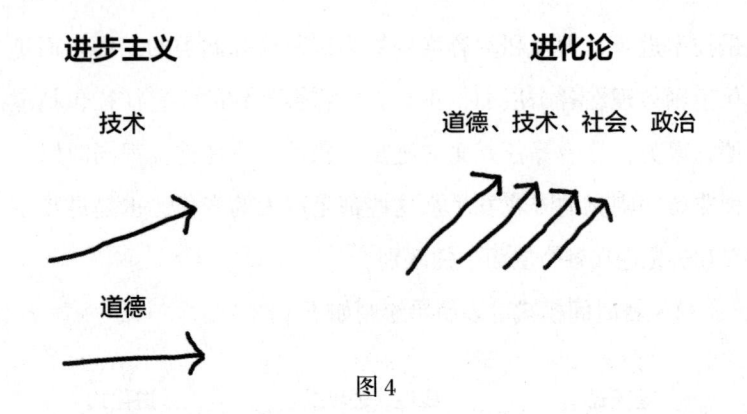

技术　　　　　　　道德、技术、社会、政治

道德

图 4

进化论意味着全新的结构形式将会出现，正如达尔文著名的论点所述，生物进化，会产生新的物种：你有一条鱼，然后这条鱼变成了哺乳动物，以此类推。这是一种真正的结构变化。

拉德克利夫-布朗在描述"进化，按照我的理解，特指新结构形式的出现过程"时再次阐明了这一差异："有机进化有两个重要特征：（1）在进化过程中，少数种类的生物产生了更多种类的生物 [AM：有了分化]；（2）更复杂的有机结构形式是由更简单的形式发展而来的。"[81] 这就是分化的增长，复杂性的增长。"与有机进化一样，社会进化也有两个特点。首先，在历史进程中，从少量的社会结构形式中产生了许多不同的形式，这就是多样化的过程。其次，在整个过程中，更复杂的社会结构形式从更简单的形式中发展出来，或取代了更简单的形式。"[82] 因此，就动物来说，正如我所说的，新物种不断发展，新特征不断增

---

81 Radcliffe-Brown, *Structure and Function*, p. 203.
82 Radcliffe-Brown, *Structure and Function*, p. 203.

加。它们可能长出了翅膀、喙或其他器官。类似地，在人类社会中，这意味着崭新的道德观念、政治制度和亲属关系等不断涌现。

发展阶段，即我所说的三阶段理论的中间部分，可以进一步划分为进步主义者和进化论者两派。第一波浪潮是启蒙思想家，包括孔多塞、伏尔泰、孟德斯鸠、罗伯逊，在一定程度上还包括亚当·斯密、米勒等人，他们代表了这个阶段的第一部分。而19世纪的进化论者，如马克思、斯宾塞、摩尔根、泰勒等，则构成了第二部分。进化论作为发展阶段的一个重要组成部分，其影响和重要性是巨大的。因此，我将花一些时间专门描述进化论的一般特征。

*

《牛津英语词典》对进化的定义如下："展开、打开或脱离保护层（envelope）的过程。"这里的"envelope"不是指邮寄的信封，而是指植物的保护层。"将包裹在内部的结构（如叶芽、花蕾等）打开或展开；就像我们理解一个问题时，是从简单的表象出发，逐步深入复杂的本质一样。"在几何学中，进化指曲线的展开或拉直；如果一条曲线开始变直，就是在"进化"。在动植物生物学中，进化是指从初级状态发展到成熟或完整状态的过程。例如，一粒种子进化成一棵参天大树。

进化的另一层含义是"任何可比作生物有机体的事物，都在按照其内在趋势而发展或成长"。这一点非常重要，因为达尔文、华莱士等人在进化论中明确提出的生物学隐喻，成为19世纪后期人类学和社会科学第二次大发展浪潮的奠基理念之一。

在偏远的原始社会中,政治体制非常简单,然后逐渐变得复杂,最后"瓦解"。语言、政治和经济等领域也是如此,都是从简单走向复杂。这是一个成长的过程,而非一场革命。进化是渐进的,而革命是突如其来的断裂。但大量进化积累的效果,却可能是革命性的。因此,进化既有连续性,也伴随着变革。种子不等于大树,但大树从某种意义上说源自种子。

正如我稍后要解释的那样,你可以通过分析这些巨变过程中使用的隐喻来深入理解它们的内涵。在进步主义阶段和启蒙运动时期,进步的隐喻是机械的、牛顿式的,如物体在空间中的运动、重力、时钟和机器等。而进化的隐喻则源自有机生物学,如树木从幼苗长成参天大树,人从受精卵发育为成熟个体的过程。

*

关于进化论,还有一些值得深入探讨的子问题。首先,人类的进步是否遵循一条不可逆转的直线或统一的发展路径?我们还能回到过去吗?其次,人类进步的过程是否依赖于某些内在的原则或固有的特征,就像一粒种子或一颗橡子那样,是否有某种宿命?橡树的种子不可能突然有一天决定要变成一棵山毛榉,它注定要成为一棵橡树。在有机进化系统中,是否存在某种内在的、先天的决定性因素?我们可以将此类比于人类社会。比如,中世纪的日本文明能否决定要成为另一种文明?最后,进化的方向性如何决定,以及外部因素对进化方向和进程的影响有多大?

进化论的思想非常重要，我想再稍作阐述。不同的思想家使用"进化"这个词的方式各异，对于几乎所有这些思想家，你都可以争论他们是不是进化论者。以卡尔·马克思为例，他是否属于进化论者就是一个有趣的问题。一方面，马克思似乎是一个反进化论者，自认为是一位革命思想家，主张社会变革应通过剧烈的革命来实现。但另一方面，马克思也提出社会发展要经历一系列阶段。这种阶段性和渐进性的发展观，又与进化论的基本思想不谋而合。

还有一些更细节的问题值得探讨。首先，进化是否具有道德层面？进化是否意味着从道德上的劣等到优等，从低级到高级？其次，进化的框架是否普遍适用？换言之，是否存在唯一的进化路径，所有社会都必须经历同样的发展阶段？这是19世纪进化论的一个非常坚定的信念。生物进化论倾向于认为物种要经历一系列特定的阶段。马克思主义进化论和人类学家摩尔根的进化论，也都倾向于认为社会要经历不同的发展阶段。人们开始相信，社会必须依次经历所有这些阶段，而不能"跳跃式"地发展。

那么，一个人是如何从一个阶段进入另一个阶段的呢？有一种内在主义的解释，认为这是由于内部的矛盾冲突造成的。马克思主义就是一个著名的例子，达尔文主义也有类似的解释，比如基因变异引起的改变等。另一种解释则是外部因素的影响，例如来自外部的思想影响、入侵等，这就是渐进式进化、持续进化和革命性变化之间的区别。

还有阶段持续时间的问题：它们持续的时间是长还是短？这

就涉及进化发生的层面数量问题。例如，进化主要是技术层面的，从农业到工业，还是也包括其他各种事物的变化，如审美、烹饪、居住方式、道德观念和婚姻制度？最后，我们是否都在朝着同一个方向前进？我们将走向何方？

还有一个非常重要的问题我应该提到，这也是本书的核心：是什么推动了进化？动因或推动力是什么？是内在必然性吗？如斯宾塞所说的，从简单到复杂是一种自然趋势，这在19世纪是一种普遍观点。抑或是马克思所说的阶级对抗的辩证动力？或者是像马尔萨斯（在某种程度上）和达尔文所主张的那样，是人口增长和自然选择？是合理化吗？我在第一章谈到了其中的一些问题。

回到"目的地"的问题，我们是否正朝着某个最终一致的目标前进？有乐观主义者认为我们正在向前发展，最终将在一定程度上到达未来的社会主义乌托邦，正如卡尔·马克思所论证的那样；也有悲观主义者，比如马克斯·韦伯，他认为我们正在走向官僚主义合理化的"铁笼"。

*

最后，我们可以注意到，在中期全面进化论中存在三个密切相关的特征。首先，在理性、道德、文明、复杂性、经济、人格、政治和法律等诸多方面，都有一种强烈的进步观念。这种进步观念通常隐含在语言表述中，例如使用颜色（从黑暗到光明）、空间（从后退到前进）、另一重空间（从低到高）以及从古老到现代（现代化）等维度。

这种进化论的形式通常是单线式的,即所有社会都会经历大致相同的发展阶段。一旦我们绘制出这些阶段的路线图,就可以据此预测未来。对进化论进行评论的观察者通常会将自己(偶尔也包括女性)置于最前沿、阶梯的顶端、队伍的首领位置,这也是很正常的,因为他的职责就是帮助其他人向他所处的高度攀登。

最后,换一种说法,我将要讨论的三大宇宙观分别是:

- 循环或轮回(存在/回归);
- 发展/进步(成为);
- 结构(持续/维系)。

第 4 章

从历史到当下的转变：人们开始关注"此时此地"

在上一章中，我探讨了社会科学发展的三个主要理论阶段中的两个——循环式时间和进步式/进化式时间。在这里，我想谈谈第三个主要阶段，即结构主义，然后再讨论引发这些变化的一些可能因素。

结构主义以不同的隐喻为基础，在本文的论述中，不仅包括 20 世纪后期广为人知的结构主义，还包括所有以相对静态的方式看待社会结构和社会组织的各类理论体系。现在，隐喻从有机物回归到了机器，我们必须了解其内部运作机制。这也是一种地质学隐喻，即系统内部有不同的层次，无论是语言结构主义中的深层结构和表层结构，还是心灵的表层和深层，或者社会的深层结构和表层结构，皆是如此。在这一范式中，意义存在于当下，存在于系统中。事物过去是什么，未来可能成为什么，都不如它现在是什么重要。

拉德克利夫-布朗对这种内在主义解释做出了一些经典论述。在他的《安达曼岛人》（不是 1922 年版，而是 1932 年版，彼时他更加坚信社会结构观点）一书的修订版序言中，他将这种结构主义方法与他所反对的发展主义者的方法进行了对比。

他写道："1908—1909年，也就是在我着手写作本书时，人类学家和民族学家要么在试图为制度的起源提出假设，要么在尝试对文化历史的细节进行假设性重建。在这两类研究中，历史观点占主导地位……当民族学家们大多从起源和历史的角度思考时……法国社会学家在他们的研究工作中形成了一种对民族志数据加以利用的不同观念。"[83] 随后，他引用了与马塞尔·莫斯（Marcel Mauss）共事的于贝尔（Hubert）的观点。

拉德克利夫-布朗试图定义他所说的结构主义方法。他写道："一个词、一个手势、一个仪式的意义，在于它所表达的内容，而这是由它在观念、情感和心理态度系统中的联系决定的……民族学[AM：'民族学'是一个经常被使用的词，在这里与人类学同义]中的功能概念，基于将文化视为一种适应机制[AM：注意，'机制'一词，此处暗意是指机器]的概念，通过这种机制，一定数量的人能够在特定环境中过有序的社会生活……我们可以方便地使用'社会融合'这个术语来涵盖所有内部适应的现象。因此，文化科学或人类社会科学的基本问题之一就是社会融合的本质问题……要发现一种制度、习俗或信仰的整合功能，就必须通过观察它的效果来实现，而这些效果显然首先是对个人以及他们的生活、思想和情感的影响。"[84]

现在的问题是，是什么力量将事物维系在一起？正如叶芝（Yeats）在1919年所说，"事物分崩离析，中心无法维系"，当

---

[83] Radcliffe-Brown, *The Andaman Islanders*, 2nd ed., preface, vii–viii.
[84] Radcliffe-Brown, *Andaman*, 2nd ed., preface, viii–x.

时人们关注的问题是，如何阻止事物崩塌瓦解。我们可以看出，拉德克利夫－布朗认为事物的意义存在于其语境之中，存在于事物各部分之间的关系之中，也存在于它们所发挥的功能之中。我在讲课时经常以自行车为例。对自行车进行结构分析时，我们会问："这是个车轮，它对自行车有什么作用？除了支撑车身，它还能推动自行车前进。那么车把呢，它又起到什么功用？"这些问题探究的正是自行车各个部件之间的关系，以及各部件所发挥的功能。这种视角是在分析一整个系统。它与系统理论有相似之处：将一个系统当作一部机器来剖析，然后仔细研究其中不同组成部分的功能。

拉德克利夫－布朗在其著作的第五章中进一步阐述了这一点。尽管这一章内容可能在1922年第一版之前就已经构思完成，但最终在第二版中得以呈现。他写道："原始社会的每一种习俗和信仰都在社区的社会生活中发挥着特定的作用，正如生物体的每一个器官都在生物的整体生命中发挥作用一样。制度、习俗和信仰的总和形成单一的整体或系统，决定了社会生活……延续这个类比 [AM：类比的思维非常重要]，对'野蛮'习俗 [AM：在那个时代，他们仍然使用'野蛮'这个词] 的意义研究是一种社会心理学，它与对习俗起源或变化的研究有所区别，就像动物生理学与研究物种起源、变异原因和一般进化规律的生物学有所区别一样。因此，本章提出的问题不是历史问题，而是心理学或社会学问题……本章的主题丝毫不受所讨论习俗的历史起源问题的影响，而只关注当今存在的那些习俗。"[85] 结构主义是一种解剖学、一种生理学和一种力学，是对某一特定时间点的静态分析（这些是我的理解）。这与跨越时间维度、强调动态变化的发展主义和进化主义形成鲜明对比。

我之所以引用拉德克利夫－布朗的观点，是因为他非常清晰明了地阐述了那个时代真正的思想革命。从第一次世界大战前后一直到20世纪五六十年代，结构主义在法国以新的形式出现，它开始主导所有社会科学，特别是人类学和社会学。

例如，拉德克利夫－布朗在1950年与福德合著的《非洲的亲缘关系和婚姻制度》一书的著名序言中写道："这里提出的理论只是一个特殊应用，即一个制度或习俗的存在理由在于其社会功能。因此，该理论认为，禁止或倾向某种婚姻的规则或习俗的社会功能，是将现有的亲属结构作为一个制度关系系统来保存、维持或延续。"[86] 这是一种结构功能主义的观点，一直延续到20世纪60年代。

*

总结一下社会科学理论发展的主要阶段：前进化论时期（循环式时间观）、进化论时期，以及后进化论时期（功能主义和结构主义）。粗略地说，它们在西方历史上对应着西方扩张和收缩的三个重要阶段。我认为，人们对时间和社会理论的感知和处理方式不仅与理论本身内在相关，而且与这些理论之外的政治、

---

85 Radcliffe-Brown, *Andaman*, 2nd ed., pp. 229–230.
86 Quoted in Voget, *History*, p. 50.

经济、技术前沿的变化相关。不断增长的关于世界其他地区、关于通过地质学认识时间深度的知识，对此至关重要。这改变了我们思考生活的方式。

大约到了1750年，全球的权力体系处于一个大致平等的状态。这时的中国、印度以及伊斯兰国家都很强大。在1750年至1820年间，尤其是在英国，人们开始感觉到正在发生一些特殊的事情，技术变得越来越先进。从1830年到1900年，技术和政治力量大规模增长。欧洲的武器和蒸汽机明显比世界上任何其他技术都强大。从1900年到1950年，欧洲的绝对优势地位有所下降，经历了两次世界大战，日本、苏联以及欧洲以外的美国崛起。从1950年到1990年，美国成为主导力量，正如我将解释的那样，随着美国的主导，一种不同类型的进化思想重新发展起来。

我已经多次提到，在世界观或范式的变化中，世界不同地区之间在技术和政治方面似乎存在差距。这种巧合可以从多个角度来观察。

如果我们对公元1年到公元1850年的世界历史进行一个非常宏观的概述，就可以辨别出几个主要时期。罗马帝国崩溃后，欧洲国家变得衰弱，成为来自东方的如匈人、马扎尔人、土耳其人、阿拉伯人等的掠夺对象。直到15世纪后期，欧洲仍然容易受到外部势力的侵袭，周而复始的循环可能会再次上演。然而，在之后的大约300年里，欧洲——特别是后半期的北欧——开始主动出击，探索世界，并获得自信。事物确实在进步和变化，人们的财富显著增长。我们不再需要仅仅依靠收集已经消失的高级文明的残存碎片来维持生活，那些文明的废墟是我们现在栖身的地方。

然而，在短短一个多世纪的时间里，已经开始改变的潮流又以极快的速度朝着另一个方向奔涌。欧洲的思想、技术和统治势力遍布全世界，白人似乎注定要统治世界。19世纪的进化论思想就是在这样的背景下确立的。

发展进化论阶段可以置于其所处的背景下来理解。"进步的理念为这样一种观点提供了智力激励，即人类社会始于野蛮阶段，进而发展到蒙昧阶段，然后达到文明发展的最终门槛……发展主义时代在时间上与西方工业化的兴起和扩张相对应。当帝国的扩张停止时，它就衰落了，因为再没有新的土地和人民可以征服……欧洲和美国结束了开疆拓土式的扩张，进入了一个巩固时期。"[87]

或者说，人类学的发展"是西方的一个制度产物……西方向全球偏远角落的扩张使人类学作为人类科学的国际化成为可能。没有西方的渗透和征服，民族学家就无法拓展他们的研究领域。现在，关于目标的模糊性和世界的分裂正在影响人类学，动摇着人们对其科学使命的信心"[88]。换句话说，由于政治进入另一个阶段，我们对自己的使命不再那么确定。

这些阶段与乐观主义之间存在相关性。如果你觉得自己处于金字塔顶端，掌握着更先进的技术，经历了快速而巨大的变革，事情似乎变得越来越好，那么你就是乐观和激进的。因此，无

---

[87] Voget, *History*, pp. 42–44.
[88] Voget, *History*, p. 590.

论是在人类学还是历史学中,进化论都是一种激进而乐观的观点,几乎是自由主义的,因为它相信事情可以变得更好。它常常与"文明的使命"联系在一起。

一个著名的例子是周游世界的基督教传教士,还有经济传教士,他们说:"这就是我们能做的。"其中一个著名的陈述出现在吉卜林的诗歌《白人的责任》中,如果你只看那一行,你会认为它非常居高临下,但该节的其他诗句展露了这种使命的性质:

> 承担起白人的责任——
> 和平的野蛮战争——
> 填饱饥饿的嘴,
> 让疾病消失。

"白人的责任"就是消灭战争、饥荒和疾病,人们相信这是一项可以完成的使命。相反,如果事物是静态的,整个世界都是相似的,你就会有一种相当悲观的看法,认为我们陷入了经济衰退,等等。这是范式转变,它们存在于整个文明层面,即"资本主义的宇宙观""时代精神",或者用库恩的话说,就是一种"paradigm shift"(范式转变)。

*

许多人类学家认识到,这不仅仅是一套想法,更是一种道德、社会和整体的思维与存在方式。例如,欧内斯特·盖尔纳(Ernest Gellner)这样描述:"进化论——在广义上包括了受生物学和历史学启发的分支,以及强调连续性和跳跃式上升发展的观点——不仅仅是一个简单的理论,它是一种哲学、一种神义论[AM:神学体系]、一种道德愿景、一种宗教的替代品。它认为进化和进步是解释人类生活和证明人类苦难的合理性的关键概念;这些概念不仅仅是为了解释,它们还赋予世界以道德意义和秩序。"[89]这种观点不仅适用于盖尔纳所说的进化论,也适用于早期的循环观点以及在20世纪占主导地位的结构主义时期。这一点可以再次用示意图(图5)来说明。

时期(年)	图示	评注	
至1500	↻	循环时间	
1500—1750	→	历史、时间、空间广度的发现	第一次范式转变
1750—1790	↗	进步主义	
1790—1830	∿	对进步主义思潮的怀疑与抗拒	
1830—1860	↗	缓和的进步	
1860—1890	↗	加速的进化	第二次范式转变
1890—1930	≡	功能主义	第三次范式转变
1930—1960	↗	缓和的进步(结构功能主义)	
1960—1980	≡ ↗	结构主义 加速的进化	

图5

[89] Gellner, Introduction to Evans-Pritchard, *A History of Anthropological Thought*, 1981, xvii.

从图 5 来看，1500 年之前是循环时间。之后出现了空间时间的发展，然后是略微进步的时间，接着出现了对进步主义思潮的怀疑与抗拒，事物在这个阶段先上升一点，然后下降再上升，可能有轻微的上升趋势。随后是缓和的进步，接着是高水平进化，即加速的进化。然后是功能主义，时间再次变得更加静态，最后从 20 世纪五六十年代开始，出现了缓和的进步和新形式的进化论。其中有增长和乐观的时期，也有绝望的时期，因此杰弗里·霍索恩（Geoffrey Hawthorn）写了一本名为《启蒙与绝望》（*Enlightenment and Despair*）的社会学史，恰好捕捉了其中两个时期的特征。

在部落和传统社会中，我们可以观察到时间和空间的概念。正如埃德蒙·利奇指出的，时间在这些社会中呈循环状，或者像蛇一样蜿蜒，或者略微来回摆动。空间则被划分为"我们"和"他们"。在早期农耕文明的漫长时期里，存在着周期更长的循环，比如伊本·赫勒敦的周期概念，但最终仍是循环往复的，并不存在进步的概念。

在这个阶段，人们对群体的认知尺度扩大了："我们"不再仅仅是指一个小部落，而是代表一个大型群体或整个文明，"他们"也是如此。一个著名的例子是"中央王国"。中国被称为"中央王国"，被视为世界的中心，周围是朝贡国，再往外是英国等其他国家。这是一种环形的空间观念。

17 世纪后期到 18 世纪，人们的时间观念发生了变化。连续时间和线性时间的概念逐渐形成，就像种子萌芽，花蕾含苞待放，不断生长。同时，人们对空间的认知也在扩展。他们开始了解到世界各地的人们生活方式的多样性，以及不同地区的经济、生态和政治制度。

随后，我们进入快速增长期。时间的流动变得更加迅速，而空间认知则横向扩展，人们对其他社会的了解大大增加。时间深度也在增加，达尔文革命带来了新的观念：人类在地球上已经存在了数百万年，而不是几千年。

接下来是功能主义和结构主义时期，时间被分解成小块。虽然可能仍存在某种发展，但人们对历史不再那么感兴趣，"起源"（无论是物种起源还是其他）的研究不再受重视，取而代之的是对现有系统运作的关注。有趣的是，时间和空间在某种程度上又变小了。微观研究兴起，人类学家以研究特定地点而闻名，同时微观政治学、微观社会学等领域也开始发展。

我认为，这些就是主要的范式转换。接下来，我们将更详细地探讨这些转变，试图理解每次变化的原因，并将每个阶段细分为更小的部分，因为目前的描述还是过于简化了。

第 5 章

时间观念的线性化

在这一章中,我想讨论第一个重大转变,即从封闭的循环时间概念到"开放"的时间概念的初始阶段。这大致发生在 1400 年到 1700 年之间。

我不会过多涉及 1400 年之前或部落社会的情况,因为我在第 1 章已经详细讨论过了。在没有文字的口述文化和部落文化中,时间概念往往非常短暂,仅包括几代人对人类始祖后裔的记忆,或者如埃德蒙·利奇所描述的,在短周期内循环往复。基思·托马斯(Keith Thomas)对此做了总结:"在原始社会中,季节的变迁和居民的生命周期足以让人们感受到变化和衰败,但并不足以让他们意识到结构性的改变。"[90]

这种简单重复或短周期循环的时间观念在许多口述文化中至今一直存在。在这种观念中,时间被视为在短期内不断重复的模式,而非长期的线性发展。然而,在西方、亚洲和阿拉伯世界的文明中,人们开始认识到更长时间跨度的变化。尽管人们

---

90 Thomas, *Religion and the Decline of Magic*, 1971, p. 429.

意识到文明在变迁，但并没有进步或发展的概念。时间被视为一个车轮。

这种循环的、轮回式的时间观在某种程度上涵盖了古代世界、"中国"世界，以及直到15世纪左右的中世纪时期——我们可以说，大致到哥伦布时代。基思·托马斯在后文中再次描述道："随后出现了循环的历史观，认为变化确实存在，但从长远来看，一切都会回到起点。"他接着说："这种将历史比作月亮圆缺的观念在古典时期广受推崇，影响深远，在文艺复兴时期重新流行起来。当时人们认为，最高的审美和道德美德在于模仿，或者更确切地说，是对古代标准的仿效。"[91]

"文艺复兴"这个词本身就意味着回归起点，而非创造新事物。托马斯认为，这是比最初部落口述历史观点中无休止的短期重复更为复杂的发展。换句话说，时间跨度变长了，也出现了重大转变和变化的观念，但归根结底，太阳底下无新事。这种观点深深影响了基督教，体现在"第二次降临"的概念上：有第一次降临，历史将经历一个循环，迎来第二次降临、救赎和重生。托马斯指出，这种观点为马可·奥勒留、亚里士多德、柏拉图等人所持有——历史被视为一个起起落落的过程，但底层存在不可改变的永恒性。

这种观点带有某种悲观情绪，因为人们无法逃脱这个轮回。事物可以变化，帝国可以兴起，信仰可以诞生——但终将随时间衰落。这种观点贯穿在直到近代的大量文学、诗歌，甚至经

---

91 Thomas, *Religion*, p. 429.

济学和历史学作品中。托马斯不仅引用了文艺复兴时期的思想家，包括沃尔特·雷利爵士（Sir Walter Raleigh）在《世界史》中表达的观点，还指出这种思想后来在诗歌——例如丁尼生、阿诺德的作品——或者汤因比、斯宾格勒等历史学家的著作中重生。雪莱的《奥兹曼迪亚斯》优雅地表达了这一思想："看看我的丰功伟绩吧，你们这些强者，然后绝望吧"——一切都没有改变。伊本·赫勒敦关于循环性的、三代人一个周期的结构性变化的观点，是这种"有变化但进步不大"观念的早期体现之一。

关于古典历史学家，德尼斯·海伊（Denys Hay）这样写道：

> 那些试图寻找更宏大的框架来安置其叙事的历史学家，发现自己陷入了一些特别不具生产性的因果关系模式中。实际上，这些模式反而成了一种束缚，限制了历史学家的思考，使他们不愿或无法对历史事件做出深入的解释。人们可以找到一些关于时间流逝模式的思辨性概念：一种诗意的世界时代变迁的观念——描述从黄金时代开始，到白银时代，再到青铜时代和铁器时代。赫西俄德的诗歌恰如其分地对这个主题做出了最完整的阐述，这一主题偶尔也出现在后来的作家作品中。相比柏拉图在《蒂迈欧篇》中提出的循环理论，衰落的观念具有更强的艺术吸引力，尽管波利比乌斯采纳了前者。为解释急剧的变革，人们引入了命运之轮的概念，但这更多的是一种文学手法，几乎没有实质性的解释作用。实际上，这些循环理论和其他宇宙模式在古代历史学家的著作中几乎没有发挥作用。他们对重大社会变革或宪政变

化的认识还不够深入……[92]

伊本·赫勒敦的著作中开始出现一些更有结构性的循环和衰退观念，这一点很有趣，它展示了历史学家的洞察力如何受到其所处政治环境的塑造。沃格特在《民族学史》中写道："阿拉伯帝国的迅速扩张催生了一批社会和政治史著作，这些作品深入探讨了国家兴衰的原因。大规模征服将具有不同传统和法律的民族纳入统治范畴，因此引发了人们对治理方式的特别关注。正是在14世纪阿拉伯世界的命运急转直下之际，伊本·赫勒敦提出了一个综合性理论。这个理论通过强调各种社会关系因素的相互作用，解释了民族国家的兴衰过程。"[93]

这种循环观在1400年至1450年间发生变化。新世界观的种子开始萌芽，这种观念在之后很长一段时间里主导了西方思想。我们将这种线性的、隐约向前移动（即便不是进步）的观念与文艺复兴联系在一起，但它为何出现仍是一个谜。我们只知道确实发生了**某些事情**。

关于这一变化，海伊在他的《编年史家与历史学家》一书中提供了新的见解："我深信我们必须打破竖立在'中世纪'和'现代'之间那些脆弱的藩篱。在文艺复兴时期的意大利，当这些区分逐渐形成时，人们开始重新审视过去，并逐渐发展出两种记述历史事件的方式。其中一种延续了古代历史学家和中世

---

[92] Hay, *Annalists and Historians*, 1977, p. 10.
[93] Voget, *History*, p. 40.

纪编年史家的传统，主要记录当代事件，只是人文主义历史学家们会用更为优雅的拉丁文来表达。而随着文艺复兴的到来，另一种将过去作为独立研究对象的观念应运而生，由此催生了古物研究这一新兴领域。因此，文艺复兴见证了我们今天所称的历史学分化为两种不同的研究取向：一些历史学家转向古物研究，另一些则成为博学的文人。当然，也有人同时涉足这两个领域。"[94]

过去和现在开始以新的方式被区分开来。正如哥伦布航海之后人们开始绘制新的空间地图一样，他们也开始用全新的界限来勾勒时间的版图。

根据海伊的观点："一种新的划分历史的方法逐渐被接受。早期的基督教历史学家通常将历史划分为七个时代，但实际上他们主要关注自身所处的第六个时代。前五个时代从创世延续到基督诞生，而第七个时代则在未来，那是历史将终结的时代，对人类而言难以理解。如今，我们发现新的划分方式应运而生……彼特拉克轻蔑地称介于古代与他所处时代之间的时期为'阴影'或'黑暗时代'。'中间时期'（media tempestas）一词首次出现在1469年于罗马出版的阿普列尤斯作品集中的一封信里……就这样，欧洲以一种曲折的方式……形成了时间的三分法：古代、中世纪、现代。这种过于简化的划分至今仍影响着我们所有人。在古代和中世纪，人们认为自己就是当代人。人文主义者改变了这一切。他们将西塞罗和维吉尔归为古人，将

---

94 Hay, *Annalists*, vi–vii.

埃洛伊丝和阿伯拉尔归为中世纪人，而将彼特拉克、莎士比亚、布克哈特以一种新的、令人困惑的方式定义为现代人。"[95]

因此，时间不再像一个圆环或车轮，而是变成了一条河流。人们无法回到同一个地方，时间奔涌向前。未来变得开放，不再封闭。这种时间观念的转变带来了一个重要结果：人们开始认识到"时代错置"这一概念。也就是将过去的事物误植于当下，仿佛它们属于现在，尽管实际并非如此。这种对历史准确性的新认知，在文艺复兴时期之前从未有过。

再次引用海伊的话："随着新的历史分期的创立，一种全新的时代错置感也随之产生。'不同时代，不同习俗'这一源于法语的概念在古代几乎没有实际意义，在中世纪更是闻所未闻。在早期（特指12、13世纪），历史学家、画家和雕塑家在描绘古代英雄时，会用他们自己时代的方式来展现这些英雄的角色、服饰以及所处的环境。换句话说，他们会把古代人物按照中世纪的标准来描绘……直到15世纪的意大利，我们才开始看到真正尝试重现过去时代特征的努力。"[96] 汉普顿宫中曼特尼亚的作品就是一个例子。"过去"成为一个不同的国度。

这种新的时间观念呈现了连续、流动和如河流般不息的特质，但并不蕴含道德进步的意味。我们并非变得更好，只是变得不同了。这一观点在文艺复兴时期被广泛接受，同时也伴随着世俗时间观念的复兴。虽然人们在回溯罗马时代，但另一种

---

[95] Hay, *Annalists*, pp. 89–91.

[96] Hay, *Annalists*, pp. 91–92.

思想的种子也悄然播下。这部分体现为对历史和时间流动性的深刻认知。人们逐渐意识到事物会发生巨大变迁。正如彼得·伯克所言:"历史视角意识在西欧文艺复兴期间得到发展,在1350年到1650年变得更加敏锐,并得到了更广泛的传播。"[97]即便人们只是在效仿古人,但需要刻意为之这一事实本身就凸显了时代已发生的巨大变化。人们必须付出努力去模仿古人,恰恰是因为古代已经远去,与当下相距甚远。

随着时间的推移,一种新的时间观念逐渐形成。这种观念通常被认为源于笛卡儿哲学和17世纪科学的影响。在这种新观念中,时间不再是周而复始、永远回到起点,而是连续不断、一往直前。马歇尔·麦克卢汉对这一转变进行了精辟的论述:"在文艺复兴时期之前,人们习惯于用简单的模式来理解世界。但到了文艺复兴时期,这种延续了几个世纪的习惯逐渐被新的认知取代。人们开始用连续、线性和统一的方式来理解时间、空间,甚至人际关系。"[98]这标志着一个全新的线性世界观的诞生。

这种巨大的转变引发了一个重要问题:是什么造就了这一惊人的突破?这不仅是与欧洲自身的过去决裂,更是与几乎所有其他文明分道扬镳。在其他文明中,人们总是在回望过去——伊斯兰教信徒追溯先知时代,印度教徒回顾圣典教诲,佛教徒铭记佛陀智慧,儒家思想者推崇孔子学说。然而,在文艺复兴

---

[97] Burke, 'The Sense of Historical Perspective in Renaissance Italy', *Journal of World History*, v. 11, 4, 1969, pp. 615–632.

[98] McLuhan, *The Gutenberg Galaxy*, 1962, p. 14.

时期的欧洲,人们的目光却越来越多地投向未来,思考如何向前发展。究竟是什么引发了这种根本性的变化?

我将在下一部分详细讨论这个问题,但在这里先给出一两个线索。正如基思·托马斯所言:"历史观从循环式向线性式的转变,是知识史上最大的谜团之一。"[99] 我们稍后会讨论一些解开这个谜团的尝试。尽管原因尚未明晰,但这种转变确实发生了,这一点是无可争议的。在英国,这种变化的迹象从17世纪中叶开始显现。与亚里士多德认为一切都已被发现的观点不同,**发现**、创新和新世界的概念——无论是在地理、思想还是政治领域——开始在弥尔顿和平等派的作品中萌芽。这种新的观念只有在线性时间理论的土壤中才能生根发芽。那个时代是世界观的角力场。有趣的是,与这种新兴观念形成对比的是霍布斯的态度。据说,他的观点"似乎源于古老的中世纪传统,认为和平、繁荣、自负、战争、贫困——然后又回到和平——会在一个无休止的循环中周而复始。像大多数循环历史理论一样,这种观念可能是一个认为真正的进步无法实现的社会的产物"[100]。

我们今天很难完全领会这一转变的深远影响。这不是一次普通的变革,而是一场彻底的思维革命。从"进步不可能持续"和"时间永远循环"的固有观念,到全新的线性时间观,这一跨越之大,远超我们的想象。为了让我们能更真切地感受这种

---

[99] Thomas, *Religion*, p. 430.
[100] Thomas, 'The Social Origins of Hobbes's Political Thought', in Brown K.C., ed., *Hobbes Studies*, 1965, p. 218.

变化的震撼力，我想借用维多利亚时代一位卓越的历史学家的洞见。阿克顿勋爵在1895年于剑桥大学发表就职演讲时，恰逢第一波进步主义和线性思维浪潮即将退去之际，他的一段论述格外引人深思：

> 从我们现在的角度来看，我们可以将现代史定义为始于400年前，那里有一条清晰可见的分界线将现代史与过去划分开来……现代并非中世纪的自然延续，它更像是一个突如其来的新纪元。这个新时代奉创新为主桌，动摇了延续性的古老统治。在那个年代，一连串重大事件改变了世界的面貌：哥伦布的发现颠覆了人们对世界的认知，改变了生产方式、财富分配和权力格局；马基雅维利的思想将政治从道德约束中解放；伊拉斯谟把古代学问的精华注入基督教思想；路德打破了宗教权威的桎梏；哥白尼的理论则为人类进步开辟了新的道路。……这是一个觉醒的时代；世界开始以不同的轨道运转，受到此前未知力量的推动。在此之前，人们长期认为社会正在走向衰落，而他们生活在逝者遗留下来的规矩和意志中。但到了16世纪，一切都变了。人们开始勇于尝试新事物，满怀希望地期待着巨大的变革。正是这种向前迈进的精神，将这个新时代与旧世界清晰地区分开来。[101]

这就是我们所见证的一场深刻变革。它开了批判性历史观的

---

101 Acton, *Lectures on Modern History*, 1895, pp. 3–4.

先河。虽然阿克顿的描述或许有些夸张，将这一变革渲染得比实际更为激烈，但其重要性是不容忽视的。诚然，在这场变革之前，已有诸多思想暗流涌动。然而，这无疑是一个划时代的转折点。正如基思·托马斯所说，这是一个巨大的谜团，引发我们的深思。那么，我们能否深入探究这个谜团呢？

让我们从多个角度来概述这第一次转变。这是我们拼图[①]的第一块，后续章节将为它添砖加瓦。这个概述涵盖了几个方面：一些关键人物，时间概念的不同理解方式，欧洲与世界其他地区之间的权力关系，许多讨论背后的隐喻，人们提出的一些关键问题，许多理论所基于的模范学科，这个体系对我们今天的价值，以及社会、经济和政治世界的一个或多个背景因素。

---

① 本书所指的"拼图"均以表格的形式直观呈现，表中年份亦保留原貌，后文不再赘述。——编者注

类别	循环（至1450）	进步（约1500—1790）
人物	柏拉图 伊本·赫勒敦 中世纪经院哲学家	孟德斯鸠 杜尔阁 弗格森 亚当·斯密
时间观	永恒回归 时间如轮 循环时间	进步性增长 进步阶段 不可逆时间
权力观	西方处于防御状态 国家间平等	西方具备军事和生产技术优势 早期帝国主义
隐喻	自然循环 季节 植物和动物 天体	从黑暗到光明（启蒙） 从粗糙到光滑 从简单到复杂
问题	生命的意义 如何生存 最理想的状态	增长的阶段是什么？ 如何改善地球上的生活？
模型	神学 历史	牛顿科学 数学和其他科学 手工艺学科
理论贡献	基本类别和区分 理想类型	文明的基本类型和阶段 比较方法
背景	农业文明	科学技术的发展 探索

第 6 章

欧洲的进步信仰

在这一章中，我想探讨一些理论，这些理论试图解释为什么在文艺复兴时期及稍后，时间观念从循环转变为进步。正如我之前引用的基思·托马斯所说的那样，这是"知识史上最大的谜团之一"[102]。为什么会出现这种新的时间和历史概念？托马斯本人猜测："要感受到变化，最关键的是变化本身必须切实发生。尤其是当显著的技术进步或思想革新深入人心，使人们清晰地意识到自己所处的世界与祖辈生活的时代大不相同时，这种变化感才会真正产生。"[103]

回顾半个世纪前的世界，我们不难发现当今社会在技术层面已发生了翻天覆地的变化。然而，在许多传统的农业社会中，即便跨越数百年，生活方式也鲜有改变，更别说在一个人短短 50 年的生命历程中了。即使采用这种看似合理的方法来解释，我们也会遇到一个难题：技术变革在 15、16 世纪并非新鲜事物。基思·托马斯也认识到这一点："不可否认，整个中世纪都经历

---

102 Thomas, *Religion*, p. 430.
103 Thomas, *Religion*, p. 430.

了显著的技术进步。然而，令人不解的是，在15、16世纪之前，这些进步似乎并未在人们的心理层面产生多大影响。它显然没有形成普遍的技术进步观念。相反，'发明家'这个词在当时是指那些重新发现已失传事物的人，而非创造新事物的人。"[104]

为什么人们没有注意到风车、新型水车等发明的出现？这些确实代表了变化。让我们更深入地探讨这个问题。

首先，我们来看看那些影响人类思维和智识的交流工具。其中，文字层面的书写和识字能力的发展尤为重要。虽然文字的起源远早于我们讨论的时期，但正如杰克·古迪等学者所强调的，书写对于培养人们的变革意识起着关键作用。当我们将事物记录下来，后人在百年之后重读这些文字时，便能清晰地感知到时代的变迁。与之相反，我们的记忆和口述历史很容易在不知不觉中适应变化，模糊了历史的轮廓。然而，一旦信息被书写下来，它就被固定在一个历史框架中，成为变迁的见证。我们可以这样理解这个过程：

在传统社会中，虽然变化时有发生，但由于缺乏书面记录，人们很难察觉。罗宾·霍顿曾指出："当人们无法参考前人留下的书面思想时，无论是推动变革还是接受变革的人，都难以意识到创新已经发生……在这种情况下，主流理论往往被赋予永恒不变的地位。"这就解释了为什么孔子、孟子、先知或佛陀的教诲长期被视为真理。然而，情况在识字率提高后发生了根本性的改变。霍顿继续解释道："当识字能力在社会中普及时，每

---

104 Thomas, *Religion*, p. 430.

个时代的思想都能被'保存'在文字中……这样一来，人们就能将当下的观念与过去的思想进行对比，从而清晰地看到变化的轨迹。"霍顿进一步指出："在12—17世纪的思想觉醒过程中，识字能力的普及为开放思维和科学观点的兴起铺平了道路。"[105] 彼得·伯克也认为，识字率的提高很可能改变了人们对历史和时间的看法。[106] 不过，虽然识字率在提高，但在15世纪并未出现突飞猛进的变化。这种转变是一个缓慢而持续的过程。

15世纪发生的真正的戏剧性变革是铅活字印刷术的发明。这项革命性技术的出现，堪称是在恰到好处的时间和地点产生了最佳效果。具体而言，这一变革始于15世纪中叶，并在整个16世纪持续发酵。关于印刷术如何改变人们对时间和历史的认知，基思·托马斯提出了一些观点："印刷术无疑让人们更清晰地意识到现在与过去的区别。每本书都标有出版日期，那些流传下来的书籍成为过去的思想和观念的纪念碑。旧书，就像古老的建筑或家谱一样，都是历史遗迹。然而，与可以被默默改造以适应新时代需求的建筑或家谱不同，书籍的内容一经印刷就无法轻易更改。"[107]

因此，随着印刷术的普及，一种新的认知逐渐萌芽——知识和思想可以不断发展、持续积累。新书和新观点如雨后春笋般涌现。这已经不再是简单地照抄经典著作，而是开创了全新的知识生产方式。正如马歇尔·麦克卢汉无疑会认为的那样，印

---

105 Horton, 'Traditional', II, pp. 180–181.
106 Burke, 'The Sense of Historical Perspective in Renaissance Italy', p. 628.
107 Thomas, *Religion*, p. 430.

刷机不仅赋予了人类用机器创造新意义的能力,更重要的是,它通过整齐划一的印刷文字塑造了一种线性的、连续的真理观。换句话说,真理不再是抽象的概念,而是具象化为一行行印刷文字。这项技术的重要性在于,它是古代和中世纪的欧洲文明所不曾拥有的。虽然中国早已发明了印刷术,但木版印刷与西方后来发展的铅活字印刷有很大差距。这不仅仅是技术上的进步,更是一场思维革命。它在人类历史上划出了一道分界线,开启了一个全新的时代。

除了印刷术,还有另一项技术被认为彻底改变了人们的认知方式,那就是计时工具,尤其是机械钟的发明。有学者指出,机械钟的广泛使用是影响人们对历史和时间态度的另一个关键因素。[108] 在机械钟出现之前,人类已经有了各种计时器。但在12世纪或13世纪以前,这些计时器都一直依赖自然力量运转,如流水、阳光或流沙。这些方法本质上只是在追随自然的节奏。而机械钟的出现开启了一个全新的时间概念:时间不再受制于自然,而是以自己的节奏机械地运转,发出恒定的"嘀嗒、嘀嗒"声。它可以被精确地分割成分钟、秒等更小的单位。更重要的是,它让人们深刻意识到时间在不断流逝,钟表和日子永不停歇,逝去的时光永不复返。这种认知既是时间机械化的结果,也进一步推动了时间的机械化。更有趣的是,机械钟赋予时间以声音。在此之前,无论是水钟还是日晷,都是无声的。机械钟的嘀嗒声,让时间变得可以听见。这种微妙却深刻的变

---

108 Thomas, *Religion*, p. 628.

化，让人类开始更加意识到时间的流逝。

人类学家克罗伯对机械钟的发展提供了一些有趣的见解。他认为，机械钟发明于13世纪的西方，并在14世纪迅速普及。这一发明产生的影响是巨大的："钟表已深深融入我们的日常生活，以至于我们习以为常……我们的文明以钟表为节奏运转，然而第一个机械钟的出现距今也才约700年……古代文明，无论是中国、印度、埃及，还是美索不达米亚，都依靠太阳、影子或日晷来计时，或凭借对时间流逝的直觉感知。"[109] 虽然克罗伯对中国古代钟表的了解不如我们现在全面，比如他可能不知道宋朝就有了精密的水运仪象台（机械计时器），但鉴于这些早期的计时器后来大多失传了，所以他的观点大体上还是站得住脚的。

说到改变人们对时间的认知的工具，我们不能忽视那些具有破坏性的发明，即战争武器。"众所周知，火药的存在"，再加上印刷机和指南针的发明，"有力地提醒着文艺复兴时期的人们：他们再也无法重现古希腊和古罗马的世界了"。[110] 火药本身并不会自动带来这种认知变革。事实上，这些发明中的任何一个都不能单独导致新的时间观念的形成。中国发明并长期使用火药，但未因此改变自身的传统时间观。从15世纪开始，火药和火器的快速发展不仅为欧洲的全球扩张奠定了基础，也成为重大变革的标志。17世纪的士兵在技术上已远远超越中世纪的弓箭手，

---

109 Kroeber, *Anthropology*, pp. 451–452.
110 Thomas, *Religion*, p. 430.

标志着一种新力量的出现。

与此相关但又不同的是旅行和探索工具,特别是新型船只及其配套设备的发展。在20世纪著名人类学家亚瑟·基思爵士为人类学百科全书《万国民族志》(*Peoples of All Nations*)撰写的序言中,有一个有趣的细节:一艘精美的帆船图片下方写着"人类学最强大的现代武器"。这个说法让人耳目一新。图片说明进一步解释道:"尽管农业的发明是人类进化史上最重大的事件,但有史以来最有力的人类学武器是远洋船。它将世界最遥远的地方连接起来,在短短三个世纪内,通过种族的混合和交融,改变了地球大部分地区的种族面貌。"[111]

虽然这种表述过于简化——毕竟丝绸之路和蒙古人已经证明不借助船只也能进行远距离旅行——但它确实强调了航海工程发展的重要性,这些发展确实产生了深远的影响。船舶建造技术的显著改进,加上火炮的使用和指南针(同样是中国的发明)的应用,突然使得开拓世界成为可能。这不仅使得抵御来自东方的力量成为可能(特别是在17世纪勒班陀战役后抵御奥斯曼帝国),还使得对外探索成为现实。我认为,这种探索与新的时间观念有关,非常有趣。

15世纪中叶之后,世界进入一个伟大的扩张和探索时期。帕里对这一时期的技术背景进行了概述:

> 15世纪后期,航海和制图技术[AM:地图绘制]取得了

---

[111] Hammerton, ed., *Peoples of All Nations*, I, xxiii.

突破性进展。这些进步源于学术知识与实际航海经验的创新结合,使探险家们首次能够观察并记录未知海岸线上特定位置的坐标——尽管当时仅限于纬度 [AM:经度的精确测定直到 18 世纪才实现]。在理想条件下,他们甚至能够确定海上航行船只的位置。船舶设计领域也出现了新方法,这是欧洲与东方造船传统相互融合的结果。这些改进不仅使水手们能够进行长途探索航行,还能多次重复这些航程,从而与新发现的土地建立起稳定的联系。与此同时,火炮制造技术,尤其是舰载火炮的发展,为欧洲探险家提供了巨大的优势。这使他们在面对所到之处——即便是最为先进的文明国家——的居民时,也能占据上风。这些先进武器不仅能让探险家在抵达陌生土地时进行有效自卫,有时甚至能够抵抗数量上占绝对优势的对手。这种技术优势也鼓励他们在明显不受欢迎的地方建立贸易站。[112]

这里有一个值得关注的观点。如我先前所述,埃文思-普里查德等人类学家认为,时间和空间是紧密相连的。当我们对空间的认识、对政治和社会空间的认知发生变化时,我们的时间概念也会随之改变。举例来说,如果一个部落群体的活动范围很小,人们对空间的认知受限,社会关系局限在狭小的圈子里,那么他们理解和解释世界的时间观念也会相当浅薄。这种观点在某种程度上也适用于我们正在讨论的历史时期。

---

[112] Parry, *The Age of Reconnaissance*, 1963, p. 13.

在大航海时代之前,虽然欧洲知道中国的存在,中国也了解西方,长途航行也并非闻所未闻,但总的来说,人们仍然在用几千年的时间跨度来解释世界。无论是基督教世界,还是中国文明,都可以通过罗马、希腊和中世纪的历史来构建自己的时间框架。然而,随着哥伦布等航海家开启的地理大发现和对外扩张时代的到来(哥伦布只是这一进程的代表),人类对空间的认知得到了极大的拓展。我认为,这种空间认知的巨大变化深刻地改变了人们的时间概念。它要求我们建立一个更为宏大和深远的时间观。这可以说是人类认知史上第一次重大的观念转变浪潮。

库克船长的环球航行及其团队对世界各地的地图绘制,再次引发了人类认知的重大变革。这些探索不仅与18世纪末19世纪初兴起的地质学研究相辅相成,还极大地拓展了人们对空间的认知。更重要的是,它让人们意识到需要建立一个更为宏大的时间概念,将人类历史的追溯范围延伸到数十万年前。

这些新的发现激发了研究世界运作方式的学者们巨大的热情和兴趣,也为他们提出了新的课题。现今我们称之为社会学、考古学和人类学的学科,其部分目标就是在时空维度上描绘这些新发现的未知领域。过去,神学和哲学自诩能够解答一切,但面对这些新发现,它们显然力不从心,因为许多新事物已经超出了希腊和基督教思想传统的范畴。在这种背景下,人们对起源和进化产生了越来越浓厚的兴趣。随着对时间和人类起源认知的迅速扩展,一项新的智力挑战随之而来:不仅要记录和吸收新知识,还要对所有这些信息进行解释和分类。

这种趋势在19世纪下半叶达到高潮,我们稍后会详细讨论,但它萌芽于这个时期。它也开始影响人们对进步的理解：既然我们能在地理上有新发现，那么在思想领域也必然能够取得突破。换句话说，技术进步与"地理发现对世界面貌的改变"[113]相结合，清楚地表明，这个世界已不再是古人所知的那个世界。

物理新世界的发现与精神新世界的发现之间的相互关系极为复杂，远非简单的一一对应，这需要进一步深入研究。在此，我只能简要指出两种关于可能产生的影响的观点。其中之一来自约翰·埃利奥特的著作《旧世界与新世界》(*The Old World and the New*)。他提出，进步或至少是变化的可能性与美洲的发现有关。他写道："新世界的发现、征服和改造，大大强化了对历史进程的线性和进步性解释，而非循环性解释。"[114]

从某种意义上说，尽管时钟和印刷机等技术都有所发展，但真正的转折点是哥伦布的航海。此前西方人也有过探索，如马可·波罗等，但那只是经过亚洲到达传说中的东方国度。而这次是一个真正的新世界，一个包含众多相互关联要素的庞大体系，包括新的食物、新的习俗、新的帝国和文明、新的动物、新的社会组织和新的疾病，这些都是《圣经》或古典文献中从未提及或记载的。正如莎士比亚笔下的人物所说："哦，勇敢的新世界，有如此这般的人们在其中。"

帕里在描述1450年至1650年这段被称为"侦察时代"（the Age of Reconnaissance）的历史时，生动地展现了人类对世界认

---

113 Thomas, *Religion*, p. 430.
114 Elliot, *The Old World and the New: 1492–1650*, 1970, p. 51.

第 6 章　欧洲的进步信仰　　III

知的巨大飞跃。[115] 大约在 1650 年，即侦察时代的尾声，欧洲探险家不仅勾勒出世界大部分大陆的轮廓，还在除澳大拉西亚[①]和南极洲外的每个大陆上都建立了欧洲的前哨基地。

关于这些探索可能带来的影响，罗宾·霍顿在探讨开放科学和开放世界理念（他称之为"开放困境"）时提出了独到见解。他认为，贸易、旅行和探索这三者相互交织形成的复合体，是推动社会从"封闭"向"开放"转变的主要动力之一。霍顿这样写道："另一种重要的接触方式来自旅行和探索活动。在这些活动中，一个社群的成员会暂居于文化迥异的另一社群中，目的是在各个层面——从最表层到最深层——实现智力和情感的交流……在 15—17 世纪的西欧……这些航海活动已成为社会生活中如此重要的一环，以至于深刻影响了每个人看待世界的方式。"[116]

传教士的工作不仅仅是传播基督福音。这里再次引用霍顿的话："但更有远见的传教士意识到，要有效传教，首先必须理解被传教对象的信仰。因此，他们开始努力获取这种理解，尽管有时是不情愿的。这一过程产生了大量关于异域世界观的记录，这些记录深刻影响了当时的思想界，无疑成为 17 世纪开放思维形成的最重要的推动力之一。"[117]

霍顿还指出："探索时代以另一种方式促进了'开放'思维

---

115 See maps in Parry's book, pp. 328ff.
① 一般指澳大利亚、新西兰和邻近的太平洋岛屿。——编者注
116 Horton, 'Traditional', II, p. 183.
117 Horton, 'Traditional', II, p. 184.

的发展，那就是航海带来的丰富的物质成果。在传统文化中……遥远的土地常常象征着一切新奇和陌生的事物，一切无法纳入现有认知体系的事物，以及一切禁忌的、可怕的和令人厌恶的东西……然而，探索时代带回的不是关于怪物的报告，而是关于美好事物和财富的消息。渐渐地，人们对'遥远彼岸'的这种美好联想扩展到了各种新奇体验中。追求这些体验不再被视为是危险和鲁莽的，而是被认为是富有回报且令人兴奋的事情。"例如，在约瑟夫·格兰维尔（Joseph Glanvill）的《教条主义的虚妄》（*The Vanity of Dogmatizing*）一书中，我们可以看到"一个充满秘密的美洲和一个未知的自然秘鲁"[118]的描述，这些新世界正等待着推翻旧的经院哲学思想。

*

这些新发现对人类学的发展具有重大意义。我们很难想象，对世界大部分地区的深入认知竟是如此近期的事。例如，据说新西兰在1642年之前几乎无人提及，而对大洋洲的深入探索直到18世纪库克船长的时代才真正开始。仅仅一个多世纪前，我们最精确的地图上，比属刚果（现在的刚果民主共和国）仍然是一片巨大的空白，其中大部分区域都未被测绘。[119]

在确定不同地区的具体位置之前，人类学家又如何能对人类社会进行哪怕是最基础的研究呢？澳大利亚的发现带来了另一

---

118 Horton, 'Traditional', II, p. 185.
119 Lowie, *History*, p. 5.

个重大冲击,它不仅揭示了一个新的种族,还展示了各种奇特的动植物物种。在这些发现之前,世界在人们眼中似乎是封闭和循环的。而现在,它开始呈现出开放和进步的特征。

这些发现还带来了两个显著影响。首先,它们"引发了人们对社会科学、经济学、人类学和治理艺术中一系列新的、影响深远的问题的关注。其次,随着探索活动的深入推进,随着欧洲人对世界的认识变得更加全面和细致,知识不断扩展的观念逐渐深入人心,并在各个科学分支中得到广泛认同"[120]。

换言之,这种变化远不只是重新发现古代智慧或回归循环观念那么简单,它意味着真正的新事物的出现。正如莎士比亚通过哈姆雷特之口所说的那样:"天地之间有许多事情,是你们的哲学里所没有梦想到的呢。"我们很容易将这种变化与科学领域的发展联系起来。"在科学领域,新感知到的无限世界强化了对无限智力进步可能性的信念;同时,从亚里士多德完美天体的永恒不变,转向接受运动和变化,正是物理学革命的本质。"[121] 学术学科的变革与更广泛的世界探索密切相关。

这一时期的另一个特征是确定性变得越来越难以把握,正如格兰维尔所说的"教条主义的虚妄"。到了世纪末,这里我再次引用基思·托马斯的话:"人们越发清楚地意识到,他们所做的不仅仅是在重复祖先的脚步。对罗伯特·玻意耳来说,构建一个完整的真理体系是不可能的,因为在任何时刻都有新事物在发

---

[120] Parry, *The Age of Reconnaissance*, p. 16.

[121] Thomas, *Religion*, p. 432.

生,新的现象可能会推翻先前的假设。"[122] 其中最著名的例子就是他对真空的发现。自然界"憎恶真空",按理说不应该存在真空,但玻意耳创造了一个,彻底颠覆了这个领域所有的经典假设。

从另一个角度看,这可以被视为卡尔·波普尔或霍顿所说的从封闭世界向开放社会的转变。太阳底下确实出现了许多新事物。《圣经》中对古代动物、食物和大陆的记载已不再全面,就如同传承下来的天文系统和物理定律也不再足够。哥白尼和伽利略的研究正是这一重大变革的组成部分。

然而,一个引人注目的事实是,从封闭循环的世界观转向开放线性的世界观需要如此巨大的变革。如果这些发现不那么惊人或进展较缓慢,它们可能就会被悄无声息地吸收,而不会动摇原有的思维模式。但在1450年之后的两个半世纪里,已知世界的面积增加了一倍有余。正如帕里所说:"他们发现了此前未知的广大领土,勾画出我们所熟知的世界的大致轮廓……这个时代见证了……欧洲历史上地理知识最为迅速的扩展。"[123]

沃格特总结了发现和征服对人类学的影响:"新世界的发现、征服和殖民挑战了文艺复兴时期的学者的观念。他们认识了一些民族,这些民族似乎在创世时并不存在,也与古代世界或基督教历史无关。出于传教和管理这些陌生民族的实际需要,人们产生了了解他们的性格、服饰和习俗的好奇心……将这些所谓异族纳入基督教的创世学说和历史中的努力,促使人们将他

---

122 Thomas, *Religion*, p. 431.

123 Parry, *Reconnaissance*, p. 1.

们的习俗、工具、乐器、服饰、信仰和仪式与古代世界，尤其是希伯来人的所有这些进行比较。如此一来，基督教历史的构想逐渐便具有比较基督教民族志的特征。"[124]

然而，这些发现本身并不足以引起变革。正如帕里提醒我们的那样，我们不应认为其影响是立竿见影的。我在这里引用他的话："即使眼前有证据显示水手们事实上发现了以前未知和未曾想象的土地，学者们在其他研究领域中进行类比推理和得出类似结论的速度仍然很慢。在那个年代，认为在古典作品、古代哲学和宗教教义的视野之外，还存在一个需要去学习和理解的美洲新大陆，仍是一个新奇而陌生的想法——只有少数人持有这种观点。"[125]

尽管如此，还是有少数人开始提出一些大胆的结论。比如，一个世纪后的1721年，孟德斯鸠就对在爪哇发现的滑翔动物做出了有趣的推测。按照《圣经》中的物种逐步演变理论，这些动物可能被视为蝙蝠向猴子转变过程的中间形态。在当时，这种说法无疑是危险的。人们会质疑：蝙蝠和猴子之间真的有关系吗？难道真的存在某种进化过程？这显然与《圣经》的说法不符。孟德斯鸠说："这似乎证实了动物物种之间的差异可以增加或减少；最初只有很少的物种，后来才逐渐增多。"[126] 这种观点实际上已经接近达尔文的进化论思想了。在1721年提出这样的想法是极其大胆的，甚至可以说是"异端邪说"。事实上，孟

---

124 Voget, *History*, p. 39.

125 Parry, *Reconnaissance*, p. 2.

126 Quoted in Chambers, *Vestiges*, 1969 ed., p. 11 of the introduction by de Beer.

德斯鸠本人也常常担心会被指控为异端，因此他选择在宗教裁判所管辖范围之外出版自己的著作。

实际上，主要范式的转变与新信息的影响之间存在着非常复杂的关系。显然，外部世界的力量并不是引起变革的必要充分条件。新发现的产生也源于新的兴趣。这是一个循环过程：你对发现产生兴趣，然后你会发现事物。人们在四处活动时看到了一个新世界。因此有了达尔文的"小猎犬号"航行。因此，在 19 世纪末的剑桥，有了由阿尔弗雷德·科特·哈登（Alfred Cort Haddon）领导的人类学家组成的托雷斯海峡探险；有了列维－斯特劳斯在巴西的探索；还有马克思在 19 世纪的英国的研究。各种各样好奇的人环顾四周，一方面发现了旧事物，另一方面也以新的方式看待事物，这与库恩在物理学领域的观点不谋而合。显然，更重要的是一种特定的思想氛围，它使旧的解释看起来过时，并鼓励人们寻求新的解释。

这一观点的证据在于，大约在同一时期，多个不同学科领域都出现了相关的转变。这正是为何我们称之为范式转换。因此，我们看到整个欧洲的宗教和社会结构都在经历各种变化，而且欧洲内部也存在相当大的差异。从循环、封闭的时间和历史观转向线性、开放的观念，这一变化的复杂性体现在：即使是在中世纪思想和更早的思想中，也存在着内在矛盾。一直以来都有一些强有力的观念支撑着时间进步的概念。如果我们审视基督教传统，就能看到这一点，因为基督教具有一些独特的观念。

*

大多数宗教和哲学流派都是封闭的,这意味着,一旦伟大的思想家如亚里士多德等做出了贡献,之后基本上就不会有什么新的发展。他们的追随者只是回顾并努力达到这些先贤设立的标准。在基督教的核心教义中,基督来到世间,被钉死在十字架上,但随后复活,成为人类的救赎者。基督徒相信有朝一日他会再次降临。在基督教的观念中,历史将在未来开始,或至少在未来结束。在此之前,人类必须遵循基督的教诲,希望能在未来获得永生。

海伊对此有一个很经典的解释:"对犹太人和基督徒来说,历史既不是重复的,也不是循环的 [AM:这与少数思考过这个问题的希腊人和罗马人的观点不同]。历史也不是从纯真到腐败的衰落故事。尽管黄金时代和天堂之间有相似之处,尽管一些古人和早期基督徒将人的年龄比作历史的阶段,但所谓救世主恰恰是来到了一个正在衰老的世界。犹太人和基督徒的历史观是线性的。它从创世开始,到弥赛亚统治的时代结束……对拒绝基督的犹太人来说,这种线性模式没有明确的终点,尽管终点必然会到来。而对基督徒来说,即使终点不是清晰可见的,至少也是确定的。"[127]

海伊还写道:"线性历史观不仅意味着历史终将有终点,还带来了其他的深远影响。从某种角度看,它包含了进步的概念。不过,这种进步观与18、19世纪发展出的简单观念大不相同,

---

[127] Hay, *Annalists*, pp. 17–18.

因为它指的是朝着上帝预定的结局不断前进。"[128]

另外值得关注的是贸易和旅行活动的增加,以及人口流动的加速。这一现象最初主要集中在地中海地区和以葡萄牙为代表的探索大国,还有意大利等地。这些地方成为连接东西方、非洲和其他地区贸易的枢纽。我们现在称之为不同文化的"熔炉"就是在这样的背景下形成的。霍顿指出,这种"开放困境"——必须与其他的世界观和习俗共存的状况——似乎在贸易社区中特别容易出现。这或许可以解释为什么这种现象在古希腊就有所体现,在阿拉伯半岛、伊比利亚半岛和意大利沿海地区也能看到,最终发展到西北欧,因为这些地方逐渐成为连接新旧世界的重要纽带。那么,为什么会出现这种情况呢?

霍顿根据他在西非的经验指出:"在非洲,不同文化之间的界限通常与社群[AM:部落]之间的界限重合。而在地中海沿岸及欧洲其他地区的城市中,这些文化界限却贯穿整个社区。在这些城市中心,来自不同背景和文化的人们共同生活在一个城市社区里……在这种环境下,不同文化背景的人之间的关系,比传统非洲大部分地区那种典型的纯商业关系要广泛得多。"[129]

我经常认为,18世纪一些伟大的启蒙思想家的见解与他们所处的环境密切相关。比如,孟德斯鸠生活在法国南部的一个贸易城市附近,亚当·斯密则在格拉斯哥经常与水手和船员交谈。这些地方不断涌入的新知识,很可能影响了他们的思想。

---

128 Hay, *Annalists*, p. 18.
129 Horton, 'Traditional', II, p. 183.

欧洲某些地区的文化混合现象激发了人们的思考，也冲击了人们习以为常的观点。

新发现带来的影响可以从多个角度看到。人们开始意识到，法律、习俗、政府和农业等领域并非一成不变，而是存在着新的可能性。以农业为例，怀特著名的美洲印第安人画作展示了一种与欧洲截然不同的农业模式。在美洲，由于独特的气候条件，农民能够在一年中的不同时间开始种植，因此可以在同一片土地上同时看到同种作物的不同生长阶段，这与欧洲传统的季节性农业形成了鲜明对比。此外，人们还发现了来自新大陆的多种新作物。玉米、烟草和甘蔗等作物，都是从美洲引入的新物种。

总体而言，1450年到1650年间的技术和地理变革如此戏剧性，无论是在发生的速度还是其内在特征上，都足以彻底改变人们对世界及其发展的整体看法。人们开始意识到差异的存在，认识到我们生活在一个相对的世界中。正如蒙田在其著名的随笔集中所描述的，我们最深层的假设并非其他文化所共有。因此，第一次科学和智力革命是通过双重比较实现的，这也标志着科学发展的开端。

总结一下，到17世纪末，欧洲人开始感觉到他们的世界不仅与过去不同，也与其他地方的世界有所差异。因此，这一时期新的历史形式开始出现，人们认识到其他文明在本质上的不同。例如，根据波科克的说法，"封建制度"（feudalism）这个词是17世纪末的创造。"中世纪"的概念也是新出现的想法——人们意识到存在一个中世纪，而当下的现代世界既不同于古典时代，也不同于中世纪。人们开始有了时代的概念，产生了对历史错置的敏感性。

与此同时，人们意识到与其他文明世界及其习俗的差异。探险家们发现了许多奇特的民族，他们的文明和习俗与欧洲的大不相同。这带来了巨大的冲击，动摇了许多长期以来的假设。这些异族的婚姻制度、性习惯、信仰的神明、饮食习惯、礼仪观念和服饰都成了人们关注和思考的对象。正如时间上存在真实的、不连续的差异一样，空间上也存在这样的差异。

18世纪中叶，孟德斯鸠在《论法的精神》一书中首次系统地整理了大量新涌入的信息。但实际上，这些新知识给人们带来的冲击在17世纪末的一些评论中就已经显现出来。例如，英国作家威廉·劳伦斯在1680年对婚姻制度的评论就很能说明问题。他写道："阿拉伯人、布里顿人及其他一些民族，为了防止一个家族通过婚姻聘礼掠夺另一个家族的财富，总是在同一家族内部通婚。他们甚至允许兄弟姐妹之间结婚。对他们来说，家族内通婚是宗教信仰的体现，而其他人却视之为乱伦。相反，他们把与家族外的人通婚视为乱伦，而其他人却认为这才符合宗教教义……"[130] 在某些文化中，我们视为禁忌的行为恰恰被认为是必须遵守的规范。

这里展现出一种平和的人类学相对主义观念，没有恐惧、震惊或厌恶的情绪。这种态度是这个时代的标志，我将在结尾引用蒙田的话来具体说明。这一时期的核心特征是人们对未知世

---

130 Lawrence, *Marriage by the morall law of God vindicated against all ceremonial laws of popes and bishops destructive to filiation aliment and succession and the government of familyes and kingdoms*, 1680, p. 117.

界的好奇心和惊奇感不断增加。虽然欧洲人常常用基督教教义或其他优越感为征服南美等地的残酷行为进行辩护，但有一段时间，他们对其他地方和过去的文明产生了一种敬佩甚至尊重的态度。就像之前对待中国那样，他们开始以平等和尊重的眼光看待其他文明。

这种态度在18世纪表现得尤为明显。例如，伦纳德·伍尔夫（Leonard Woolf）在谈到印度时写道："值得注意的是，直到18世纪中叶，欧洲商人及其政府与印度统治者的关系绝非帝国主义性质。他们对待亚洲的领土和政府，就像对待欧洲的领土和政府一样。英国或法国与印度统治者签订条约，就如同与欧洲国王和皇帝签订条约一般。"[131] 18世纪末马戛尔尼访华使团的行为也体现了这种态度。尽管存在文化差异，欧洲人还是开始将其他文明视为平等的对话者。

*

我把蒙田的引文放在最后，因为它篇幅较长。但这两段话实在精彩。有趣的是，我正在阅读的这本《蒙田随笔》曾经属于著名人类学家迈耶·福蒂斯，我手头有他做的一份复印本。这部分引文生动地展示了欧洲人面对文化差异时的震惊，以及蒙田在思考人类多样性时展现出的相对主义态度和洞察力。这种对人类多样性的关注，在很多方面奠定了此后人类学研究的基础。

---

131 Woolf, *Imperialism and Civilization*, 1928, p. 52

在某些国家，除了国王的妻子和孩子，其他人只能通过一根管子与国王交谈。在同一个民族中，年轻女孩可以暴露身体的某些部位，而已婚妇女则小心翼翼地遮掩……贞洁仅在婚姻中受到重视，未婚女孩可以随心所欲地放纵自己，甚至在怀孕后还可以公开使用特殊药物堕胎。在另一个地方，如果一个商人结婚，所有受邀参加婚礼的其他商人都会在新郎之前与新娘同房。参与的人越多，新娘就越受尊敬，她的活力和能力也就越受称赞。如果是官员或贵族结婚，也遵循同样的习俗……

某些国家有公开的男性妓院，甚至允许男性之间通婚。有些地方，女性与丈夫一同参战，不仅参与战斗，还担任指挥职务。有的地方，人们不仅在鼻子、嘴唇、脸颊和脚趾上戴环，还在胸部和臀部佩戴沉重的金棒（gold rods）。某些地方的人吃饭时用大腿、睾丸甚至脚掌来擦拭手指……关于继承制度，在有些国家，人们的遗产不传给子女，而是传给兄弟和侄子，有的地方则只传给侄子。但王位继承往往例外。一些实行财产共有制的地方，由主要官员负责耕种所有土地，并根据每个人的需求分配收成。在某些文化中，人们在孩子死亡时哀悼，而在老人去世时庆祝。有的地方，十个或十二个男人及其妻子会共睡在一个地方。一些地方允许因丈夫暴力死亡而守寡的妻子再婚，但其他情况则不允许。在某些社会，女性地位极低，女婴可能一出生就被杀害了，男人却可以从邻居那里购买女性，以满足自身需要。有些地方，丈夫可以毫无理由地休妻，但妻子却无论出于什么原因都不能离婚。更有甚者，有的地方允许丈夫卖掉不孕的妻子。[132]

---

132 *The Essays of Montaigne*, Trechmann, trans., v. 1, 1927; 'Of Custom', pp. 107–108.

第 7 章

18 世纪苏格兰边陲的思想革命

在本章中,我将探讨被称为启蒙时代的重要历史时期——大致从 1700 年持续到 18 世纪末。这个时期格外引人注目,因为它孕育了我们今天所熟知的现代社会科学。追溯人类学、社会学、语言学、心理学、历史学和经济学等学科的源头,我们会发现许多奠基人都活跃于 18 世纪中叶。为什么会在这个时期出现如此多的学科创始人?他们又是如何受到当时社会环境的影响的?这些正是我想在接下来几章中深入探讨的问题。

启蒙运动究竟带来了哪些变革?"启蒙"一词本身就暗示着从前代的蒙昧中觉醒,走向光明。这个时期强调理性的持续进步,坚信人类社会能够不断向前发展。这种观念上的转变是最显著的特征。在前文中,我们提到文艺复兴时期催生了连续性或线性的时间观,认为事物在不断向前发展,而不仅仅是对过去的回溯。而到了启蒙时代,这种线性发展不再仅仅是平行前进,而是开始向上攀升。进步成为时代的主旋律。这是一个追求礼仪和思想"精进"、态度"开明"、社会不断进步的时代。

历史学家休·特雷弗-罗珀(Hugh Trevor-Roper)曾这样描述:"进步观念是 18 世纪的伟大发现。尽管我们可能改变了它的具体内容，但永远无法放弃它。它不仅为政治纲领提供了方向，也为我们理解历史赋予了意义，这种影响至今仍然存在。"[133] 基思·托马斯也指出了一个有趣的现象："真正的创新者 [AM：如哥白尼、牛顿] 起初也不愿相信自己创造了新知识，而是倾向于认为他们只是恢复了人类在历史早期就已掌握的知识。"[134] 他还提到："在政治领域，1688—1689 年的光荣革命最初也被描述为恢复古老自由，而非建立新的自由制度。"[135] 洛克的例子也很能说明问题。现在我们将他视为新世界的哲学家——他提出人心如白纸的观点，强调个人权利，他的思想甚至成为美国政治体系的基础。但有趣的是，洛克本人并不认为自己是一个新思想家。然而，正如我之前引用过的托马斯的言论："到了世纪末，人们越发清楚地意识到，他们所做的已经超越了简单地追随祖先的足迹。"[136] 我们可以看到，人们开始认识到新发现的可能性，意识到真理并非已经尘埃落定。现在，我们确实拥有了进步的观念，但需要注意的是，这种进步并不一定意味着道德上的提升。

那么我们在哪里能看到这些思想？有两个地方值得特别关注。一处是苏格兰的爱丁堡和格拉斯哥，另一处是大革命前的法国。在法国思想家伏尔泰、狄德罗、卢梭的作品，或是苏格兰学者亚当·斯密、凯姆斯勋爵、休谟、罗伯逊、米勒等人的作品中，我们能够清晰地感受到一种日益增长的乐观情绪。这

---

133 Quoted in Gellner, *Thought and Change*, 1964, p. 3.
134 Thomas, *Religion*, p. 430.
135 Thomas, *Religion*, p. 431.
136 Thomas, *Religion*, p. 431.

种乐观主要体现在人们相信，至少在物质层面事物可以变得更好。虽然这些思想家仍然对古典先贤保持敬意（事实上，他们无一例外地都持有这种态度），但同时也展现出前所未有的自信。他们坚信，理性终将获得胜利。

最有趣的是，这些新思想的发展主要不是在英格兰本土发生的。尽管英格兰也出现了洛克和牛顿这样的杰出思想家，但真正的思想中心却位于英格兰的周边地区。具体来说，其中一个中心是苏格兰低地，位于苏格兰与英格兰的边界以北；另一个中心是法国，虽然隔着英吉利海峡（拉芒什海峡），但在地理位置上与英格兰相距不远。我认为，这种现象的产生与当时英格兰正在经历的巨大变革密切相关，这一点我将尽力解释。苏格兰和法国的思想家们造访英格兰时，目睹了这里发生的翻天覆地的变化。这些思想家要么在英格兰逗留了相当长的时间，要么通过大量阅读来了解英格兰的情况。他们对似乎正在英格兰孕育的新世界感到惊叹，并开始思考：这些变革是否能够在他们自己的国家中复制？

英格兰的独特性让人感受到一种差距，同时也展现了进一步改进的可能性。这个时期始于18世纪三四十年代，从亚当·斯密的早期作品，到孟德斯鸠的《波斯人信札》和《论法的精神》，最终在1786年达到顶峰，体现在《国富论》和《库克船长日记》中。这些作品虽然对非西方世界表现出克制的赞美，但也越来越强烈地暗示，西北欧，尤其是英格兰正在发生一些特别的事情。

这并非突如其来的突破。18世纪早期和中期仍然保留着某种循环的观念，认为事物不可能无限进步。例如，意大利哲学家乔万尼·巴蒂斯塔·维柯（1668—1744）仍然持有基本的循环时间观。这位出身贫寒的那不勒斯学者后来成为大学教师，其主要著作《新科学》（1725）基本上仍是循环论。在此我要引用《社会科学百科全书》中的话："他认为中世纪是一种回归原始状态的过程，包括农业经济、暴力和臣服、封建关系、农奴制或封臣制、激烈而好战的宗教信仰、贵族君主制、图像语言和象形文字，以及英雄史诗。他沉浸于对历史中精神循环的思考：从兽性时代进入野蛮时代，随后通过智力和习俗实现精神的升华 [AM：这里有一些进步的概念]，过渡到人性时代，生命力逐渐衰弱、腐败和退化，然后循环重新开始。因此，维柯对新世纪的简单线性进步概念保持抵触态度。"[137] "19世纪初，维柯思想的重新发现引起了意大利哲学家、政治家、历史学家和法学家的惊讶与赞赏。他们注意到启蒙运动和雅各宾主义在哲学、政治和历史方面的弱点。维柯的思想从意大利传播到法国，主要通过儒勒·米什莱而为人所知。"[138] 基本上，正如我将要解释的，当法国大革命的灾难导致人们对启蒙运动产生反感时，维柯被重新发现，被视为一个先知，预言我们无法无限地进步。

孟德斯鸠是另一位在某种程度上持循环或静态观点的思想家。作为功能主义者，他关注系统间的相互联系，这正是《论法的精神》一书的核心。因此，他并不专注于稳定的进步概念。英

---

[137] Article by Benedetto Croce 'Vico' in Seligman, Johnson, *Enc. Social Sciences*, 1954, v.15, p. 250.
[138] Croce, 'Vico', p. 250.

国著名历史学家爱德华·吉本则聚焦于兴衰过程,这一点尤其体现在《罗马帝国衰亡史》中。"《罗马帝国衰亡史》的主题是衰败……从安东尼时代到西罗马帝国灭亡,欧洲历史呈现出一个持续且巨大的倒退过程……吉本倾向于将这场灾难至少部分归因于基督教的兴起,他以隐晦的敌意描述了教会的发展。同时,他也清楚地认识到其他起作用的因素——军事、社会和经济等层面,并最终暗示衰败可能从一开始就内在于罗马帝国这个机体。"[139]

18世纪上半叶的这些思想家,或受这一时期影响的学者,仍然在"兴衰"的框架内思考。然而,在爱丁堡、格拉斯哥和法国,新的思想正在酝酿。尼斯比特在《社会学思想史》中很好地解释了这些新思想产生的前提条件,他认为这源于文明的碰撞。他引用恩斯特·特洛尔奇（Ernst Troeltsch）的《历史主义及其问题》(*Der Historismus und seine Probleme*),指出:"在所有这样的时代,都可以观察到一个明确的过渡——从主要由共同体传统纽带为特征的社会秩序,向以世俗规范和理性个人主义为主导的社会秩序转变……特洛尔奇写道,在这样一个时代,关键在于两种社会秩序势均力敌,都能引起人们的认同和思考。在这样的时刻,最有可能产生突破性的新思想,就像点燃了一个思想的火花……引发变化的不是过渡本身,而是两种秩序的对抗……思想的摩擦和碰撞正是从这种对抗中产生的。"[140]

---

[139] Article by J. B. Black 'Edward Gibbon' in Seligman, Johnson, *Enc. Social Sciences*, 1935, v. 6, p. 653.

[140] Nisbet, *Tradition*, p. 315.

这种观点非常适合用来解释苏格兰启蒙运动的背景。当时的苏格兰低地正面临着两种力量的拉扯：一边是英格兰正在发生的变革，另一边是苏格兰高地传统的生活方式。同样，这也能解释访问英格兰的法国思想家们的经历。伏尔泰、孟德斯鸠以及后来的托克维尔等人，都在英格兰停留了很长时间。他们观察这里的新现象，感受新旧思想的碰撞。这种两个世界之间的拉扯在托克维尔身上体现得尤为明显。他的理性倾向于新秩序、美国模式和英格兰的理性思维，但他的情感仍然深深根植于传统世界的旧制度。他必须努力调和这种内心的矛盾。正如尼斯比特所指出的，这本质上是封建传统文明与新兴的民主资本主义世界之间的冲突。正是这种冲突催生出许多伟大的著作，奠定了社会科学的基础。它推动了启蒙运动的发展，培养了人们的历史意识和连续时间观，并逐渐在欧洲大部分地区传播开来。

我们今天所熟知的社会科学基础主要形成于欧洲的特定地区：北欧、英格兰、德国的部分地区、荷兰，尤其是与英格兰关系密切的苏格兰低地和法国。在这些地方，人们积极质疑并深入探究着社会的变革。

欧内斯特·盖尔纳提出一个重要观点，他认为："社会学的诞生源于人们注意到旧的贵族—农业—军事秩序与正在取而代之的商业—工业—资产阶级秩序之间的鲜明对比。人们试图理解这种转变的意义，以及它在人类历史长河中的地位。"[141] 亚

---

[141] Gellner, Introduction to Evans-Pritchard, *A History of Anthropological Thought*, 1981, xvii.

当·斯密的《国富论》可以说为这种新社会秩序提供了一种分析和理论蓝图。新的思想往往不是在变革发生的中心地带诞生，而是在边缘地区萌芽。这是因为身处变革中心的人们往往已经习惯了新的环境，反而难以察觉其特殊性。这种现象在范式转换中尤为常见。一个典型的例子是，对欧洲政治和社会制度最为深刻的分析之一，竟然来自日本学者福泽谕吉。他作为一个局外人，反而能够洞察欧洲社会变革的本质。[142]

在研究苏格兰哲学家群体的工作时，我们发现一个有趣的现象。这些哲学家，其中包括历史学家和法学家，如凯姆斯勋爵、亚当·斯密、大卫·休谟、杜格尔德·斯图尔特、弗格森和米勒等，都在尝试创立一种新的比较学科。这门学科旨在解释正在兴起的以资产阶级为主导的资本主义世界。同时，法国思想家如伏尔泰、狄德罗和卢梭也在进行类似的尝试。18世纪，欧洲不同地区之间出现了一种认知差距。这种差距促使人们开始将连续性的历史解释转变为进步的观念。人们首次意识到，通过改革社会制度，可以促进理性、宽容和财富的发展。换句话说，人们开始相信他们能够主动创造一个更美好的世界。这种观念与之前的世界观形成了鲜明对比。在此之前，人们普遍认为世界是上帝赐予的，几乎不可改变，他们无力改变自己的处境。而现在，人们开始相信他们可以掌控自己的命运。这种新的认知其实可以追溯到更早的时期。正如我之前提到的，早在文艺复兴时期，人们就已经开始感受到一种与中世纪时期不同

---

142 See Macfarlane, *Fukuzawa Yukichi and the Making of the Modern World*, 2013.

的氛围。18世纪的这种认知差距，实际上是这一长期变化过程的延续和深化。

这种认知差距的形成其实是更广泛的意识觉醒的一部分。孟德斯鸠、斯密以及大多数理论家不仅关注欧洲内部的差异，也对世界其他地区产生了浓厚的兴趣。他们开始注意到，特别是荷兰和英格兰与中国、印度和西印度群岛等地区之间，正在形成越来越明显的差距。这种差距不仅体现在经济发展上，还体现在社会制度和思想观念等多个方面。下面，让我们更深入地探讨一下这个问题。

*

让我们首先来看看苏格兰启蒙运动。这是18世纪苏格兰哲学和历史学中，从循环史观向进步史观转变的重要思潮。海伊在《编年史家与历史学家》一书中这样概括道：16—18世纪的公民人文主义循环理论认为，每个文明都会经历兴衰，最终因腐败而自我毁灭，就如吉本所描述的那样。然而，随着苏格兰启蒙运动的兴起，一种新的观念逐渐形成——文明和"公民社会"是不断积累、持续进步的。

1745年之后，高地苏格兰人不再威胁南方的文明。他们已经被驯服。许多苏格兰哲学家认为，这些人处于一个从游牧社会逐步过渡到农耕社会，最终迈向现代资产阶级社会的发展阶段。

事实上，这个时期是苏格兰哲学和历史学的黄金时代。苏格兰学者首次将渊博学识与历史研究相结合，把叙事与社会分析融为一体。海伊指出："这并非偶然。当欧洲其他大学，尤其是牛津和剑桥这两所当时学术上显得沉闷的大学陷入低谷时，苏格兰的大学和大城市的知识圈却充满活力。特别是在爱丁堡，这里有高等法院和学识渊博的律师群体、一所优秀的大学……三所图书馆……堪称当时欧洲首屈一指的研究中心。大卫·休谟和威廉·罗伯逊都出自爱丁堡。"[143]

凯姆斯勋爵提出了"宗教在所有民族中发展的奇妙一致性"[144]这一概念，我们可以从中看到19世纪宗教进化理论的雏形。凯姆斯勋爵是苏格兰社会哲学家学派的一员。这个学派与他们的法国同时代人杜尔阁、孔多塞和孟德斯鸠一起，在社会文化进化理论和研究方法上都为维多利亚时代的人类学家奠定了基础。19世纪的人类学家和宗教学家后来将这种方法称为"比较方法"。凯姆斯勋爵和他的同人们，包括亚当·弗格森、弗朗西斯·哈奇森、托马斯·里德、亚当·斯密、杜格尔德·斯图尔特、约翰·米勒、威廉·罗伯逊和"蒙博多勋爵"詹姆斯·伯内特，致力于重构人类社会和文化的历史进程。他们的研究基于两个来源：一是传教士和旅行者对已知世界中各种野蛮的、半开化的和文明的民族的记述，二是关于过去文明的历史证据。这些学者坚信，所有人，无论处于何种发展阶段，都拥有共同的人性。他们认为，历史的自然进程就是通过运用理性能力不断进步和改善。基于这种信念，他们认为可以重建所有民族（包括西方文明）的发展历程。他们利用了两类证据：一是关于当时仍存在的

---

143 Hay, *Annalists*, p. 174.
144 Kames, *Sketches of the History of Man*, v. 4, 1778, p. 245.

各种社会的记录和观察,二是对已消逝的历史文明进行研究的资料。这些证据,特别是那些不如西方发达的社会的资料,有助于他们区分人类自然发展的不同阶段。[145]

这又是一个充满重大冲突的时期,其中最引人注目的是苏格兰低地与高地之间的矛盾。许多苏格兰哲学家生于高地,后来到低地接受教育。即便是亚当·斯密这样的人物,也对高地氏族社会有相当深入的了解。特别是在1745年卡洛登战役后,随着氏族制度的崩溃,这两种制度之间形成了鲜明的对比。

弗洛伊德·亨特在《克罗夫特社区的形成》一书中描述了18世纪的这种变革,生动地展现了这场尖锐的冲突。他指出:"在18世纪的世界格局中,英国独树一帜……农民正逐渐从土地上消失。"[146] "到18世纪40年代,英国社会的现代化进程几乎无处不在;唯独苏格兰高地例外。在那里,一种更为古老的生活方式依然存在。与南方日益盛行的经济依赖关系不同,高地的社会形态建立在更为古老的血缘纽带之上。在高地,以家族谱系为基础,并以部落或氏族形式制度化的血缘群体,是所有社会、经济和文化活动的中心……在18世纪,这种基于亲属关系的社会形态在西欧其他地区早已销声匿迹。"[147] 这实际上是两种体系的碰撞:一边是基于亲属关系的氏族制度,另一边则

---

145 Baker, 'Mild Anthropologist and the Mission of Primitive Man', Ph.D. Thesis, University of Cambridge, 1980; Marvin Harris, *The Rise of Anthropological Theory*, 1968, p. 39; W. Robertson, *History of America*, v.1, 1777, p. 268.

146 Hunter, *The Making of the Crofting Community*, 1976, p. 6.

147 Hunter, *Making*, p. 7.

是南方以个人主义、契约制和货币市场为基础的文明形态。

然而，即便在高地地区，也存在着内部矛盾。毫无疑问，在1745年之后，甚至更早些时候，高地酋长们已经开始意识到未来的发展方向，并开始打破传统的束缚。他们纷纷迁居伦敦，将自己的领地改造成放牧绵羊的牧场，逐渐切断与追随者之间的联系。由于文化差异巨大，"高地社会的上层习惯于在两种文化环境中游走：一方面是盖尔语高地文化，另一方面是南部不列颠和西欧其他地区的文化……正是在这一点上，18世纪酋长的两种身份发生了不可调和的冲突。作为南方社交名流，他们需要越来越多的金钱。而作为部落族长，他们几乎无法筹集这些资金……直到1746年，高地地区仍然处于英国有效管辖范围之外；因此，南方商业和工业发展所依赖的法律和秩序在这里是缺失的……然而，在高地，酋长的地位甚至生命都取决于他能指挥的武装人数"[148]。

这一切在卡洛登战役结束，北方地区被平定后发生了改变。"氏族作为准军事组织的解体，以及南方式的法律和秩序的建立，意味着酋长们不再需要氏族成员的军事服务……正如一位当时的高地人所言，'追随者的数量和勇气已不再支撑酋长们的威望；如今，只有几尼①金币的数量和分量才会被放在衡量的天平上'。"[149] 氏族制度的瓦解带来了深远影响：道路开始修建，

---

148 Hunter, *Making*, p. 7, 9.
① 原文为 Guineas，英国的旧金币，1几尼相当于1镑1先令。——编者注
149 Hunter, *Making*, p. 11.

市场力量以新的方式渗入，高地追随者纷纷被解雇。约翰逊博士对此有一番精辟的描述："恐怕从未有过如此迅速、巨大和普遍的国民习俗变化，如同近期的征服和随后的法律对高地产生的影响那样……如今，氏族几乎不再保留其原有的特征。他们凶猛的性格被软化，军事热情被熄灭，独立的尊严被压制，对政府的蔑视被降服，对酋长的崇敬也大为减弱。"[150] 作为艾伦·唐纳德·詹姆斯·麦克法兰——当时属于一个交战氏族，该氏族在1745年后被征服——的后裔，我也站在这两种制度之间。

苏格兰拥有一批伟大的哲学家，其中亚当·斯密在《国富论》中充分展现了他渊博的学识。斯密几乎阅读了当时所有可获取的文献，他用了近十年的时间撰写《国富论》并进行相关讲学。在这部著作中，他对比了欧洲的不同地区——经济相对落后的南欧、中欧，并将这些地区与英格兰进行对照。他还比较了英格兰、美国和荷兰的发展状况与欧洲其他地区的情况，尤其关注了中国。在他看来，中国是一个伟大但在当时处于停滞状态的文明。实际上，除了英格兰，以及在某种程度上包括荷兰和美国，斯密认为世界上几乎所有其他地方都处于停滞状态。

下一位我要提到的思想家是大卫·休谟，他是现代哲学的奠基人之一，同时也是一位伟大的历史学家。他的《人性论》最初几乎无人问津，但后来产生了深远影响。18世纪50年代，他开始撰写著名的《英国史》（第一卷于1754年出版），随后在1755年发表了《宗教的自然史》。休谟是另一位开创性人物，与

---

150 Hunter, *Making*, p. 12.

之齐名的还有凯姆斯勋爵。凯姆斯勋爵在其《历史法律论丛》（1758）和《人类史概要》（1774）中考察并对比了世界各地的法律体系。早年，凯姆斯勋爵曾是天主教徒、圣公会教徒和农场主，但后来他转向了当时蓬勃发展的自由主义和进步主义观点。他的《人类史概要》试图描绘人类从野蛮状态进步到最高文明和发展阶段的历史。他根据生产方式，如狩猎采集、畜牧和农业，建立了类型分类的标准。

约翰·米勒在1771年出版的《等级区分的起源》一书中，融合了凯姆斯勋爵、孟德斯鸠和亚当·斯密的思想，进一步发展了社会进步和阶段理论。他在书中重新描绘公民社会的发展历程，将其划分为游牧、封建和商业等几个阶段，并展望了未来的发展趋势。米勒认为，斯密所描述的新兴商业社会不仅推动了经济发展，还激发了人们对自由的向往。

《论文明社会史》（1767）的作者亚当·弗格森是能说盖尔语的苏格兰高地人，出身于牧师家庭。他站在独特的视角，观察和比较了新旧两种社会体系。弗格森的思想后来影响了约翰·斯图尔特·密尔、孔德和圣西门等人。他开创性地提出了社会单线发展的理念。我们可以将弗格森视为孟德斯鸠的思想继承者，他在孟德斯鸠理论的基础上注入了进步的新概念。正如埃文思－普里查德所指出的："弗格森的著作中蕴含着使孟德斯鸠《论法的精神》成为辉煌原创经典的核心思想……然而，弗格森与孟德斯鸠最大的区别在于，他对社会学定律的理解更加严谨——而并非机械化；此外，他提出了社会单线发展的概念，认为所有社会都要经历一系列相似的发展阶段。这些阶段可以通过后来被称为比较方法的研究手段来重构和理解。"[151]

19世纪后期,杜格尔德·斯图尔特对这一时期的诸多思想进行了总结、综合和阐释,使之更加清晰明了。他对亚当·斯密的《道德情操论》和《论语言的起源》两部著作做出了评论。

> 在我们生活的时代,我们将自身的知识、观点、习俗和制度与原始部落相比较时,不禁会提出一个引人深思的问题:我们是如何从最初的未开化状态,逐步过渡到现今这种高度复杂的社会形态的?我们不禁要问:成熟语言中那种系统化的美是如何形成的?为什么在遥远且毫无联系的国家之间,语言中仍存在着某种相似性?各门学科和艺术又是如何起源的?人类思维通过怎样的路径,从最初的粗糙想法发展到如今精致复杂的理论体系?令人叹为观止的政治联盟是如何形成的?各种政府形式背后有什么共同的基本原则?文明社会在不同时代呈现出的多样形态又是如何演变而来的?对于大多数这些问题,我们难以从历史中寻得答案。原因是,在人类开始记录自身行为的社会阶段之前,许多关键的进步已经完成。我们或许可以从旅行者对原始民族的零星观察中收集一些片段信息,但显然,这种方式无法为我们提供一个完整而连贯的人类进步图景。
>
> 在缺乏直接证据的情况下,我们只能用推测来弥补事实的空白。当我们无法确定人类在特定情况下的实际行为时,

---

151 Evans-Pritchard, *A History of Anthropological Thought*, pp. 28–29.

我们需要基于人性的基本原则和外部环境的制约，来推断他们可能的行动。在这种探究中，旅行者和航海家提供的零散事实往往可以成为我们思考的重要参照……

对于这种在我们的语言中还没有专门名称的哲学研究方法，我想提议称之为"理论历史"或"推测历史"。这个概念在含义上与休谟使用的"自然史"相近，也与一些法国学者所说的"理性历史"（Histoire Raisonnée）有相似之处。[152]

推测历史实际上是将科学方法应用于艺术和人文学科，简单来说，就是做出合理的猜测。科学哲学家卡尔·波普尔曾著有《猜想与反驳》一书，恰好阐述了这一点。科学家的工作流程是这样的：先提出假设或猜想，然后对其进行验证。杜格尔德·斯图尔特认为，社会科学家也应当采用这种方法。亚当·斯密和牛顿就是这样做的。他们首先提出一个猜想，然后四处寻找证据，看这个猜想是否与现有的零星证据相吻合。这就是推测方法的精髓所在。

然而，这种推测方法在后来却遭到了一些 20 世纪人类学家（如拉德克利夫－布朗）的批评，被认为毫无用处。值得注意的是，他们反对的并非猜测这种方法本身，而是试图重构人类历史长期阶段的做法。在 20 世纪初，研究重心发生转移，转向了功能主义，即关注事物当前的功能和作用。18 世纪苏格兰启蒙

---

152 Stewart, *Collected Works*, v. X, Biographical Memoirs of Adam Smith, 1858, pp. 33–34.

运动的学者们致力于构建的长期历史叙事,在这时似乎变得无关紧要。我们开始关注其他方面。

回顾18世纪,当时的学者们正在为社会科学奠定基础。在这个过程中,他们不得不对语言、政治体系和经济体系的起源做出大量推测。正是这些推测,催生了一系列关于人类社会发展阶段的假说。在下一章中,我们将转而关注英吉利海峡对岸的法国。同时,我们还会探讨随后出现的反启蒙思潮。

第 8 章

法国启蒙运动的衰落

在详细探讨苏格兰启蒙运动之后,我现在想简要谈谈法国的启蒙思潮。接着,我会比较这种启蒙观点与后来出现的进化论观点之间的差异。最后,我们将讨论对启蒙运动的反对声音。

18 世纪最令人瞩目的现象,是一场思想创新的大爆发。这场思想革新为现代社会科学奠定了基础,其中心地带主要在苏格兰和法国。正如我之前提到的,苏格兰北部和法国的思想家们通过将自己的社会与英格兰对比,开始意识到他们可以效仿英格兰的发展模式来改造自己的社会。这种对比为他们提供了新的视角和动力。

有趣的是,伏尔泰在他的《哲学通信》中,以及孟德斯鸠在他的著作中,都大篇幅地描写了英国。这种关注一直延续到卢梭在英国的时期,并影响了之后的作家,直到托克维尔。托克维尔娶了一位英国妻子,并在英国生活了很长时间。这些作家都对英国怀有浓厚的好感,他们在英国看到了一个理性、宽容、平衡、摆脱**旧制度**的社会模式,并认为这种模式正在向美国扩展。他们在某种程度上利用英国作为批评法国**旧制度**的工具。

例如,沃格特写道,18 世纪时,"进步主义者收集证据,试图证明帝国是人为且低效的构造，它们不仅违背了人的自然自由，还因维持自身所需的过度约束而阻碍了自然创造力"[153]。伏尔泰无疑是其中最著名的代表之一，这一点在他的许多著作中都有体现，特别是在1756年出版的《风俗论》中。海伊认为："我们可以公平地说，这是人类历史上第一部真正的通史。"[154]

孔多塞继承并发展了这一思想传统。作为伏尔泰的挚友和革命的拥护者，他专注于探讨人类不断完善自身的可能性。1795年，孔多塞发表了他最负盛名的著作《人类精神进步史表纲要》，系统地阐述了人类进步的前景。这一观点也与卢梭的思想相呼应。埃文思-普里查德对孔多塞的思想进行了如下概括："孔多塞认为，我们所了解的所有民族，都处于当今欧洲文明水平和所谓的'野蛮部落'状态之间的某个阶段。从我们所知的最早的人类社会到现代欧洲国家，存在着一条清晰的进步脉络。"

> 第一阶段——狩猎和捕鱼；
> 第二阶段——"从游牧到农业"；
> "第三阶段是从农业初期到字母文字的发明。"[155]

孔德认为，基督教首次提出了社会持续向特定方向发展的观念。而孔多塞是第一个对这一思想进行系统阐述的人。

---

153 Voget, *History*, p. 587.

154 Hay, *Annalists*, p. 172.

155 Evans-Pritchard, *History*, pp. 35–37.

启蒙运动的核心信念是社会可以不断完善，或至少可以变得更好。这一理念在威廉·戈德温的乌托邦思想中得到了极致的体现。在法国思想家的阐释下，这种观点逐渐演变成一种革命性的政治理论。它使得他们能够批评路易十四和路易十五统治时期的**旧制度**社会结构，并提出了构建更理想的社会的可能性。

　　这种革命性的政治理论源于与英国的对比。它将进步信念与通过理性和政治革命实现人类进步性的想法紧密结合。布迪厄对此有精辟的见解："乌托邦思想，如同对进步或革命的向往，根植于一种坚定的信念——我们应该从可能性的角度看问题。这要求我们暂时搁置并质疑对现有社会或自然秩序的习惯性接受和顺从。对可能性的憧憬是一切进步信念的基石，无论是革命精神，还是拒绝接受现状的道德良知，都源于此。怀着进步的信念生活，就是将不可能视为可能，努力使不可能成为可能，让看似不可避免的现状变得不可接受①。"[156]

　　卢梭和其他法国思想家们特别强调了未来的无限可能性，他们认为可以重构整个社会世界。这在理论和政治层面为一种新的世界观奠定了基础。这种思想也为19世纪后期人类学的复兴提供了支撑。理解这一早期运动很重要，因为社会理论的发展大致可分为两个主要阶段：18世纪的思想高潮及其引发的争论与反响，以及19世纪的发展。

---

① 这里原文是"the inevitable inadmissible"。布迪厄是在描述一种思维方式的转变，鼓励当时的人们将一些"不可避免"的事情视为"不可接受"，即可以去质疑和挑战这些所谓"不可避免"的事物。——译者注

156 Bourdieu, 'Algerian', p. 70.

贝克对 18 世纪早期人类学与 19 世纪人类学之间的关系提出这样的见解："学界普遍认为，泰勒及其人类学同人关于社会和文化演化的理论，以及他们采用的'比较方法'，都深深根植于法国'哲学家'的社会哲学思想和与凯姆斯勋爵有关的苏格兰作家们的著作中。"[157] 人类学家约翰·巴恩斯则指出："19 世纪的理论与之前唯一的区别在于，它们通常更加详尽且有更丰富的民族志证据支持。"[158] 斯洛特金更进一步评论道："如果不考虑数据来源，这些研究方法和结论 [AM：18 世纪苏格兰社会理论学派的方法和结论]，与 19 世纪英国进化学派的不相上下。"[159] 从某种意义上说，我们开始看到一种推测性的历史思考方式在这个时期逐渐形成。

我之前提到，杜格尔德·斯图尔特的"推测历史"主要是回顾过去，但这种推测方法其实也可以用于展望未来，探讨可能性。这种思想与 19 世纪后期兴起的进化观念——进步思想的下一波浪潮——既有相似之处，也有明显差异。

沃格特这样概括 18 世纪进步主义的核心理念："无论是基督教徒，还是进步主义者，都认为人类有一个共同的命运。他们相信，通向这个命运的道路是有目的性、'单一线性'且'不可逆的'。"但他也指出了一个重要区别："进步主义者更关注如何创造一个适合人性的社会和'文化'环境，而进化论者倾向于

---

157 Baker, 'Mild Anthropologist', pp. 26–27.
158 J. A. Barnes, 'Anthropology in Britain before and after Darwin', *Mankind*, v. 5 no. 9, 1960, p. 380.
159 Slotkin, ed., *Readings in Early Anthropology*, 1965, p. 412.

将这种规划交给自然。"[160]

这两波思潮的主要差异体现在程度上，它们对时间的认知和道德评判标准有所不同。18世纪的思想家，从卢梭开始，往往更推崇"高尚的野蛮人"的概念，也更尊重中国、印度等其他伟大文明，将它们视为基本平等的存在。因此，你在18世纪看到的是启蒙、改良，可能还有一些完善的概念，但还不是物种进化或19世纪后期那种深层的进化论思想。

美梦破灭

这种思潮持续发展，在1750年到1790年达到顶峰，这40年里亚当·斯密和卢梭等人发挥了重要作用。然而，在18世纪的最后四分之一时段里，尤其是最后10年，情况突然发生了逆转。这种逆转体现在两个层面，其中之一是政治层面的逆转：所有关于乌托邦、人类进步性和理性进步的梦想，在1789—1790年的法国大革命中突然破灭。

这些梦想建立在美好的希望之上，人们相信可以建立一个更公平、更合理的政治和社会秩序，人类将摆脱枷锁。然而现实是什么？血腥、断头台、旧制度的崩塌，取而代之的并非更加理性、平等和民主的新秩序，而是拿破仑及其专制统治。从1790年开始的下一代人所面临的政治形势更加严峻。法国是这场运动的领导者，在接下来的15年里，拿破仑的军队四处征战，

---

160 Voget, *History*, p. 86.

之后整个国家又陷入政治动荡。

这种逆转和破灭感的另一层来源是英国工业革命的兴起。这场革命始于18世纪60年代，伴随着英国城市的急剧扩张：曼彻斯特、伯明翰、利物浦，尤其是伦敦，都经历了前所未有的增长。然而，在这一时期，许多人的生活质量反而下降了。贫民窟大量出现，工人们在矿井和工厂里忍受着长时间、单调而艰辛的劳动。这些烟雾笼罩的城市俨然成了人间地狱。人们不禁要问：难道这就是人类追求理性启蒙的最终结果吗？

这种挫折感在英国和法国都有所体现。人们越来越意识到世界的不公平。在加勒比地区，反对奴隶贸易的呼声开始出现；反奴隶制运动逐渐兴起；英国国教会的地位也受到了挑战。在哲学、诗歌、艺术和音乐领域，人们开始谨慎地重新评估既有的政治和社会理论。早期浪漫主义运动中华兹华斯、柯勒律治等人所体现的乐观情绪，逐渐被保守主义和悲观主义所取代。随后，通过哥特复兴运动，人们试图重现早期那种纯真的时代。

法国大革命成为一个历史转折点。它对当时的艺术、思想和观念产生了深远影响。尼斯比特生动地描述了这场革命的震撼效应："法国大革命对人们珍视的信念和传统情感造成了巨大冲击……这场革命的突然性和戏剧性是工业革命所无法比拟的。伊波利特·泰纳将其描述为罗马帝国灭亡以来欧洲历史上最重要的单一事件，这并非夸大其词……法国大革命是历史上第一次彻底的意识形态革命。"[161] 这场政治风暴恰逢工业化初期的社

---

161 Nisbet, *Tradition*, pp. 31–33.

会动荡，两者交织在一起，影响更加深远。

18世纪后期，苏格兰和法国哲学家在政治、哲学、法律、经济和人口理论等领域迅速发展了进化思想。这些理念在托马斯·潘恩和威廉·戈德温的著作中得到了进一步深化。然而，这一切似乎突然间发生了逆转。法国大革命的冲击和早期工业革命带来的阵痛，使整个乌托邦理想轰然倒塌。

在这种思想转变中，我们可以看到一些更为保守的观点开始出现。这种保守倾向不仅在政治哲学，甚至在生物学等领域也有所体现。罗伯特·钱伯斯在他的《自然创造史的遗迹》(*Vestiges of the Natural History of Creation*)一书中，对达尔文理论出现之前的进化思想进行了概述。在引言中，他谈到了早期进化论者的遭遇，这些学者在很大程度上已经预见到了达尔文的理论。钱伯斯写道："伊拉斯谟·达尔文①的著作被视为不敬。它们不仅违背了创世说，还嘲讽了《圣经》年代学……难怪他的作品被列入梵蒂冈的《禁书目录》，他也因此被视为一个危险的颠覆分子。要知道，当时的人们刚刚目睹了法国大革命恐怖统治时期无神论者的残暴行为。"[162]

托马斯·马尔萨斯是另一位持保守思想的学者，他被认为是现代经济学的第二位重要奠基人。18世纪末，马尔萨斯发表了《人口原理》的第一版。这部作品明确批评了他父亲最喜爱的哲

---

① 查尔斯·达尔文的祖父，早期提出类似演化观念的学者之一。尽管他并没有提出与查尔斯·达尔文相同的自然选择理论，但他的一些观点和想法确实预示了进化论的一些基本概念。——编者注

162 Chambers, *Vestiges*, 1969 ed., p.16 of de Beer's introduction.

学家托马斯·戈德温的乌托邦思想。马尔萨斯断言,人类无法摆脱那些将我们束缚在悲惨生活中的可怕法则,特别是人口法则。他认为,我们的资源只能线性增长,而由于自然生育率,人口数量却倾向于呈指数增长。在某一时期,人口增长将遇到可怕的障碍——战争、饥荒和疾病,从而使人口数量再次下降。在马尔萨斯这部伟大著作的第一版中,他认为人类无法逃脱这些法则的束缚。我们似乎陷入了一个困境。马尔萨斯的前辈亚当·斯密在某种程度上也预见了马尔萨斯的一些观点,他的看法在某些方面也相当悲观。斯密无法看到摆脱经济规律的出路,这些规律意味着资源是有限的。而马尔萨斯则进一步发展了这一观点。

这个时期,一股保守思潮开始兴起。这种思想转向在地质学、生物学和政治理论等多个领域都有所体现,托马斯·伯克和马尔萨斯的著作就是典型例子。那些试图继续发展伊拉斯谟·达尔文进化思想的学者,越来越频繁地遭到嘲讽和批评。威廉·劳伦斯爵士的遭遇就很能说明问题。作为皇家外科医学院的解剖学和外科学教授,他在1816年至1818年做了一系列关于比较解剖学和生理学的讲座。哈登在《人类学史》中记载,这些讲座内容一经发表就引起了强烈反响。用劳伦斯自己的话说,他被指控"蓄意传播危害社会的观点,并试图借此削弱科学发展所依赖的约束"。面对铺天盖地的批评,劳伦斯被迫低头,公开宣布撤回这些著作,他甚至被剥夺了版权。[163] 这种保守反应逐渐增强。在法国,夏多布里昂猛烈抨击了启蒙运动核心思想的过度乐观,尤

---

163 Haddon, *History of Anthropology*, 1910, pp. 55–56.

其是卢梭的观点。在英国，伯克也持相似立场。

即使在这个保守思潮盛行的时期，思想的变迁仍在悄然发生。这种变化可以从被称为"阴郁的科学"的经济学中找到线索，尤其体现在最具影响力的悲观预言家马尔萨斯的观点转变上。马尔萨斯在18世纪末发表的《人口原理》第一版中，简明扼要地表达了一个绝望的观点：人类无法逃脱命运的桎梏，人口增长和资源限制的法则必然导致战争、饥荒和死亡。然而，在第二版中，马尔萨斯的观点发生了显著变化。这源于他对不同国家人口和经济模式的深入研究，特别是对挪威、瑞士和英格兰的考察。在新版中，马尔萨斯将原本的"铁律"软化为"趋势"。他指出，如果我们不努力控制生活和人口，确实会面临严峻的后果。但他也注意到，一些国家已经通过提高法定结婚年龄、鼓励部分人群不婚等措施，在某些时期成功地减缓了人口增长。这一转变传达了一个更为乐观的信息：未来并非注定，而是掌握在我们自己手中。

在这一时期的思想家中，托克维尔的观点最能体现这种包含对立看法的复杂信息。我认为，托克维尔是最伟大的思想家之一。他的思想既有乐观也有悲观的一面，这一点在他对美国的分析中表现得尤为明显。托克维尔欣赏美国的巨大潜力，赞同美国在自由、平等、博爱等方面的进步。然而，他同时预见到这种发展可能带来新的问题：一种新型的专制主义可能出现，美国的自然环境和资源可能遭到破坏，已经存在的奴隶制问题可能进一步恶化。正是这种矛盾的观点，使托克维尔既显得乐观，又带有悲观色彩。

托克维尔的著作《旧制度与大革命》于1856年出版，标志着第一次启蒙运动及其反动时期的结束。这本书同时也预示了社会科学发展的第二次重大浪潮——进化论的兴起。这将是我在下一章要探讨的主题。

拼图的下一部分如下：

类别	循环 （至1450）	进步 （约1500—1790）	悲观主义 （约1790—1840）
人物	柏拉图 伊本·赫勒敦 中世纪经院哲学家	孟德斯鸠 杜尔阁 弗格森 亚当·斯密	马尔萨斯 托克维尔 （梅因）
时间观	永恒回归 时间如轮 循环时间	进步性增长 进步阶段 不可逆时间	仅短期进步 危险和陷阱 长期循环
权力观	西方处于防御状态 国家间平等	西方具备军事和生产技术优势 早期帝国主义	法国大革命和欧洲分裂 工业和城市革命的恐怖 分散的帝国主义
隐喻	自然循环 季节 植物和动物 天体	从黑暗到光明（启蒙） 从粗糙到光滑 从简单到复杂	自然循环 从生到死 历史循环
问题	生命的意义 如何生存 最理想的状态	增长的阶段是什么？ 如何改善地球上的生活？	如何避免未来的经济、人口和政治危险？
模型	神学 历史	牛顿科学 数学和其他科学 手工艺学科	神学 生物学
理论贡献	基本类别和区分 理想类型	文明的基本类型和阶段 比较方法	乐观主义和悲观主义的平衡 基本危险和陷阱
背景	农业文明	科学技术的发展 探索	法国大革命 城市化和工业化

第 9 章

19 世纪的人类如何重新认识自己

在这一章中，我想谈谈 19 世纪中期发生的一个重大转变——进化论这一极具进步性的观点再次兴起。虽然进化论的思想萌芽早已存在，但直到 19 世纪中叶，它才通过查尔斯·达尔文、阿尔弗雷德·拉塞尔·华莱士、罗伯特·钱伯斯和赫伯特·斯宾塞等人的作品广为传播。这场理论革命持续影响了接下来的两代人，并在很长一段时间里成为许多社会科学的基石。从当时人们的反应就能看出，这确实是一场翻天覆地的思想变革。

让我简单提一下这种转变在几个学科中的重要性。以考古学为例，用格林·丹尼尔的话说：“有两件事是必要的：首先，要认识到人类过去的深度；其次，要在这个已定义的深度内建立某种相对年代学系统。”[164] 后者来自地质学。然后是布歇·德·彼尔特最终在 1859 年提出的革命性理论。

罗伯特·洛威阐明了进化论对人类学的重大影响。他指出："这是民族学发展滞后的另一个重要原因。直至近期，民族学对**时间维度** [AM：此处加粗为特别强调] 的认知甚至比对空间维度

---

164 Glyn Daniel, *The Origins and Growth of Archaeology*, 1967, p. 46.

的认知更为匮乏。随着罗塞塔石碑和贝希斯敦铭文的成功破译，一个前所未有的历史视野豁然开朗！然而，商博良直到1822年才向法兰西学院呈报其发现，而罗林森则于1847年发表了关于古波斯楔形文字的研究。尽管这些发现令学界震惊，但它们仅将我们的认知推进到基督纪元前几千年。真正的革命性突破源于对布歇·德·彼尔特工作的认可。"1838年，布歇·德·彼尔特"提交了石斧作为证据，以证实人类在更新世时期就已具备制作工具的能力"[165]。然而，这一发现直到1859年，在莱伊尔等学者接受其观点后，才引起广泛关注。

这是一场重大变革，其中最广为人知的莫过于查尔斯·达尔文的故事。在此，我只能简要提及。达尔文在19世纪30年代末至40年代，开始质疑《圣经》年代学、历史的短暂性以及物种的不变性。然而，他很快意识到这些想法具有巨大的颠覆性。1844年，罗伯特·钱伯斯发表了开创性著作《自然创造史的遗迹》。达尔文注意到学界对此反应激烈，该书遭到了严厉批评，甚至他的朋友赫胥黎也对其进行了猛烈抨击。这使达尔文决定暂缓发表自己的理论，转而进行秘密研究。直到后来，当达尔文收到华莱士的论文时，他惊讶地发现其结论与自己的惊人相似。这时，他才意识到必须尽快公开自己的研究，否则就太迟了。这一切都发生在1859年。

达尔文对自己提出的理论产生的后果感到恐惧，这种担忧是有道理的，因为进化论动摇了一切——神学、哲学、考古学

---

165 Lowie, *History*, p. 7.

和人类学。这一全新的进化理论可能产生的影响确实令人战栗。然而，这种思想在当时已经弥漫在空气中，成为一次范式转换的背景。这种世界观的改变并非源于一个人的独创。我已经提到过阿尔弗雷德·拉塞尔·华莱士，他通过阅读罗伯特·马尔萨斯的著作，以相同的方式得出了相同的结论。我还提到了另一位往往被低估的重要思想家罗伯特·钱伯斯。这种新的思维方式也影响了其他领域，正如我们稍后会看到的，它影响了卡尔·马克思以及社会学家赫伯特·斯宾塞。

要了解范式转变时引发的争议，最好的例子莫过于达尔文的故事。这个故事已经成为家喻户晓的传说，就像阿尔弗雷德烤煳面包或牛顿和苹果的故事一样广为人知。据说，达尔文在阅读马尔萨斯的著作时，突然领悟到了竞争这一**机制**，这解释了明显正在发生的进化现象。1844年，达尔文就已经草拟了他的理论纲要。然而，直到15年后，在华莱士独立得出相同结论的刺激下，他才鼓起勇气公开发表这些想法。随之而来的是公众的强烈反应，其中最著名的莫过于他与牛津主教的辩论。在这里，我们只引用一个反应作为例证——达尔文在剑桥大学的老师、地质学家亚当·塞奇威克写给他的一封信：

> 我读完你的书后，感到的痛苦多于快乐。有些部分我非常欣赏……但其他部分则让我感到十分悲伤，因为我认为它们是完全错误的且极具危害性。你最初是遵循可靠的科学方法起步的，但如今却背离了这条正确的道路，转而采用了我认为如同威尔金斯主教的那辆要带我们驶向月球的太空战车

一样荒谬的理论机制。你的许多广泛结论都建立在既无法证明也无法反驳的假设之上,那么,为什么要用哲学归纳的语言和方式来表达它们呢?至于你提到的伟大原理——自然选择——也不过是一些假设或已知初级事实的次要结果罢了。"发展"是一个更恰当的词,因为它更接近事实的原因。毕竟,你并不否认因果关系的存在。在我看来,(在抽象层面)因果关系本质上是上帝的意志,而且我可以证明,他的行为都是为了他的创造物的福祉。

我们都承认,发展是一个历史事实,但它是如何发生的呢?在这一点上,无论是在语言还是逻辑上,我们都存在根本分歧。自然界不仅有物质层面,还有道德或形而上学的层面。否认这一点的人无异于陷入愚昧的泥沼。有机科学的荣耀在于,它通过"终极因"将物质与道德联系起来……而你忽视了这一联系;如果我没有误解你的意思,你实际上已经在一两个关键案例中竭尽全力想要打破它了。若真能打破这一联系(感谢上帝,这是不可能的),在我看来,人性将遭受重创,人类可能沦为野兽,堕落到有文字记载以来从未有过的程度。以蜂巢为例,假设你的发展论能解释蜜蜂及蜂巢的逐步变化(虽然这一点无人能够证明),那么"终极因"仍然是指导这种连续演变并逐步改进的根本原因。你书中的某些观点……极大地震撼了我的道德观……我非常不喜欢结论这一章,不是因为它作为总结不好——事实上从这个角度看它还不错——而是因为你以一种我曾在《自然创造史的遗迹》作者身上谴责过的充满胜利自信的口吻呼吁新一代,并预言会出现一些尚未孕育的事物，这些事物（如果我们相信人类感知的累积经验和逻辑推理）可能永远只存在于人类丰富的想象中。

……请相信，尽管我们在一些最深刻的道德问题上存在分歧，但我仍是你真挚的老朋友……[166]

其实达尔文的处境相对轻松，这主要是因为他理论的核心内容和证据已被广泛接受，尽管自然选择这一**机制**还未被完全理解。罗伯特·钱伯斯早已为此理论的接受铺平了道路。[167]

一个引人深思的问题是：为何达尔文的理论获得认可，而钱伯斯的理论却被拒绝并湮没无闻？部分可归因于1844年至1860年公众观念的变化，这一变化被达尔文等人敏锐地察觉到。随着时间推移，进化论逐渐深入人心。它变得越发合理，成为连接当时不断涌现的惊人发现的关键纽带。其他学者也以不同方式表达了类似的观点，其中最具影响力的当数赫伯特·斯宾塞。

虽然如今斯宾塞的名字常被忽视，但他在这一领域曾是一位重要人物。在19世纪50年代，他独立提出了与达尔文极为相似的观点。"适者生存"这一广为人知的短语就是由斯宾塞首创的。斯宾塞得出物种进化的结论，并非受达尔文影响（因为达尔文当时尚未发表理论），而是通过观察地质和人类学等各方面的发现，这一点与钱伯斯的研究方法相似。斯宾塞在《自传》

---

166 Adam Sedgwick, *Life and Letters*, II, 1890, pp. 356–359 (aged 74).
167 See Iris Macfarlane, *Robert Chambers of Edinburgh*, 2020.

中的一段话颇具启发性。他在37岁左右时写道：

> 回顾这些思想发展的阶段，我们不难发现，对进化这一完整概念的认知过程，本身就是一个进化的过程。最初，我们只是对生命体发展有一个模糊信念，其中含糊地涵盖了社会发展的概念。随后，冯·贝尔关于单个生物体发展的理论逐步扩展，先是应用于一类现象，然后是另一类现象，最终将所有现象纳入一个整体框架。这个过程体现了知识整合的演进。随着整合的深入，我们的认知也变得更加复杂。我们开始将无机现象、超有机现象与有机现象归为同一范畴，体现了认知的多样化。接着，当我们认识到变化的本质是一种遵循力学终极法则、由物理决定的转变时，进步的模糊概念最终演变为进化的明确概念。直到我将思想发展的各个阶段梳理出来，我才真正意识到每个阶段是如何自然而然地为下一阶段铺平道路的。每一个新的结论都增强了我们向同一方向继续探索的倾向。现在回过头来看，那个不久后形成的连贯信念体系似乎是一个近乎必然的结果。[168]

斯宾塞详细描述了自己思想的演进过程。例如，与达尔文和华莱士相似，他的思想源于马尔萨斯的人口理论。在1852年，31岁的斯宾塞发表了《人口理论》，其中写道："从一开始，人口压力就是进步的直接原因"，以及"那些过早夭折的个体，平

---

168 Spencer, *Autobiography*, II, 1904, pp. 12–13.

均而言，都是自我保护能力最弱的。因此，不可避免地，那些生存下来延续种族的个体，就是自我保护能力最强的——他们是这一代中的精英"。[169] 这就是社会达尔文主义，即"适者生存"的原则，这里的"适"指的是具备生存能力。随后，斯宾塞进一步阐释了这一原则如何同时适用于动物和人类社会。

斯宾塞提出了一套关于发展、进步和进化主义的理论，这一理论持续发展，直到1859年达尔文著作的出版。事实上，进化论思想似乎早已成为当时知识界的共识。社会学家、各派生物学家，以及像钱伯斯这样的学者，甚至在达尔文发表其著作的10年前就已经在探讨进化理论了。这种现象再次引导我们得出结论：这是一次典型的范式变迁。那么，是什么促成了这种深刻的思想转变呢？

*

从理论角度来看，有几个重要原因。我会简要概述其中几个，它们与我之前提到的促进进步思想发展的因素颇为相似。在19世纪上半叶，学术研究的理论和实证领域发生了几项重大变化。其中之一是地质学的进展。虽然查尔斯·莱伊尔在很长一段时间内反对进化论，但他的研究工作却极其重要："莱伊尔证明了地球的古老年龄，为古生物学家研究人类的远古历史铺平了道路；这些研究反过来又促进了维多利亚时期社会人类学

---

169 Spencer, *Autobiography*, I, 1904, p. 389.

的诞生。在正统年代学家计算的人类存在的有限时期内[①][AM：根据遵循《圣经》的年代学家的计算，人类历史仅有约6 400年，在这一观点被打破前，他们一直这样认为]，社会从原始状态发展到文明状态的观点几乎难以令人信服。"[170]

在如此短暂的时期内，社会不可能经历如此巨大的变迁。然而，如果将人类历史延伸到10万年前，我们就能开始看到一些发展阶段。这一领域的核心著作是查尔斯·莱伊尔于1830—1833年出版的三卷本《地质学原理》。该著作最初获得了相当好的评价，但人们并未完全意识到它的深远影响。"莱伊尔曾是'发展论'或达尔文理论的主要反对者之一，但在晚年，他在这方面改变了观点。"[171] 莱伊尔的理论实际上动摇了《圣经》年代学的基础，但这一影响在当时被尽可能地淡化了。乔治·艾略特等人开始质疑《圣经》的叙述，部分原因是阅读了莱伊尔的著作。而地质学家休·米勒、亚当·塞奇威克等人则试图坚持传统观点，努力将地质学揭示的漫长时间尺度压缩到《圣经》所描述的短暂时间框架内。

即使面对重大反常现象，人们仍试图坚持原有范式，这是哲学体系的历史中最引人入胜的现象之一。我们不愿从根本上重

---

① 在这里指的是严格遵循宗教教义，特别是基督教传统的观点。"年代学家"（chronologists）是研究历史事件发生的时间和顺序的专家。19世纪中期之前，这些学者主要依据《圣经》中的家谱和事件来计算地球和人类历史的时间。——译者注

170 Baker, 'Mild Anthropologist', pp. 40–41.
171 Entry for 'Sir Charles Lyell' in Joseph Thomas, *Lippincott's Universal Pronouncing Dictionary of Biography and Mythology*, v. 2, 4th ed., 1915, p. 1601.

新思考一切,而是倾向于小修小补,试图将新发现强行纳入现有体系,而不是彻底改变整个系统。因此,一种常见做法就是尽可能长时间地忽视这些反常现象。考古学中有一个著名的例子。1797 年,约翰·弗里尔在诺福克的一个砾石坑中进行观察,并在《考古学》杂志上发表了一封信。他的发现显示,在"甚至超出当前已知世界"的地层中存在武器。武器怎么可能存在于"当前已知世界"之外?这听起来荒诞不经。然而,当时没有人注意到这封信。类似的情况也发生在布歇·德·彼尔特身上。格林·丹尼尔称他为"认识人类古老性的关键人物"。1860年,彼尔特回忆道,近 25 年前,"我在这里向你们讲述人类的古老性,以及人类可能与大型哺乳动物同时代的观点"。换句话说,他提出人类曾与那些现已灭绝的巨大物种共存。他说:"这一理论被科学界和公众舆论双双拒绝。"他的理论遭受"蔑视",并"沉睡到了 1854 年"。[172] 之后,这一理论被约翰·埃文斯爵士等考古学家重新提出,突然成为引发极大兴奋和兴趣的话题。这比达尔文著作的出版还早了五年。这个想法曾经被忽视、被搁置一旁,安静地沉睡着——然后突然间,仿佛空气中有什么东西改变了,人们开始说,"我好像记得有关这方面的一些事情"。

这次知识体系的重大转变不仅限于考古学和对远古时间的认知,人类对空间的理解也发生了深刻变化。虽然 15 世纪哥伦布的发现已经带来了巨大的认知跃进,但 19 世纪的变革更加深

---

172 Daniel, *The Origins and Growth of Archaeology*, 1967, p. 56.

远。在这个时期，欧洲（以及在某些层面上的美国）的传教士、探险家和政府机构深入世界各地，带来了前所未有的知识洪流。人们对其他文明和民族有了更详细、更深入的了解，这些发现大多是《圣经》中从未提及的。这些新知识正在动摇人们长期以来对世界的基本认知。

比如，现代考古学的奠基人沃尔塞在1843年的著作中写道："最终，人们注意到，即使在当今，南太平洋的一些岛屿和其他地区仍存在一些原始部落。他们不知金属为何物，却使用与丹麦出土的大量石器同形同构的石制工具。更进一步，人们还了解到这些原始部落是如何使用这些看似简单且无用的工具的。"[173] 格林·丹尼尔对此评论道："引用沃尔塞的这段话之所以特别重要，是因为它表明19世纪世界的其他地方仍存在石器时代的族群，这成为说服他自己和其他人相信人类过去确实存在石器时代的重要因素。"[174]

探险旅行对科学发展的影响在历史上有许多著名例子。查尔斯·达尔文的"小猎犬号"航行是其中最为人知的，而华莱士在远东的经历也同样重要。查尔斯·莱伊尔本人的经历同样值得一提："1827年初，莱伊尔决定撰写一本书，以推动地质科学的必要改革……他意识到必须用地质时间取代神学时间……1828年，莱伊尔开始了他的欧洲大陆之旅，首站是奥弗涅地区。在西西里岛，他攀登了埃特纳火山。令他震惊的是，他发现从

---

[173] Daniel, *Origins*, pp. 87–88.
[174] Daniel, *Origins*, p. 88.

地质学角度来看,西西里岛竟比岛上的动植物还要年轻。"[175] 莱伊尔在旅行中不断发现与既有年代学不符的现象,这与休·米勒在苏格兰高地的发现如出一辙。随着关于世界各地的新信息不断涌入,科学界的主导范式开始发生转变。

我们可以将达尔文、华莱士等人视为进化论的创造者,但同样可以认为它是一种更广泛的思想变革的产物。正如一些学者所指出的:"第二代人类学家,如弗雷泽、杰文斯和马雷特,一致认为社会进化理论是达尔文革命的产物。然而,他们忽视了一个事实:发展主义观点在达尔文之前的科学思想中就已存在。事实上,这一观点是莱伊尔在达尔文发表其'巨著'20多年前就阐述的均变说地质学中的核心概念。生物进化论,如同社会进步论一样,'是当时知识氛围的一部分'。它本身……'更多是整体思想运动的结果,而非原因'。"[176]

达尔文的理论为"种族的进化排序提供了依据"。他指出,"最高等种族中的最优秀个体与最低等种族之间在智力和道德上的差异是通过最细微的渐变联系在一起的"。这开始形成一系列的进程理论。达尔文观察到未开化种族在面对新疾病时往往不堪一击,并且难以维持其生育率。他说:"当文明国家与野蛮人接触时,除非致命的气候有利于土著种族,否则争斗很快就会结束。"[177] 这可以视为一种适者生存的体现。换句话说,种族会

---

175 Voget, *History*, pp. 98–99.

176 Baker, 'Mild Anthropologist', p. 42.

177 Voget, *History*, p. 175.

兴衰消亡。这些理论背景——地质学、探索活动等——极大地延展了人们对时间的认知。

*

宇宙观的重大转变背后，是一系列技术革新的推动。这些革新与 18 世纪及更早时期的变革有些相似，我将在此简要介绍。其中最重要的是通信工具的进步。虽然印刷术在 19 世纪已有悠久的历史，但 19 世纪中期大规模印刷的发展尤为关键。在这一领域，罗伯特·钱伯斯和他的兄弟威廉功不可没。他们的爱丁堡 W. & R. 钱伯斯出版社是最早开展大规模信息生产的机构之一，出版了《人民文集》《钱伯斯大百科全书》等重要作品。随着大众教育的普及，新的科学思想得以迅速传播。同时，印刷成本的降低也功不可没。新思想不仅通过印刷品广为传播，还借助大量新兴的俱乐部——如工人俱乐部等——得到了充分的讨论和吸收。这些俱乐部和场所成为新思想交流的重要平台。

通信领域的其他进步也让世界变得更加紧密，其中最显著的是电报的发明。1851 年，海底电缆跨越英吉利海峡；1866 年，成功横贯大西洋的电缆铺设完成。新闻界早在 1844 年就开始使用电报。这些发展使世界仿佛变小了。比如，人们可以迅速地与美国来回传递信息。

另一个极为重要的背景因素是破坏性武器的发展。19 世纪，尤其是 19 世纪 50 年代以后，西方武器装备再次实现了重大突破。加特林机枪和马克沁机枪的出现，能够轻易压制发展中国家，这让西方突然获得了巨大优势。西方在武器技术上占据绝对上风。蒸汽驱动的装甲舰艇能够航行全球，对抗拒西方力量的地方进行轰击。这些都是工业化的衍生品。这些舰船本身就立即给西方带来极大优势，例如在第二次鸦片战争中对中国的优势，以及在其他地方的优势。

铁路等其他技术的发展开拓了美国大草原和印度的许多地区，而动力工具则使大规模生产成为可能。这些进步，加上前面提到的发展，让世界的一部分在半个世纪里获得了强大的主导地位。在这期间，德国和法国成为工业国家，美国也紧随其后。直到19世纪初，中国、印度与西方还保持着相对平衡，但随后世界局势开始逐渐倾斜。到了19世纪50年代，各方面的力量都明显向西方倾斜。另一项重要的技术进步是发展于18世纪中期的农业革命，它席卷整个欧洲，大幅提高了欧洲农业的生产力。后来，当这场革命与化学进步和新型肥料相结合时，效果更加显著。

如今，随着世界再次趋于平衡，我们可能很难回想起这些变革的影响。为了更好地理解这一点，我想引用一位对20世纪上半叶西方资本主义持强烈批评态度的思想家的话。这个人就是伦纳德·伍尔夫，他曾作为殖民地官员在当时的锡兰（现斯里兰卡）亲身经历了英国帝国主义的现实。他对此进行了极为有力的批评。

在亚洲和非洲，这种剥削和渗透呈现出一种特殊形式，使19世纪的帝国主义与之前时代的帝国主义、征服和文明冲突截然不同。通信和运输方面的机械发明，赋予了欧洲人迅速开发远方和难以到达的地区的能力，以服务于工业和商业目的。同样的发明过程和新兴工业也彻底改变了世界物质力量的平衡。19世纪之前，不同大陆的文明在物质上并没有如此悬殊的差距，以至于一方能完全压倒另一方。亚洲军队总能与欧洲军队一战，而非洲人则可以依靠他们的尖箭、沼泽、森林和蚊子来抵御携带前装枪、杜松子酒和白兰地的欧洲人。但突然间，一切都改变了。

仍然保持着12世纪祖先的生活方式和作战方式的亚洲人，突然发现自己面对的是现代步枪、马克沁机枪、炮艇和轻型铁路……[178]

技术优势的背后是一种新的政治和社会整合。欧洲大陆上旧制度部分的瓦解，以及英国日益增长的自信心，为探险家、传教士和商人提供了强大的后盾——一股统一的政治力量。如伍尔夫所说，这种现象在历史上是前所未有的。伍尔夫对此也有描述：

工业革命孕育了资本家、商人、制造商和金融家……在他们背后，屹立着一个现代化国家——高度组织化、运转高效、武力强大、民族主义情绪浓厚。这是法国大革命和拿破仑战争的产物。资本家们时而有意、时而无意，甚至是不经意间，都在借助这个强大的政府机器来开发或剥削其他大陆。这种做法产生了惊人的效果。[179]

---

178 Woolf, *Imperialism and Civilization*, 1928, p. 10.
179 Woolf, *Imperialism*, p. 11.

伍尔夫对1815年之后的局势做了一个有力的总结：

> 世界突然被迅速无情地征服，规模之大前所未有。1815年到1914年间，几乎整个亚洲、非洲和澳大利亚大陆，以及所有海域上的岛屿，都直接或间接地受制于欧洲国家……欧洲对亚非地区的殖民式统治有直接和间接两种形式。直接的殖民式统治主要发生在非洲，那里被瓜分……还有印度、锡兰、缅甸、马来半岛、中国部分地区，以及俄国吞并的大片亚洲土地。在这些地方，领土通常通过武力被控制……但在日本以外的亚洲其他地区，则存在一种间接控制……它们在一定程度上可以管理内政，但在经济、军事和对外关系上受制于欧洲。[180]

伍尔夫再次尖锐地描述了当时欧洲人的态度，那种源于技术优势和经济发展的自满的优越感，以及新兴的进步主义思想，共同塑造了这种态度：

> 在世界历史上，没有哪个时期的变革能比得上欧洲在不到100年里征服亚非大陆的巨大影响。直到19世纪末，欧洲人还沾沾自喜地把这视为西方文明最大的荣耀之一。他们坚信欧洲白人在体格、智力和道德上都优于其他种族。在他们看来，上帝以无上的智慧和仁慈造就了白人，并在英国维

---

[180] Woolf, *Imperialism*, pp. 11–12.

多利亚女王统治时期让他们做好了接管全球其他民族事务的准备。他们的使命是教导这些"土著"和"异教徒",让他们尽可能成为良好的欧洲人和基督徒。直到世纪末,这些所谓的"土著"和"异教徒"似乎也接受了这种"天意安排"和被欧洲人统治的"福分"。当然,在几乎每个地方,欧洲人都是先杀死大量非洲人和亚洲人,幸存者才不得不接受欧洲国家的统治或所谓的"保护"。一旦统治建立,就很少有反抗欧洲统治的起义不会被惩罚性远征所镇压。[181]

最后,我们需要认识到,现代社会科学的发展背景,无论是马克思之后的社会学,还是19世纪下半叶的人类学,都与那场以英国为首的大规模帝国扩张密切相关。这也解释了为什么人类学在很大程度上诞生于这个时期,并主要在大英帝国内部发展起来。为了理解和记录这个快速扩张的帝国,人类学应运而生,并在大学中广泛传播。虽然这种联系并不是直接的,但无疑是一个极为重要的背景因素。在人类学史中,沃格特指出,19世纪的人类学家"自称是人类进步、理性和道德的倡导者。然而,引人深思的是,尽管人类学关注的是普通人的习俗和行为,但他们所接受的生物和社会进化理论却强化了智力和种族方面的精英主义"。[182]

---

181 Woolf, *Imperialism*, pp. 12–13.
182 Voget, *History*, p. 587.

*

对我们现代人来说，早期人类学的一些观点确实令人不安，但我们必须把它们放在当时的历史背景中来看。到了一个世纪之后，人类学家们就很容易对这些早期观点进行批判了。埃德蒙·利奇的研究工作就是一个很好的例子。他曾对剑桥大学人类学先驱詹姆斯·弗雷泽爵士做出一番评论。虽然弗雷泽是一位杰出的人类学家和思想家，但利奇对他的评价却相当尖锐。在此我想引用一下利奇所写的关于弗雷泽和马林诺夫斯基的文章，你可以从中看出他的态度：

> 在弗雷泽看来，科学就是正确理解因果关系，而魔法则是对因果关系的错误认识。他认为，原始人因为幼稚无知，所以迷信魔法而几乎不懂科学。相比之下，现代欧洲人更加成熟聪明，所以较少相信魔法，而更多依赖科学……弗雷泽觉得，所有的仪式都源于错误观念。这些错误不是相信人有魔法能力，就是相信想象中的神明有超自然力量。这种观点实际上是在说"野蛮人"很愚蠢。在他眼里，这些人就像无知的小孩，与受过高等教育、思维复杂的理性欧洲人形成鲜明对比。虽然欧洲人也有不成熟的时候，但他基本上认定：白人是聪明的，而其他肤色的人是愚笨的。值得注意的是，弗雷泽正是在欧洲殖民扩张达到顶峰时期提出这些观点的……[183]

---

[183] Leach, 'Frazer and Malinowski', *Encounter*, November 1965, v. XXV, 5, p. 29.

接下来的100年，社会进入一个新的进化论阶段，这一重大转变主要源于巨大的技术和社会变革。虽然我没有详细讨论城市化、城市发展和整体财富增长，但这些因素其实与技术优势带来的大规模对外扩张，以及全球各地区之间日益加剧的政治不平等密切相关。随着越来越多的世界民族进入西方的视野，西方世界开始尝试理解他们，并将他们纳入某种时间序列中。这种趋势在19世纪中期达到了顶峰。

那个时期涌现出一批伟大的思想家，如莱伊尔、达尔文、赫胥黎、卢伯克、高尔顿和泰勒。他们无疑都是天才。但从某种程度上说，他们都在传播一种观念：与世界其他地区相比，西方在理解力、理性和道德方面正在快速进步。这种观点代表了所谓"辉格派"历史理论的巅峰，就像麦考莱的著作那样，尽管麦考莱的时代稍早一些。许多维多利亚时代的历史学家都持有这种观点，认为理性在历史进程中不断向前发展。

这种思想在很多方面与启蒙运动相似，认为我们正变得更加理性、开明和文明。乐观情绪依然存在，比以前更加极端，这是因为在18世纪，对比主要存在于世界的一小部分地区（基本上是英格兰，在某种程度上还包括荷兰和北美）与世界其他地方之间。而这个时候，整个欧洲，尤其是中部和北部的欧洲国家，如德国、法国和英国，都经历了工业革命。美国也正在进行工业化。人们开始意识到财富、技术、知识和各种科学领域都有了真正的进步，这使得世界的一部分地区远远领先于其他地区。

以下是拼图的另一个部分：

类别	循环 （至1450）	进步 （约1500—1790）	悲观主义 （约1790—1840）	进化论 （约1840—1890）
人物	柏拉图 伊本·赫勒敦 中世纪经院哲学家	孟德斯鸠 杜尔阁 弗格森 亚当·斯密	马尔萨斯 托克维尔 （梅因）	达尔文 马克思和恩格斯 斯宾塞 摩尔根 泰勒 埃夫伯里
时间观	永恒回归 时间如轮 循环时间	进步性增长 进步阶段 不可逆时间	仅短期进步 危险和陷阱 长期循环	长期进化和增长 时间跨度延伸至数百万年
权力观	西方处于防御状态 国家间平等	西方具备军事和生产技术优势 早期帝国主义	法国大革命和欧洲分裂 工业和城市革命的恐怖 分散的帝国主义	西方在各方面几乎完全占据主导地位 成熟的帝国主义
隐喻	自然循环 季节 植物和动物 天体	从黑暗到光明（启蒙） 从粗糙到光滑 从简单到复杂	自然循环 从生到死 历史循环	有机的 从种子到植物 分化 多样化 复杂性
问题	生命的意义 如何生存 最理想的状态	增长的阶段是什么？ 如何改善地球上的生活？	如何避免未来的经济、人口和政治危险？	人类起源 将文明置于阶梯上 进化动力学 同质性
模型	神学 历史	牛顿科学 数学和其他科学 手工艺学科	神学 生物学	生物学 考古学
理论贡献	基本类别和区分 理想类型	文明的基本类型和阶段 比较方法	乐观主义和悲观主义的平衡 基本危险和陷阱	比较方法 元历史和进化论的一般规律
背景	农业文明	科学技术的发展 探索	法国大革命 城市化和工业化	西方的帝国主义统治 成熟的工业主义

第 10 章

新"宗教"对世界的重塑

我们将在这一章探讨 19 世纪下半叶进化论的兴盛。我想说的是,进化论不仅仅是一个与查尔斯·达尔文等人相关的科学理论,更是一种意识形态,一种世界观,在很多方面与宗教相似。这就解释了为什么从那时起,许多人认为达尔文主义严重威胁了传统基督教。这一点在威尔伯福斯主教的大辩论中表现得很明显,也与亚当·塞奇威克在评论钱伯斯等人的著作和给达尔文的信中表现出的负面反馈相符。此后,"达尔文式科学如何摧毁宗教"成为许多辩论的核心。

我的观点是,这种说法至少有一半是对的。但是,后来的一些维多利亚时期人士找到了宗教的替代品——社会科学,特别是人类学、社会学以及某些哲学流派。这些学科提供了新的理论框架,取代了被摧毁的宗教框架。它们通过理性思维,而不是耶稣的启示,给人们带来了希望、目标、使命感和对未来的信心。我之所以关注宗教和进化论的关系,是因为我发现自己对人类学的兴趣恰好在失去正式宗教信仰时产生。我常常觉得,人类学给了我某种慰藉和补偿,它提供了理解世界和生命意义的另一种方式,而不必将一切归因于上帝。因此,我们可以把人类学和社会学看作宗教的某种替代品。

"对于许多维多利亚中期的人来说,当旧有的确定性被彻底动摇时……以人为中心的进步理论为他们提供了情感上的慰藉。"[184] 贝克指出,"不可知论者用一种世俗的目的论乐观主义取代了基督教的末世论。[AM:前者认为事物朝着预定目标发展,后者则预示世界末日。]这种新的观点将不信教者的希望和抱负引向创造一个更开明、更舒适、更幸福的人类社会。这种进步信念在那些致力于奥古斯特·孔德的实证主义'人类教'[185]的著作中表现得最为明确"(乔治·艾略特就是这种思想的代表人物之一)。人类学创始人之一詹姆斯·弗雷泽爵士和许多维多利亚晚期的无神论者一样,对进步的世俗理想和赫伯特·斯宾塞所说的"伦理文化"抱有坚定信念。此时,推动智识和物质进步的力量已经从宗教信仰转变为科学。

这种认为进化论在某种程度上替代了宗教的观点,在当时被同时代的人广泛讨论。例如,赫伯特·斯宾塞在《自传》中写道:

> 无疑,我在思想上倾向于相信自然因果关系无处不在,这使我对所谓的奇迹持怀疑态度。这种思维倾向在很大程度上促使我逐渐放弃了当时流行的信仰和创世理论——这个过程在我成年早期不知不觉中发生了。同样可以肯定的是,一

---

184 Bowle on 'Origin and Development of the Idea of Progress' in *Ideas and Beliefs of the Victorians*, 1949, p. 37.
185 Baker, 'Mild Anthropologist', p. 79.

种对广义进化的信念当时就已在我心中萌芽；虽然很少有人注意到，但任何抛弃神学超自然主义，完全接受科学自然主义的人，其实都在暗中承认所有现存事物都是进化而来的。自然因果关系普遍存在这一理论必然会推导出一个结论：宇宙及其中的万物都是通过一系列物理上必然发生的阶段，才达到现在的形态。然而，当时我还没有意识到这个推论，也不记得自己对宇宙起源或生命起源有什么明确看法。正如我之前所说，我在这些问题上的第一个明确观点是在20岁时读了莱伊尔的《地质学原理》后形成的，有趣的是，他反对拉马克的论点反而让我部分接受了拉马克的观点。[186]

T. H. 赫胥黎是当时最著名的科学家和无神论者之一。他是个不可知论者，也是个批评家，同时是斯宾塞的朋友。斯宾塞在《自传》中记述了一次和赫胥黎一起散步时的谈话。

虽然有机进化的假说贯穿我的大部分思考，但它在我们的谈话中并不常被提及。每当这个话题出现，总会引发热烈讨论。在这些讨论中，由于他对事实的了解远胜于我，他经常驳倒我提出的各种论点。尽管我一次次被击倒，却总是能重新站起来。他坚持的原则是，在缺乏充分证据时，应该保留判断。虽然我认可他的做法，但在这个问题上，我发现自己无法采取同样的态度。在我看来，只有两种可能性——特

---

186 Spencer, *Autobiography*, II, pp. 6–7 (aged 37 in 1857).

殊创造论和渐进发展论。特殊创造论既缺乏证据支持，在本质上又难以令人信服（因为它与我们所知的自然秩序不符），所以渐进发展论就成了一些人唯一的选择。因此，虽然支持发展论的某些具体理由被证明有缺陷，但我对它的信念却不断复苏。[187]

从斯宾塞描述自己的进化理论的发展过程中我们可以清楚地看出，这理论的核心其实是一种信念，类似于宗教，是人们失去基督教信仰后的一种替代品。换句话说，社会科学，包括赫伯特·斯宾塞的社会学、人类学等，正如基思·托马斯最近指出的那样，成了宗教的替代品，是一种世俗的进步观。这种新"宗教"的核心观点是，世界仍然受法则支配，就像上帝的创造一样，但它有明确的目的；它像基督教一样朝向最终目标，只不过这个目标变成了人类的完美，而且被认为是不可避免和不可阻挡的。

人类社会，就像有机体和动物一样，必然朝着特定方向发展，走向多样化、劳动分工、复杂化和更高度的理性化。因此，对斯宾塞、泰勒和弗雷泽等当时的伟大思想家来说，进化法则解释了事物如何发展到如今的状态，以及未来会是什么样子。基督教曾经提供过类似的解释框架，也有进步和历史的观念，但随着时间推移，基督教的解释越来越无法应对我之前提到的时间和空间概念的扩展。从 18 世纪中期开始，地质学、探索等

---

[187] Spencer, *Autobiography*, I, p. 505.

领域的新发现无法融入旧有框架，而进化学说则成为整合这些事实的新方法。

尼斯比特写道：

> 19世纪时，奥古斯特·孔德断言："进步和发展一样，都是毋庸置疑的。"在孔德看来，进步是社会发展的根本法则。马克思也同样自信地谈到社会发展规律，称其"以铁一般的必然性朝着不可避免的结果前进"。马克思从不怀疑所有国家必然会走向社会主义。赫伯特·斯宾塞则写道："因此，进步不是偶然，而是必然……就像独立生长的树必然变得粗壮一样……人类能力必然会完全适应社会状态……人类必然会趋于完美。"……虽然孔德、马克思和斯宾塞在许多方面有显著分歧，但在这一点上他们却达成一致。在他们的历史观中，过去是坏的，现在是好的，而未来将是最好的。[188]

这种乐观主义与19世纪后期世界的发展状况相符，尤其是从英国的角度，更广泛地说，是从欧洲的视角来看。当时，扩张、进步、启蒙、科学发展和理性的胜利似乎处处可见。这是政治和军事最大规模扩张的时期，也是殖民扩张、城市化和工业化的时代，工业力量和欧洲的转型达到了巅峰。因此，这种乐观主义为社会科学的大复兴奠定了基础。这种复兴体现在我

---

188 Nisbet, *Tradition*, p. 267.

前面提到的社会学家们的工作中，也体现在摩尔根、梅因和泰勒等人类学家的研究中。

这些理论框架在一段时间里发挥了两种作用：一方面，它们帮助解释和证明了"白人的负担"这一观念，我们稍后会详细讨论；另一方面，像马克思的理论那样，它们提供了一个不同的终点愿景——无阶级社会的到来。同时，英国的一些杰出历史学家也在为这种思潮添砖加瓦。我在这里只简单提及几位：弗劳德和西利解释了欧洲帝国命运的本质；斯塔布斯和弗里德曼描述了英国法律和宪法的宏伟演变，展示了英国如何成为"议会之母"和法律智慧的源泉；索罗尔德·罗杰斯和坎宁安则追溯了英国从中世纪到工业革命时期的财富积累过程。

进化主义既填补了达尔文主义留下的空白，又提供了一种新的选择。但在这背后，也隐藏着深深的失落和悲伤。我们要记住，维多利亚时代的人们虽然乐观，但内心也充满矛盾和困扰。乔治·艾略特就是一个典型例子。丁尼生是另一个，他因挚友哈勒姆去世而备受打击，同时在阅读钱伯斯的《自然创造史的遗迹》时，意识到自然界"血腥残酷"的真相。这让人不禁疑问：生命的意义是什么？似乎只剩下了野蛮的适者生存法则。

钱伯斯自己也看到了这一点。他在《自然创造史的遗迹》中写道："每个人都会发现，这个体系并不意味着上帝对其造物有完美的爱或关怀……我们被迫在一个无情运作的自然系统中碰运气，被残酷地抛弃，承受每次冲突的后果。"接着，他试图暗示可能存在某种更大的计划："我们必须假设当前的体系只是整体的一部分，是一个伟大进程中的某个阶段，而补偿正在后面等着我们。"[189] 但这只是一种安慰。也许会有别的解释，但目前的证据表明这是一场残酷的斗争。阿诺德在《多佛海滩》中生动地描绘了这种感觉，信仰之海正在退去，人类在"一片越来越暗的平原上，无知的军队在夜里互相厮杀"。

达尔文之后的进化主义又是如何发展的呢？达尔文于1859年出版了《物种起源》，这个日期具有重要的象征意义。就在前一年，英国镇压了印度民族大起义，这次起义当时对大英帝国来说是最后一个重大威胁，但它其实预示了半个世纪后将再次发生的事情。达尔文主义似乎印证了现实：最适者——英国人——取得了胜利。然而，在这看似辉煌的胜利背后，已经埋下了反对英国统治的种子，也预示了19世纪后期人们内心困扰和忧郁情绪的出现。

这种思想范式的核心显然是一种进步、进化、朝特定目标稳步前进的理念。库恩对此有精辟见解："《物种起源》并未承认上帝或自然设定的任何目标。相反，自然选择……促使更复杂、更精细和更专门化的生物逐步而稳定地出现。即便是人类如此奇妙的器官，如眼睛和手……也是一个从原始状态稳步前进但无特定目标的过程的产物。在没有明确目标的情况下，'进化'、'发展'和'进步'又意味着什么呢？"[190] 没有基督再临，也没有救赎。因此，一些敏感、富有诗意的灵魂开始渴望并探索生命的意义。

---

189 Chambers, *Vestiges*, pp. 383–385.
190 Kuhn, *Structure*, p. 171.

作为对这个似乎无意义世界的另一种反应，前拉斐尔派运动试图回归到浪漫主义者早期寻找纯粹自然的尝试，这种自然已经被科学解构。即使在发展理论中，也有持怀疑态度的人，如卡莱尔和布克哈特。布克哈特写道："我对未来不抱任何希望。新的暴政即将到来，它们将掌握在自称共和主义者的军事指挥官手中。"

但也有一些人保持乐观态度。约翰·卢伯克爵士（后来的埃夫伯里勋爵）写道："我确信，总的来说，人类历史一直在进步……如果人类的过去是衰退的，那么我们对未来改善的期望就毫无根据；反之，如果过去是进步的，我们就可以合理地期望未来也会如此……"[191] 因此，进步的运动给了我们希望。

进步的理念和进步的阶段论在这个时期变得更加普遍。18世纪的阶段论认为社会从游牧发展到农耕，再从定居农业发展到资产阶级社会。到了19世纪，这些理论被进一步深化和扩展。你会发现，几乎所有学科都开始采用某种形式的阶段论。考古学就是一个很好的例子。据考古学家丹尼尔所说：

> 研究考古学历史的学者们通常将考古学分为两个独立的阶段。第一阶段的考古学源于文艺复兴时期智识复苏的大潮……1717年出生的德国人约翰·温克尔曼被普遍认为是"考古学之父"。他一生大部分时间在罗马从事艺术史研究……第二阶段的考古学大约在100年前兴起，是自然科学

---

[191] Avebury, *The Origin of Civilisation and the Primitive Condition of Man*, 1870; 1911 printing, pp. 506–507.

蓬勃发展的产物。1859年达尔文的《物种起源》和1863年莱伊尔爵士的《人类的古老性》的出版，可以被视为这一阶段考古学的起点。然而，真正推动这一阶段考古学发展的是早期的社会学家和人类学家。美国的路易斯·亨利·摩尔根、英国的赫伯特·斯宾塞和爱德华·伯内特·泰勒等人，为考古学注入了新的思想。他们提出了一个关键问题：既然存在自然生物进化，为什么不能有社会进化呢？[192]

有趣的是，在撰写这些内容时我才意识到，卡尔·马克思的思想也完美地融入了这一潮流。马克思本人以及恩格斯，都清楚地认识到了这一点。虽然康德和斯宾塞的社会学中也有类似思想，但在思想变革核心时期进行写作的马克思，无疑是一位杰出的进化论思想家。19世纪40年代，马克思在伦敦生活，正值达尔文等人进行研究的时期。他在1845—1846年与恩格斯合写了《德意志意识形态》，1857—1858年撰写了《政治经济学批判大纲（手稿）》。随后，他在19世纪六七十年代继续创作、修订《资本论》。可以说，马克思的写作恰逢进化论思想盛行之时。他不仅没有拒绝这种思想，反而欣然接受。据我所知，他甚至赠送给查尔斯·达尔文一本亲笔签名的《资本论》。为了说明关于马克思作为进化论者的特点，我想引用两段分析。第一段来自沃格特：

---

192 Daniel, *Origins*, pp. 6–7.

马克思主义本质上是一种历史哲学，它详细描述了人类作为一种社会存在，其有目的的发展过程……然而，马克思主义和发展主义一样，在解释进化过程与历史过程的关系时面临困难，或者说往往忽视了这种关系。这种困难主要体现在关于经济条件如何塑造历史社会进程的争议中，也就是所谓的经济决定论。至于马克思和恩格斯在描述社会经济和政治类型的演变时是否采用了单线进化模型，学界仍有争议。不过，和其他进化模型类似，马克思主义描述了一种核心的发展路线或一般性的进化过程。在这个过程中，各种个体差异会在关键阶段趋于一致。[193]

恩格斯声称，马克思"发现了人类历史发展的规律"，这一成就与达尔文发现"有机自然界的发展规律"一样伟大。[194] 马克思之于社会科学，就如同达尔文之于生物科学。

倾向于进化论的人类学家发展出了自己的一套理论框架。这种理论框架融合了生物、心理和社会因素，与马克思主义那种基于经济矛盾和阶级冲突的形而上学辩证法形成了鲜明对比……人类学特别强调结构和功能的关系，认为社会变迁是一个缓慢积累、逐步演变的过程，因此产生了一种结构性连续的认识。相比之下，马克思和恩格斯则用革命性的

---

193 Voget, *History*, p. 660.
194 Voget, *History*, pp. 663–664.

飞跃来描述进化的各个阶段……新兴的人类学在理论方向和田野调查方面，与马克思主义那种基于生产系统动态演变和阶级对抗的人类社会理论，几乎找不到真正的共同点。[195]

"人类学特别强调结构和功能的关系，认为社会变迁是一个缓慢积累、逐步演变的过程，因此产生了一种结构性连续的认识。"人类学与马克思主义的一个主要区别在于：人类学更倾向于进化论，更接近达尔文的思想，认为小的变化可能导致重大结果。相比之下，马克思主义的视角虽然也包含进化的概念，但同时强调革命性，认为社会可能突然发生巨大转变。"对马克思来说，历史方法的核心在于发现发展的铁律，这种铁律能阐明过去、现在和未来之间的关系。马克思是19世纪历史决定论意义上彻底的决定论者。"[196] 在马克思看来，我们沿着一条确定的轨道前进，未来是被决定的。马克思同时也是一位进步主义者，是启蒙运动的继承者。关于这一点，我想再次引用尼斯比特的话：

> 我们必须赞同贝尔的观点，真正的马克思就是直到近十年前的马克思主义文献中所描绘的那个形象：一个充满自信、坚韧乐观的有预见性的理论家，一个向所有传统制度宣战的人，一个坚信进步、相信经济革命能实现民主的思想家，甚至可以说是一个个人主义者！他是启蒙运动的继承

---

[195] Voget, *History*, p. 658.
[196] Nisbet, *Tradition*, p. 67.

人，是将普遍意志理念转移到工人阶级身上的哲学家。在马克思看来，大众社会的种种问题只是暂时的，是工业化进程中的一部分。他认为，正如经济发展曾将人类从奴隶制带到封建主义，再到资本主义，它最终也会将人类带到历史的终点——共产主义。马克思在某种程度上和那些资本主义或资产阶级民主的拥护者一样，对西方社会的基本稳定性抱有坚定的信心。[197]

马克思和卢梭都有一个共同的假设：尽管社会制度会对人产生影响，但人性的基本健康和稳定性仍然存在，而且仍然是美好的，是可见的。尼斯比特认为，马克思笔下的共产主义者就是18世纪自然人概念的一种诠释。马克思和卢梭一样，坚信人性本善。他们认为，一旦人从不平等的阶级社会的枷锁中解放出来，人性中的善良本质就会显现。

*

我想最后讨论一下这种达尔文主义观点，或者说有时被称为社会达尔文主义的思想所带来的两个后果。这并非达尔文的本意，他本人也并未特别考虑过这些。但是，这种强调进步和"适者生存"的社会哲学恰好在欧洲帝国主义向全世界扩张，征服并摧毁其他世界观和社会的时候占据了主导地位。我认为，这种观点很可能被视为帝国主义使命的一种正当化理由。

---

[197] Nisbet, *Tradition*, pp. 285–286.

这种思想影响了经济、政治、社会和宗教等各个领域的宣教活动。它给予人们继续前进的勇气，并支持他们对更美好的未来的信念。但如果在这个过程中意味着要摧毁许多东西，那虽然令人惋惜，却被认为是不得不为之。我将给出两个例子来说明这一点。

其中之一是消除和摧毁旧的形式。马克思本人曾谈到农民社会的历史命运。他认为农民社会最终会消失，因为它们落后，需要被改造以适应未来。农民阶级的消亡是社会发展的必然趋势，为了实现理想社会，农民生产方式必须让位。这虽然令人悲伤，但被认为是不可避免的。

这种观点在另一部作品中得到了更极端的体现。让我引用几段来说明。乔治·伍德（J. G. Wood）牧师是一位多产的作家，同时涉猎自然历史。1857年，他写了一本关于海滨常见物的书。随后，他出版了一部广受欢迎的五卷本自然历史著作。其中包括1868年的《人类自然史：非洲未开化民族的风俗习惯》和1870年的《人类自然史：澳大利亚、新西兰等地未开化民族的风俗习惯》。这些配有大量插图的著作极为畅销，开了先河。在20世纪，类似的作品如《万国民族志》和《消失中的世界》（*Disappearing Worlds*）等相继问世，延续了这一传统。

在《人类自然史》第二卷中，伍德描述了弱小部落和边缘民族不得不悲惨让位的情况，其中以塔斯马尼亚人的灭绝为例：

> 塔斯马尼亚原住民的过早消亡很大程度上可归因于一位名叫"蚊子"的著名酋长的行为。在这样一位领袖的影响

第10章 新"宗教"对世界的重塑　　183

下，原住民不仅成为盗贼，还沦为杀人犯，使得殖民者的生命长期处于威胁之中。因此，必须对他们采取一些果断的措施……与文明的接触不可避免地产生了惯常的后果。到1861年，塔斯马尼亚原住民的人数已经锐减至仅剩13人。此后又有10人死亡……不可否认，塔斯马尼亚人如此迅速地衰落，部分归咎于为殖民者服务的牧羊人和其他粗鲁、未受教育的人的行为。然而，这些白人罪犯相对较少，单凭他们无法在如此短的时间内造成如此巨大的变化。要寻找真正的原因，我们必须审视那些看似奇特却恒定不变的进步法则。每当一个所谓"高等种族"占据与"低等种族"相同的领地时，后者就会消亡。无论是在有生命还是无生命的自然界中，新世界总是建立在旧世界的废墟之上。[198]

想想这背后隐藏的所有破坏，这些内容相当令人不快，但我认为有必要记住它们。以澳大利亚原住民的消失为例，伍德概括了19世纪末期的许多主流观点，这些观点无疑代表了当时一些殖民者的想法：

> 例如，在当前情况下，原住民作为人类只履行了不到一半的职责。他们部分行使了对野兽和鸟类的统治权——仅仅是杀死它们，而未进一步加以利用。尽管他们继承了这片土地，却既没有征服它，也没有使它繁荣。他们没有清除无用

---

198 J.G. Wood, *The Natural History of Man*, II, 1870, p. 69.

的灌木或森林来种植果树，也没有耕种土地，使土地保持在他们初到时的状态。他们几乎完全靠狩猎为生，每个人都需要一片广阔的狩猎场来维持生计。一个部落仅能在一片土地上勉强谋生，而如果对这片土地进行耕种，则足以养活比他们多1 000倍的人口。事实上，他们在人类种族中所处的地位，恰如狮子、老虎和豹子之于低等动物，因此也遭受相同的灭绝法则的影响。[199]

换句话说，他们消失是由于他们落后，以及未能效仿白人。这里再引用伍德的一段话：

> 随着时间推移，白人来到这里，为这片土地引入了新的技艺，清除了无用的森林，并在开垦的土地上种植了茂盛的小麦……白人的"高超知识"为原住民提供了获取食物供应的方法，所以白人的到来不是一种诅咒，而是对他们的一种"恩惠"。但他们无法利用这些机会……他们不仅拒绝采用这些方法，还竭尽全力驱逐白人出境，谋杀殖民者，杀死他们的牲畜，破坏他们的庄稼，焚烧他们的房屋。他们本有机会极大地改善自身的社会状况……重新振兴这片因他们无休止的争斗、不规律的生活方式和对生命的漠视而几近荒芜的土地。他们无法理解并利用这些机会，因此自然而然地必须为

---

[199] Wood, *Natural History*, II, p. 105.

那些能够理解的人让路。[200]

我们能做什么呢？这似乎是提高效率和更好利用资源这一不可阻挡的法则所导致的结果。这也被视为"进步"的一部分。"出于诸多原因，我们不得不遗憾地看到拥有许多优秀品质的整个种族就这样消失了；但我们不得不承认，他们只是遵循了世界的秩序，'低等种族'为'高等种族'铺平了道路。"[201]

我之所以引用这些具有争议性的内容，是因为这代表了当时许多人的观点。虽然不是所有人都这么想，但确实有相当一部分人持有这种看法，它成为某种帝国主义殖民扩张的借口。这种情况从最初的征服开始就在南美洲发生，并一直持续至今。在北美洲，它带来的是原住民部落的大规模灭绝。这种现象在世界其他许多地方都曾上演，而后又在澳大利亚等地上演。

新进步理论的第二个结果是，这种灭绝和破坏只有在有更好的事物来替代被消灭的东西时才能被视为正当。这就是所谓的"白人的负担"。白人的负担是要成为一个"善意的"帮助者，一个父亲般的角色，他们将承担起改善落后民族的责任。在那首著名的诗中，这种负担包括制止战争，阻止这些人相互争斗（正如伍德提到的，这是导致他们落后的原因之一）；给他们优质的农作物，以消除他们生活中的饥荒；向他们介绍西方的医疗实践，以遏制疾病。

200　Wood, *Natural History*, II, p. 105.
201　Wood, *Natural History*, II, p. 105.

白人在这些地区所承担的"巨大责任",在后来一部类似伍德著作的百科全书中得到了详细阐述。这部名为《万国民族志》的著作于20世纪20年代出版,共有七卷。其中有一篇题为"国家命运"的导言,作者在结尾部分用"命运加诸不列颠帝国肩上的沉重负担"作为小标题。作者威廉·罗曼·佩特森写道:"当我们盘点英国在全球范围内的责任清单时,几乎带着敬畏之心回想起,庞大的帝国扩张竟源自一个小岛这样的起点。即便是英国的敌人也不得不承认,无论其文明触及何处,都带来了秩序和进步……船只和商贸——正是这些造就了英国。"[202]

从今天的角度来看,这种观点最糟糕的方面——虽然事后批评较为容易,我们也常常谴责这些内容,但重要的是它要被记住(这也是我提供这些资料的原因)——体现在伍德关于非洲和其他种族的两卷巨著中的扉页插图部分。接下来,我会先复述他在每卷书中对插图的描述,然后请您观看图片。非洲卷的扉页插图(图6)下方有这样一段图注:

> 这幅扉页插图生动地描绘了非洲人的形象。在这个被迷信统治的世界里,巫师是最显眼的人物。他脚边摆放着神像,高举神圣的蛇供人膜拜。前景中的黑人酋长象征着战争;布须曼人手持弓和毒箭,右手边站着阿比西尼亚酋长。蹲坐着的男子们面前放着粥和水果,他们那感官化的面容体现了画家眼中黑人种族的贪食本性。黑人酋长身后的努比亚

---

[202] *Peoples of All Nations*, I, xlvi–xlvii.

第10章 新"宗教"对世界的重塑

少女和舒阿女子展现了年轻女性的优雅与美丽，而上方那个手持符咒的黑人老妇则表现出老年女性的丑陋。中景的奴隶商队反映了奴隶制的存在，而远处的金字塔则是非洲悠久历史的重要象征。[203]

图 6

---

203 Wood, *Natural History*, I (Africa), Explanation of the Frontispiece, vi.

第二幅图（图7）是对世界不同民族的更广泛描述。这幅图虽然没有图注，但在1982年6月的皇家人类学研究所通讯中，他们重新刊登了这幅图，并用类似伍德的风格写了一段描述，我在此加以引用：

> 这幅图画将白人传教士置于最显著的位置，他正接受来自澳大利亚、新西兰、波利尼西亚、美洲、亚洲和古欧洲各

图7

民族的礼物，并获得恭敬的关注。前景中一群虔诚的人和远景中人与野兽的激烈搏斗似乎都未能引起两个古欧洲人的注意，他们正以传统方式解决彼此的分歧。一个红印第安人高举战斧，催促他的同伴们在为时已晚之前进行干预。南大西洋的崎岖山脉为整个场景投下了一层不祥的阴影。[204]

这种描述显然是片面的。当时也有人质疑这些观点，比如阿尔弗雷德·拉塞尔·华莱士等人，他们逆流而上，反对帝国主义潮流。那个时代并非完全充满乐观，悲观情绪同样存在。尽管有各种不同的思潮交织在一起，但这确实是一个由欧洲以及日益强大的北美占主导地位的时期。我曾用过一个比喻：政治天平已经大幅倾向西方。西方势力在世界范围内几乎可以无视任何阻碍，这在一定程度上增强了人们对进步和社会科学的信心，但被影响的国家和地区也因此付出了代价，正如我在本书中所展示的那样。在下一章中，我将更深入地探讨这些代价，特别是在人类学和进步观念方面。

---

204 *RAI News*, also known as *RAIN*, June 1982, p. 30.

第 11 章

19 世纪人类学中的偏见与傲慢

在这一章中，我将继续探讨19世纪后半叶进化论的主题，特别关注它对人类学，以及在一定程度上对社会学的影响。这是一个广泛的主题，因为它为现代人类学和社会学奠定了基础，其中包括泰勒、梅因、摩尔根等人在人类学领域的重要贡献。为了简化讨论，也可能是为了呈现一种比较极端的观点，我将主要聚焦于一位维多利亚时代人类学家的研究工作。这位学者就是约翰·卢伯克爵士，也称埃夫伯里勋爵。他很有趣，因为他在某种程度上综合了当时的许多观点。虽然卢伯克不是专业的人类学家，但他是一位广受欢迎的作家，其著作被广泛阅读且颇具影响力。他汇集了泰勒、摩尔根、麦克莱伦等人的研究成果，并以通俗的方式向大众读者解释。在简化这些复杂理论的过程中，他无意中也揭示了那个时代一些更深层的偏见。

我应该先给出一个警告。这一章的内容可能会被视为相当具有争议性，因为它展示了当时西方思想中一种居高临下的傲慢，甚至可以说是种族主义，这些在今天看来都是令人厌恶的。但我们必须将其置于当时的历史背景中来理解，记录这些内容也很重要。同时应该指出的是，当时也有一些敏感且有学识的人士拒绝接受埃夫伯里勋爵和其他人所代表的许多观点。但我们要讨论的是当时广为流传的观点，这些观点反映了西方人在帝国扩张背景下所认为的使命。

约翰·卢伯克爵士，即埃夫伯里勋爵是谁？他是一位1834年出生的英国银行家，也是一名学者。1870年，他当选为自由党议员。他著作等身，包括《史前时代》（1865）、《文明的起源》（1870）、《蚂蚁、蜜蜂和黄蜂》（1882）和《人生的乐趣》（1887）等。罗伯特·路威在《人类学史》中这样评价他："他是当时最全面的思想家之一，既是杰出的史前学家，又是一位涉猎整个人类学领域并在各个方面都有独到见解的作家。"[205] 然而，约翰爵士的著作中充满了主观判断。这些判断往往是天真地基于与欧洲标准的相似度或差异程度而做出的。

格林·丹尼尔指出，卢伯克在考古学领域也是一位重要人物。他"并非专业学者，甚至没有上过大学。他是一位银行家和政治家，推动了30项法案的通过，其中包括1882年的《古迹保护法》和1871年的《银行假日法案》（事实上，有一段时间银行假日被称为'圣卢伯克日'）。在从事这些专业活动的同时，他对自然历史和考古学保持着浓厚的兴趣，并在这些领域展现出卓越的能力"[206]。

卢伯克于1865年出版的《史前时代》是一部极为重要的著作。他在书中首次提出旧石器时代和新石器时代这两个术语和

---

205 Lowie, *History*, p. 24.
206 Daniel, *Origins*, p. 107.

概念。从他1911年出版的《文明的起源》第六版的扉页，我们可以清楚地看出他的影响力和地位。那时，他已经成为埃夫伯里勋爵，担任枢密院顾问。此外，他还是大英博物馆理事、英国皇家学会会长、圣安德鲁斯大学校长、英国皇家学院外事秘书等。他是一位学术知识普及者和政治学者。在其著作中，他描绘了历史的发展脉络，还阐述了西方文明在推动这种进步中应承担的任务。他的观点是在进化论的阶段性框架内形成的。

当时最流行的两种进化框架是从生产工具和材料的角度来划分的。其中一种是由埃夫伯里勋爵提出的，他创造了旧石器时代和新石器时代的区分。他同时也接受了18世纪启蒙运动时期提出的狩猎采集、畜牧、农业和工业这四个阶段。实际上，18世纪的学者们并没有使用"狩猎采集"这个词，也没有涉及工业化阶段，但埃夫伯里勋爵对这些阶段进行了详细阐述，并将其确立为四个主要阶段。另一种看待这些阶段的方式，也就是他对人类应该如何进步的告诫所依据的框架，是从技术的角度来划分的，不过这里指的不是生产技术，而是破坏性技术。

埃夫伯里勋爵有一位同事名叫奥古斯塔斯·莱恩·福克斯，他后来改名为皮特·里弗斯，并创立了牛津大学的皮特·里弗斯博物馆。如果你想亲眼看到19世纪的阶段理论被完整保存下来的样子——宛如一块化石——那么这座精彩的博物馆绝对值得一访。在那里，你会看到皮特·里弗斯设计的展览布局，展示了从最简单到最复杂的各种人工制品和工具的演变过程。这种独特的展示方式至今仍在沿用。皮特·里弗斯本人，作为一位陆军中将，对破坏性工具（武器）的发展历程特别感兴趣。

他致力于探索导致不同类型武器演变的思想脉络。

那么，所谓的"白人的负担"究竟是什么？其中一个任务是让我们变得更加独立，在社会上更加成熟，进而推动个人主义的发展。这种从共同体到个人的演变，成为19世纪社会思想的一个核心主题。这一思想贯穿于当时的社会学理论中。例如，涂尔干的观点，以及滕尼斯关于从共同体（Gemeinschaft）向契约社会（Gesellschaft）转变的论述。社会正在经历变革，19世纪的思想家们普遍关注如何在这个日益个人化的时代中维系人与人之间的纽带。滕尼斯、亨利·梅因爵士等都对此进行了深入思考。有趣的是，重新发现共同体的重要性反而成为19世纪后期社会学的一个重要主题。对早期更为融洽的社会形态的重新认识变得普遍起来。卡尔·马克思的思想也很好地融入了这一潮流。他所描述的原始的、最初的"群体"心态，以及最简单人群的共同生活，在他看来是一种理想状态。他希望最终通过共产主义使我们回归到那种状态。这成为这一时期的一个核心议题。

尼斯比特曾经指出："在社会学的核心概念中，'共同体'是最基本也最具深远影响的。19世纪社会思想最显著的发展无疑是重新发现共同体，这一发展远远超出了社会学理论的范畴，深入哲学、历史学和神学等诸多领域。"[207] 事实上，重新发现传统共同体及其价值成为所有保守主义者著作中的核心主题。这种趋势在历史学家、人类学家和社会学家的研究中普遍存在。

---

[207] Nisbet, *Tradition*, p. 47.

他们认为，在过去几千年里，社会经历了一个重大转变：从高度团结、高度整合的世界，逐渐演变为一个日益分离、个人化的世界。这种个人化世界的形成，主要是由工业化、城市化等因素推动的。

这种变化在很大程度上与人类社会的核心制度——家庭的演变相呼应。摩尔根、麦克伦南、弗雷泽等学者对家庭和婚姻制度的演变进行了广泛的探讨。埃夫伯里对此总结道："一般来说，当我们在文明的阶梯上往下走时 [AM：回溯历史]，家庭 [AM：核心家庭] 的重要性逐渐减弱，而部落 [AM：大家庭] 的重要性则不断增强。"[208] 他同样认为这种演变是分阶段进行的。这些理论的有趣之处在于，我们可以绘制一个图表，展示家庭系统、道德系统和技术系统如何经历不同的发展阶段。事实上，19 世纪学者们的主要工作就是试图描绘和定义这些阶段。

关于家庭的演变，埃夫伯里认为，社会从"群居"，即没有家庭系统开始，经过血缘通过女性传承的母系，血缘通过男性传承的父系，最终发展到双系，即将父母和子女作为一个独立的家庭单位的现代家庭系统。他这样总结道："我认为，我们有理由得出这样的结论：人最初只被视为与部落有关；然后是与母亲有关，但与父亲无关 [AM：母系]；再后来是与父亲有关，但与母亲无关 [AM：父系]；只有到最后，才同时与父母双方都有关系。"[209] 这是 19 世纪流行的观点。"我相信，对父亲责任的

---

[208] Avebury, *Origin*, p. 171.
[209] Avebury, *Origin*, p. 74.

认识是在自然亲情的推动下逐渐形成的。通过父系来确立亲属关系……可能是出于每个人都希望自己的财产传给自己子女的自然愿望。"[210]

亨利·摩尔根持有类似的观点，而其他学者则认为这个顺序是相反的。例如，亨利·梅因爵士认为，家庭制度的演变是从父系到母系，最后才到双系亲属制。但无论顺序如何，家庭都在逐渐被分离出来，最终形成了通过男性和女性双方追溯血缘的双系亲属关系——现代小家庭。

婚姻制度的演变与家庭制度如出一辙。最初的婚姻形式非常原始，比如掠夺婚。埃夫伯里借鉴麦克伦南的观点写道："起初，没有男人能够独占自己部落中的任何女性……如果一个男人掳获了另一个部落的女性，他就获得了对她的专属权利……这自然而然地激发了许多人扩大掠夺权的欲望……并将其应用于自己部落内的所有人。"[211] 这就是掠夺婚的起源。随着时间的推移，婚姻、习俗、传统和选择都在不断改善。"文明的巨大优势，在两性关系的进步上得到了最有力的证明……最原始的种族没有婚姻制度；真爱在他们中间几乎闻所未闻；而在最低级的形式中，婚姻绝非建立在感情和伴侣关系之上。"[212]

在爱情和婚姻方面，这些学者认为情况正在不断改善。他们还研究了女性权利的问题。他们相信，女性的地位以及夫妻间感情的持久状况都在逐渐改善。现在我们认为这些观点大多是

---

210 Avebury, *Origin*, p. 166.
211 Avebury, *Origin*, pp. 110–111.
212 Avebury, *Origin*, p. 70.

荒谬的，但它们确实符合当时的进化观点。这种观点还与早期殖民者对他们所排挤的部落居民的看法相吻合。殖民者认为这些原住民基本上很懒惰，似乎把大量时间花在闲暇、仪式和无用的事情上。然而，他们没有得出现在许多人类学家所持有的结论：这些原住民的农业其实相当高效，尽管他们几乎没有系统化农业。事实上，狩猎采集者通常食物充足，早期的森林居民往往不需要长时间工作就能生产出足够的食物。这些学者没有考虑到，人类在驯化植物和动物的过程中，实际上不得不付出越来越多的劳动。他们没有得出这个结论。

这些早期殖民者环顾四周，说道："看看这些懒惰的人。"例如，甚至在20世纪20年代出版的《万国民族志》百科全书中，在描述格鲁吉亚及其人民的文章里，也有一张一群男性坐着的照片（图8）。照片说明这样写道："女人劳作，男人闲散。"文

图8

章描述道:"居住在格鲁吉亚的众多种族都有东方人的典型特征——懒惰。许多男人整天无所事事,而他们的女眷则要负责家务和田间劳动。"[213] 并非所有人都被认为是懒惰的,只是男人被如此描述。

这个时期的几乎所有观点都只包含了一小部分真相,上述这种看法也不例外。**确实**,在许多社会中,女性承担了大部分繁重的工作,包括田间劳动和家务,而男性的工作相对较少。但这种观点显然过于泛化了。在描述玻利维亚及其人民的文章中,有一张印第安人聚集在泥屋前的照片(图9)。照片的说明写着:"一个供养懒惰之徒(指那些无用的人)的蜂巢。"文章描述道:

图 9

---

[213] Hammerton, ed., *Peoples of All Nations*, IV, 'Georgia', p. 2355.

"玻利维亚印第安种族最显著的特征是极度渴望逃避各种工作。一些印第安部落居住的蜂巢式小屋，对于这些懒惰的居民来说显得格外不合适。他们对自己悲惨、肮脏的生活条件过于满足。"[214] 换句话说，作者认为如果他们生活在蜂巢式的房子里，就应该像蜜蜂一样勤劳，但他们却只是四处闲坐，而且"对自己悲惨、肮脏的生活条件过于满足"。

当西方商人和其他人去往世界各地时，他们遇到了一个相当令人不快的意外。他们原本想："好吧，我们会让这些懒惰的原住民干些活。"于是他们开始支付工资。但他们发现，与西方经济学理论相反，这些原住民并不特别想用工资购买什么东西，只需要一些生活必需品。结果是，他们拿到工资后，只工作很短的时间就停下来了。更令商人们困惑的是，当他们提高工资时，这些人反而工作得更少了，因为他们在更短的时间内就获得了所需的金钱。这种情况让西方商人感到非常不满意。

《万国民族志》中有一张照片（图10），画面略显沉闷。照片展示了一座部分西化的用石头和茅草等堆砌而成的房屋，居民穿着半西化的衣服，看起来并不怎么愉快。然而，照片说明却写道："在美丽的萨摩亚群岛宜人的气候中，原住民过着无忧无虑、悠闲的生活。"文章这样写道："萨摩亚友好、半开化的原住民生活在村庄里，他们只需很少的照料和劳动就能经营种植园，过着平静、懒散的生活。这里食物丰富，以蔬菜和水果为主，偶尔有猪肉和鱼。即使是最贫穷的家庭，也不需要靠劳动维持生计，他

---

214 *Peoples of All Nations*, I, 'Bolivia', p. 459.

第11章　19世纪人类学中的偏见与傲慢　199

图10

们可以轻松依靠大自然免费提供的食物生存。这里的家庭手工业很少且不发达,因为人们几乎没有劳动的动力……"[215]

在这些观点背后,我们可以看到数百年来新教伦理的影响——你必须通过劳动来维持生计——这是一个非常西方化的主题。勤劳等同于美德,甚至我预备学校的校训都是"通过艰苦努力,到达阳光之地"(per ardua ad solem)。我们必须努力工作,才能谋生——而看看这些懒惰的原住民,整天无所事事地享受生活;他们应该振作起来。他们应该开始放弃以物易物的方式,开始**制造**可以出售的东西,这样就可以向我们缴税。他们应该从原始的共享一切、原始的共产主义,转向更加个人主义的、基于货币的市场体系。

所有这些都为早期资本主义在欧洲帝国扩张中的剥削推波助澜,这一点已经广为人知。但你读到这些极端的表述时,仍会

---

[215] *Peoples of All Nations*, VI, 'Samoa', p. 4398.

感到相当不快。在某些方面，还有一些更令人不适的观点。

这种思想的一个重要方面是与宗教，尤其是与道德相关的传教活动。19世纪思想的一个主要观点，在某种程度上延续了18世纪的进步主义，认为人类社会不仅在技术上有所进步，在道德上也有显著提升。他们认为，"更高级"文明中的人是**更好**的人——更有道德，更合乎伦理。埃夫伯里的观点与华莱士、凯姆斯勋爵和休谟相反。他写道："我倾向于认为，人类在道德方面的进步可能比在物质或智力方面的进步更大，因为即使是最原始的野蛮人，也有许多物质和智力方面的成就，但在我看来，他们几乎完全缺乏道德感。"[216]

休谟或亚当·斯密并不认为自己比前代文明的人更优秀，但现在人们开始认为自己在道德上有了进步。埃夫伯里认为，随着时间的推移，道德的发展是显而易见的。他写道："事实上，我认为可以说低等种族的人缺乏正义的概念……总的来说，我认为道德感随着种族的逐步发展而加深……现在，道德感无疑是直觉的，但如果低等的野蛮人没有这种感觉，显然这种感觉原本就不存在，也不能被视为人类的天性。"[217] 他认为，道德需要学习，是文明的产物。

这种在我们看来相当奇特的进步观，即认为正确与错误的概念随历史的发展而变化，在20世纪随着两次世界大战的爆发而受到动摇。维多利亚时代的自信被战争的恐怖所摧毁，这种

---

216 Avebury, *Origin*, p. 414.

217 Avebury, *Origin*, pp. 426–427.

观点变得难以坚持。但在当时，人们可以相当自满地回顾过去。埃夫伯里再次论述了"野蛮人"缺乏道德："旅行者们通常将家庭感情和道德感混为一谈，但有直接证据表明，野蛮人的道德状况实际上比通常认为的要低得多。"他举例说："里德利先生告诉我们，他在向澳大利亚原住民解释罪的概念时遇到了很大困难。"[218] 他又引用道奇上校的话说："'红皮肤的人完全没有道德感。'"[219] 他还补充道："事实上，我不记得有任何记载显示野蛮人表现出悔恨的迹象。"[220]

这些观点完全是一派胡言，还把各种概念都混淆了。我在尼泊尔的一个高原村庄断断续续进行了50多年的研究工作，亲眼看到了广泛存在的道德行为。虽然这些人在技术上可能不如我们先进，但他们展现出了高度的是非观和善恶意识。我和妻子见证了许多人的亲情、善意，以及其他各种美德的展现。这就是既不做像埃夫伯里那样纸上谈兵的人类学家，也不做那种匆匆而过或不懂当地语言的旅行者的巨大优势。然而，对于许多带着传教使命前往的人来说，这种错误观点却成了他们的核心信条或难以克服的障碍。

早在最初的葡萄牙等国传教士时期，他们就已经发现了一个重大问题：有些人没有罪和悔恨的观念，没有与生俱来的原罪意识，也就不需要救赎，那么基督教传教的意义何在？因此，对他们来说，首要任务就是教导这些人相信：人是邪恶的、有

---

218 Avebury, *Origin*, p. 417.
219 Avebury, *Origin*, p. 420.
220 Avebury, *Origin*, p. 421.

罪的、堕落的,需要基督的救赎。

这种情况与我们之前在经济领域看到的情况完全相似。要将人们纳入市场经济,首先需要创造他们对你商品的欲望和需求。经济"传教士"的做法是征税。他们会说:"你必须向我们缴纳一些钱。"为了缴税,人们不得不开始为钱工作,这样就被纳入这个系统。传教活动也采用同样的模式。传教士首先告诉当地人:"你们是有罪的。现在你们知道自己有罪了,需要我们通过耶稣来帮助你们赎罪。"伊凡·伊里奇等人指出,教育、医疗和心理学领域也存在类似情况。在教育方面,人们先被告知自己无知,然后需要接受教育。在医疗方面,人们被告知生病了,然后需要医生。在心理学方面,人们被告知心理有问题,因此需要精神科医生。这些都遵循同一个逻辑:先创造需求,再满足需求。

这种思维模式成为欧美自那时起向海外扩张的重要理由和背景,并一直持续至今。从历史的角度看,这个问题的有趣之处在于,我们可以在这些陈述中看到它更为戏剧性的表现形式。然而,如果我们中还有人幻想许多西方和非西方国家仍肩负着将他们的生活方式的所谓"好处"——无论是民主、资本主义等理念,还是其他西方事物——带到世界其他地方的使命,那么我们应当立即消除这种幻想。

在当时的观点中,世界上的人被划分为两类:一类是相对落后,甚至令人不快的"野蛮人";另一类则是稍微好一些,被认为值得称赞的族群。这种划分颇像学校的颁奖典礼。某些族群被给予了"奖励",例如缅甸的克伦族就被描述为"虽然粗鲁,但和平且易于教化的族群……尽管他们的生活方式粗野原始,但在社交关系中却被认为极其有道德……同样,因纽特人虽然是个粗鲁的民族群体,但也被视为安静、和平且有道德的族群"[221]。这些族群不仅被简单地分类为值得称赞或不值得称赞,更被视为需要接受教导的对象。换句话说,这种观点强烈地暗示了这些族群就像需要被抚养成人的孩子。

这种观点并不局限于通俗化作家,就连像 E. B. 泰勒这样的人类学重要奠基人也持有类似看法。他写道:"野蛮人确实有道德标准,但比我们的松散和薄弱得多。我认为,将野蛮人比作儿童这一常见类比,不仅适用于他们的智力状况,也同样适用于他们的道德状况……总的来说,我们不得不承认,一些原始部落的生活可能会令某些半开化的蛮族,甚至文明国家的边缘群体羡慕。但是,如果有人说任何已知的野蛮部落不会通过适当的文明化而得到改善,这绝对是任何道德学家都不敢断言的……现有证据在很大程度上支持这样一种观点:总的来说,文明人不仅比半开化的蛮族更聪明、更有能力,而且更善良、更幸福,而半开化的蛮族则处于两者之间。"[222] 我们稍后会详细讨论将这些族群比作儿童的类比,但当时普遍认为人类社会发展的顺序是:最原始的野蛮人,然后是半开化的蛮族,接着是古罗马人等,最后才是文明人。因此,似乎我们的责任就是去传教,并消除早期原始民族中粗糙甚至令人不快的特征。

这里是埃夫伯里关于原始的野蛮人令人不快的习俗的另一个

---

221 Avebury, *Origin*, p. 201.
222 Tylor, *Primitive Culture*, I, 1871, pp. 27–28.

例子："我将尽可能避免提及任何可能让我的读者感到痛心的内容。"请记住，这是他在维多利亚时代道德保守主义最盛行的时期所写下的话。"然而，在宗教问题上，许多过去或现在流行的观念与我们的观念截然不同，以至于在讨论这个主题时，不可能不提到一些令我们非常反感的事情。尽管如此，当原始野蛮人向我们展示令人沮丧的粗鄙迷信和凶残的崇拜形式时，具有宗教信仰的人在追溯更正确的观念和更高尚的信仰的逐步演变过程中，仍然会不自觉地感到一种特殊的满足。"[223]

埃夫伯里在谈到原始野蛮人的迷信时写道："我曾犹豫是否应该将这一章题为'野蛮人的迷信'而非'野蛮人的宗教'。最终我选择了后者，原因有二：一是许多迷信观念会逐渐演变成更高尚的概念；二是我不愿谴责任何真诚的信仰，无论它看起来多么荒谬或不完善。"[224]

当时人们不仅认为技术在进化，还认为宗教和道德也在进化。埃夫伯里说，"我现在将努力追溯宗教信仰的逐步演变过程，这个过程从澳大利亚原住民的信仰开始"（万物有灵论）。然后是"拜物教"，他认为这只是"单纯的巫术"，通常与"黑人"种族相关。接着是图腾崇拜，再是萨满教，最后是偶像崇拜，他认为这"代表了人类发展的一个较高阶段"。[225]

埃夫伯里认为，宗教的自然演化是随着知识的扩展而发生的。他写道："然而，随着人类对自然法则认识的逐步增加，人

---

223 Avebury, *Origin*, p. 212.

224 Avebury, *Origin*, p. 213.

225 Avebury, *Origin*, pp. 338ff.

的思维也在扩展。起初,人认为是神创造了地球……在将精灵视为完全邪恶的之后,逐渐发展出对善神和恶神的信仰……从只相信鬼魂,逐渐认识到灵魂的存在;最终……将道德与宗教联系起来……由此我们可以看到,随着人类文明的进步,宗教也随之发展。"[226]

埃夫伯里认为,这种进步是相当快速的,在某些方面甚至呈指数级提升,随着西方科学的进步而加速发展。他说:"可以看出,每一次科学的进步——确定的、积极的知识的增加——都带来宗教的发展……甚至在过去的一个世纪里,科学通过根除对巫术的黑暗信仰,净化了西欧的宗教……"[227]

当时的观点将技术、经济、道德、宗教和智识的进化都串联在一起。"原始的野蛮人"被认为是非逻辑的、前逻辑的,因此需要用西方的逻辑和思维来教导他们。这种想法不仅存在于通俗化作家群体中,也影响了学术界。沃格特指出:"到1881年,泰勒已经认为'野蛮人'之所以停留在原始状态,是因为他们的脑容量和心智能力低于文明人。摩尔根在1877年的《古代社会》中也表达了类似的观点。"[228]他们认为野蛮人的大脑较小,需要发展才能赶上。在他们看来,"野蛮人"无法完成我们能做的复杂的事情,比如进行数学运算。埃夫伯里说:"许多野蛮族群心智低下的最明显证据是,他们甚至无法数清自己一只手的手

---

[226] Avebury, *Origin*, p. 406.
[227] Avebury, *Origin*, p. 407.
[228] Voget, *History*, p. 138.

指。"[229] 当时普遍的看法是，在一些社会中，人们只能数到三，然后就无法继续，只能重复一、二、三。现在我们知道，这其实是对不同文化分类系统的严重误解。但在当时，他们认为这些人连数数都不会，更别说进行数学运算了。

当时人们普遍认为"野蛮人"非常愚笨。埃夫伯里写道："关于最低等的人种，我认为即使从理论上讲，也很难让人相信一个连自己的手指都数不清的民族，能在智力上发展出一个值得称为宗教的信仰体系。"[230] 他们给出的这些理由十分荒谬。现在你可能会想，"这不过是埃夫伯里的看法，是19世纪的老观念了"。但事实上，类似的观点在20世纪初的人类学家中仍然存在。比如，我记得我的老师埃文思－普里查德曾批评过列维－布留尔的理论。列维－布留尔是20世纪上半叶一位非常重要的法国人类学家。他写了一本书，书名就很能说明问题——《低等社会的心智功能》（1910）。沃格特对此总结道："原始思维在因果关系上主要依赖直觉理解，所以他称之为前逻辑的。相反，文明人的思维能够辨别一系列事件和原因。这种分析符合可靠推理的原则，因此他称之为逻辑的。"[231] 后来，埃文思－普里查德在关于非洲等地巫术的著名研究中证明，这种区分逻辑和前逻辑思维的做法完全是错误的。但这种观点一直延续到20世纪。遗憾的是，即便到了那时，这种思想仍未完全消失。

---

229 Avebury, *Origin*, p. 455.

230 Avebury, *Origin*, p. 224.

231 Voget, *History*, pp. 496–497.

当时人们普遍认为,"野蛮人"在许多方面都很不文明。其中,他们的着装方式尤其让西方人感到震惊。西方人来到气候更炎热的地区时,常常惊讶地发现当地男女似乎穿得越来越少。对于许多来自极度保守的维多利亚时代的西方人来说,这是一个令人震惊的发现。让我举个《万国民族志》百科全书中的例子(图11)。图11展示了两张照片:一张是看起来邋遢的原住民,身上令人意外地覆盖着草簇和零星的树叶;另一张是穿着半西式服装的原住民。照片下方的图注是"南太平洋岛民服饰的演变"。文章描述如下:"在传教士引入服饰之前,大洋洲原住民的衣着是原始、自然且健康的,由大自然慷慨赐予,仅由

图11

少量的树叶和花朵组成。穿上整洁但不健康的欧洲服装后,原住民反而处于不利境地。他们不在乎衣服是干净还是脏污,潮湿还是干燥,结果不可避免地导致疾病的发生,尤其是肺部问题变得非常普遍。"下一页的照片(图12)右边显示的是一个穿得很讲究的原住民,打扮得像个白人"萨希布"①(殖民地的欧

图12

---

① 原文 Sahib,源自阿拉伯语,原义为"朋友",后引入印地语和乌尔都语中,用来表示"领主"。在英国殖民统治印度期间,这个词被广泛用作对欧洲人,尤其是英国人的尊称,相当于"先生"或"阁下"。它不仅是一个称呼,还暗示了社会地位和权力,反映了殖民时期的社会等级制度。——译者注

洲人），戴着帽子，拿着手杖，系着领带，还吸着烟。照片说明的最后写道："然而，第二个人穿的完全西化的服装其实并不适合当地气候，英国管理者正在建议原住民穿回他们简单的'里迪'或裙裤。"[232]

情况相当复杂。欧洲人似乎怎么做都不对。他们不喜欢原住民简单的服饰，而且如果原住民穿得过于简单，就没有对布料的需求。另一方面，如果原住民过度效仿欧洲人的穿着，可能会带来健康问题，而且这也被视为过分模仿西方。因此，殖民地管理者反而告诉他们要穿回裙裤。不幸的是，这种矛盾态度并未就此结束。

欧洲人还认为原住民缺乏美感。他们觉得原住民通常长相难看，穿着不讲究。在汉密尔顿·费夫写的一篇关于《西非的利比里亚共和国、黑人和野蛮人》的文章中，有一张身着漂亮西式礼服、戴着头饰和珍珠的非洲姑娘的照片（图13）。照片说明是"蒙罗维亚的黑人美女"，描述如下："这位年轻女士穿着时髦，发型精致，在克鲁族女性中有着非同寻常的魅力。克鲁族女性的身材通常很不吸引人，且缺乏着装品位，这令人遗憾。"[233]

这种描述变得越来越单调，我就不再详细说明了。总的来说，西方人认为原住民的饮食习惯非常可怕。他们最初被视为食人族，或者吃各种奇怪的食物。要教会他们吃像样的西式食物需要下不少功夫。在西方人眼中，原住民的物质艺术也很糟

---

[232] *Peoples of All Nations*, II, 'British Empire in Australasia', pp. 962–963.
[233] *Peoples of All Nations*, V, 'Liberia', p. 3323.

图 13

糟。他们制作的各种图像和其他作品曾被认为很可怕,直到 20 世纪初,一些西方人才开始欣赏部落艺术。西方人认为原住民的政治制度十分野蛮,他们生活在无政府、无领导的霍布斯式世界[①]中,需要逐步转变为适当的、民主的社会。他们的生活被描述为充满混乱和暴力。暴政被认为是普遍存在的。斯宾塞

---

① "霍布斯式世界"(Hobbesian worlds)指的是 17 世纪英国哲学家托马斯·霍布斯在其著作《利维坦》中描述的自然状态。霍布斯认为,在没有政府和法律的自然状态下,人类社会将陷入"一切人反对一切人的战争"。在这种状态中,生活是"孤独的、贫困的、肮脏的、野蛮的、短暂的"。这个概念常被用来描述无序、暴力和缺乏有效统治的社会状态。——译者注

第 11 章　19 世纪人类学中的偏见与傲慢

写道:"原始人的天性在大多数方面不适合社会合作,他们只有在某种强制力的作用下才能维持社会状态……进步出现在那些对专制统治者(无论是政治上还是宗教上的)极度服从的地方,因为这种服从使得控制那些难以管理和富有攻击性的天性成为可能。"[234]

这些人认为,如果可能的话,应该让原住民看起来更白一些,改善他们的肤色,因为在这一切背后,存在一种将简单和落后与肤色联系起来的分类方式。基本上,他们认为随着历史的发展,人们会变得皮肤更白、更俊美、更优雅、更有逻辑、更勤劳——拥有所有好的品质。肤色与发展阶段联系在一起。例如,罗伯特·钱伯斯在《自然创造史的遗迹》中写道:"我们发现了一个非常显著的事实,即最不完美发展的类型肤色最深,其次是马来人,再次是美洲人,然后是蒙古人,这正是发展程度的排列顺序。那么,肤色是否也取决于发展程度呢?……由于黑人的发展在如此不成熟的状态下停滞,皮肤可能会因其不完善的身体结构而不可避免地呈现出这种颜色。"[235] 对我们来说,这是一个极其奇特的想法。他们认为如果你停留在文明的早期阶段,那么你的皮肤就会以某种方式变得不协调,变得非常黑。简而言之,他们认为黑色、棕色、黄色、白色的肤色变化与历史的进程是平行的。

这种观点在20世纪早期的百科全书中普遍存在。例如,《万

---

[234] Spencer, *Autobiography*, I, p. 441.
[235] Chambers, *Vestiges*, p. 308.

国民族志》在多处将退化和肤色联系起来。其中有一张非洲母亲和婴儿的照片（图14），描述如下："这位年轻的黑人母亲和她的孩子是命运的工具。后宫中的黑人女奴已经将昔日拥有统治权的阿拉伯种族变成了意志薄弱的黑皮肤人。纯种阿拉伯人在阿尔及利亚变得越来越少见。"[236] 这些人从南方来，他们与纯种阿拉伯人通婚，造成了混乱。

这种观点还与生物人类学紧密相连。亚瑟·基思是20世纪上半叶最多产和最有影响力的体质人类学家之一。他在《万国民族志》的序言中写道："白种人努力维护自然的种族界限，抵制与黑人的混合。"这是一个斜体标题。他接着解释道："人们通常把这种使种族保持分离的感觉称为'偏见'，但这种根深蒂固的偏见或种族本能，实际上是自然创造新物种的进化机制中不可或缺的一部分。它是自然用来隔离其进化群体的机制的一部分。在努力维护血统纯洁性的过程中，白种人正在服从人性中最根深蒂固的本能之一。"[237] 在解释为什么"中美洲和南美洲是混血儿众多的地方"时，基思写道："这是因为大多数西班牙人和葡萄牙人把他们的妇女留在了家里，所以现在从墨西哥到阿根廷存在许多混合民族聚居地。"

斯宾塞认为，"野蛮人"在各个方面都远远不如文明人。沃格特写道："在斯宾塞看来，野蛮人的基本特质源于其生物发展水平，以及在这种有限的生物基础上所能维持的生活方式。与

---

236 *Peoples of All Nations*, I, 'Algeria and the Algerians', p. 75.
237 *Peoples of All Nations*, I, xxi.

文明人相比，野蛮人身材矮小，体力较弱，精力较少但成熟较早，下颌和牙齿较大，更能忍受痛苦和不适，恢复能力更强……因此，野蛮人的神经系统主要通过反射动作运作……野蛮人还在其……虚荣心中表现出基本的自我主义……在野蛮人对孩子的喜爱中可以看到他们的父母本能，但这种野蛮人的父母之爱常常伴随着杀婴现象以及其他因微小错误而残忍杀害孩子的行为。"[238]

图14

---

238 Voget, *History*, p. 183.

原始人被视为儿童,西方的"使命"就是要将他们转变为"成年人"。沃格特引用斯宾塞的话写道:"文明人在成长过程中会经历代表种族所经历的各个阶段,因此在生命早期会表现出早期种族所具有的冲动性。那句'原始人有着孩子的心智和成人的激情'的说法……其实蕴含着比表面更深刻的含义。"[239]

这种观念深深植根于教育系统中,一直持续到20世纪初,甚至在20世纪后期仍有痕迹。我常常想,为什么在越南战争中,与美国人作战的越南人会被称为"怪物"(或其他具有贬义的称呼)。虽然社会总是会妖魔化他们的对手,但长期以来,人们一直认为远方那些生活在简单条件下的人不如我们。如果我们自认为心地善良,就会觉得我们的"使命"是把他们提升到我们的水平。否则,至少要阻止他们给我们带来麻烦,因为他们往往生活在我们试图实现和平和从中获利的地区的边缘。

原始人被认为是喧闹的孩子,应该像学生一样被培养成成熟的成年人。例如,钱伯斯就这样写道:"婴儿时期的所有冲动都是不受控制的;孩子即使在最轻微的诱惑下,也会表现得残忍、狡猾和虚伪,但随着时间的推移,他们学会控制这些倾向,逐渐变得善良、坦率和诚实。人类社会也是如此,在早期阶段表现得嗜血、好斗、有欺骗性,但随着时间的推移,整体变得公正、忠诚和仁慈。这种进步有一种自然的倾向,在所有公平的环境下都会发生。"[240] 这种观点的特别之处在于,它几乎完全建

---

[239] Voget, *History*, p. 253.
[240] Chambers, *Vestiges*, p. 355.

立在钱伯斯或其他人的无知和缺乏深入理解的基础上。实际上，持这种观点的人，大多数从未真正接触过他们所描述的社会。

这种观念并未完全消失。即使是在20世纪60年代，我也在某些历史学家的著作中看到过类似的态度。他们试图对过去做同样的事情，而不是针对其他社会这样做。过去的人被描绘成冷漠、幼稚、野蛮、好斗、落后、简单的形象。埃利亚斯所说的"文明化过程"逐渐意味着，我们落后的野蛮祖先被心理史学家和其他学者研究，随着与我们所处的时代越来越接近，他们逐渐演化为理性、文明的现代人。

这一切都是一种篡改。理论体系的妙处在于它们为数据操纵提供了框架。当发生范式转移时，数据会改变体系；但同时，当你有了一个范式，你就会将数据塞进这个框架中。因此，随着进化论框架的兴起，包括照片在内的图片都可以被操控。你可以看到，如果没有给出照片说明，你可能会对这些照片有完全不同的解读。

简而言之，全世界的"原始人"被塑造成符合帝国时代偏见的形象。世界语言研究领域的一位杰出学者麦克斯·缪勒对此有一个生动的比喻："原始人就像那些可怕的橡胶娃娃，可以被挤压成任何形状，发出任何声音。"[241] 西方人随意篡改"原始人"的形象，把他们塑造成自己想要的样子。我在这里提供这种极度负面的描述还有一个重要原因，那就是这是社会科学下一阶段早期发展的背景。

---

241 Müller, The Savage, *Nineteenth Century*, v. 17 (1885), p. 111.

社会人类学的下一个阶段，即我即将讨论的功能主义和结构功能主义时期，取得了重大突破。从20世纪第二个十年开始，在我的学术前辈们的工作中，我们看到人类学在很大程度上成功地扭转了局面。新一代进行田野调查的人类学家开始真正深入这些社会的文化、思想和日常生活中。他们能够证明，"原始人"完全不同于我之前描述的那种刻板印象。这种转变在很大程度上体现了强烈的反帝国主义倾向，但他们仍需与许多根深蒂固的观念做斗争。

第 12 章

结构主义对进化论的否定

在这一章的内容中,我要介绍第四次重大思想变迁,也就是我所说的"结构主义"或"结构"时期。这个时期大致从 19 世纪末持续到 1940 年,有些观点甚至延续到了 20 世纪六七十年代。从很多方面来看,它都是一次与其他时期同样重大的转变。

回顾一下,我们之前讨论过的第一次重大转变发生在文艺复兴时期,人们的时间观从静止的线性概念转向了流动的连续概念。第二次是启蒙运动时期,人们开始关注进步的时间观。第三次则是进化论时间观的兴起。现在,我们要谈的是最后一次重大转变。这次转变否定了进化论,是一场彻底改变 20 世纪思想面貌的运动,也深刻影响了我个人的思想。

这次转变的序幕于 19 世纪末拉开。在正式进入结构时期之前,有一个常被忽视但实际上很重要的过渡阶段,那就是"传播论"。传播论大约从 19 世纪后期兴起,持续了一代人的时间,到 1920 年左右逐渐式微。"传播"指的是思想、文化等从一个地方向另一个地方扩散。传播论的出现,是因为人们意识到此前盛行的单线进化论存在严重问题。单线进化论认为每个社会都必须经历相同的发展阶段,但只要稍微观察一下周围的世界,我们就能发现这种观点是多么荒谬和不切实际。

传播论并非20世纪的发明。实际上，考古学家很早就开始讨论传播论了。例如，据人类学家路威所说，巴克兰（Buckland）女士从19世纪后期起就多次发表论文，坚定地支持传播论。1890年，弗雷泽的《金枝》两卷本首次出版，这本书在某些方面仍基于进化论模型。当它与当时另一本重要的人类学著作——罗伯逊·史密斯的《闪米特人的宗教》——在《民俗学》杂志上被评论时，评论者表示，这两本书由于它们的进化论倾向而显得过时。

对进化论的致命打击在于：只要你观察世界，就会发现各国并不需要经历所有假设的发展阶段。它们可以从其他地方借鉴或吸收一些新事物。任何人都能看出，印度、中国以及其他一些国家都受到了西方的影响。事实上，西方自身的发展也不是简单地从A阶段到B阶段，而是通过接受来自外部的思想、技术等而成长的。

英国著名历史学家F. W. 梅特兰对此有一段精辟的论述。罗伯特·路威引用了梅特兰的话，说："人类社会按固定阶段发展的任何假设趋势，都会被不断发生的文化借鉴彻底掩盖。因此，这种假设变成了一种不可知的本质，在科学上毫无价值。"有趣的是，当人类学家们还在追逐虚无缥缈的历史规律时，一位法学家却已经认识到了这一事实。

路威引用了梅特兰在19世纪末所著的《末日审判书及其他》中的一段精彩论述。

假设我们的人类学家掌握了充分的证据，可以断定每个独立的人类群体如要发展，就必须经历一系列固定的阶段（比如 A 阶段、B 阶段、C 阶段等），我们仍然不得不面对这样一个事实：那些发展最快的群体恰恰是那些非独立发展的群体。这些群体并没有完全依靠自身力量实现进步，而是采纳了外来思想。因此，据我们所知，他们能够从 A 阶段直接跳跃到 X 阶段，无须经历任何中间阶段。我们的盎格鲁-撒克逊祖先并没有通过漫长的"阶段"演进才掌握字母表或接受《尼西亚信经》，他们直接获得了这两者。[242]

路威引用了这段话，并评论道："如今的人类学知识让我们有理由进一步发展梅特兰的观点。"[243] 他接着说：

> 有一个现象……在社会的各个阶段和各个方面都普遍存在，它本身就足以动摇任何历史规律理论的根基——广泛存在的文化传播。虽然传播本身并不创造新事物，但就其对人类文明整体发展的影响而言，它几乎使所有其他因素都显得微不足道……传播不仅扩大了某种文化特征的影响范围，而且在这个过程中，它能够平衡种族、地理环境和经济状况的差异。这些差异通常被认为是文化演变的重要推动力。通过传播，中国人开始接受西方的政府理念；通过传播，南部平原的印第安人与森林地带的易洛魁人一样采用了一种氏族制度，这使他们与生

---

242 Lowie, *Primitive Society*, 1921; 1947 printing, pp. 421–422.
243 Lowie, *Primitive*, p. 422.

活在相同地理环境下的苏族人有所不同……[244]

这是首次明显偏离进化论的重大思想转变。对包括我在内的许多人来说，这是一个几乎被遗忘的学术流派。直到我开始准备关于这些主题的讲座，偶然发现了传播论学派最后几个代表之一的藏书，我才重新认识到它的重要性。我开始阅读 W. H. 里弗斯晚年的著作，以及 W. J. 佩里、埃利奥特·史密斯等传播论者的作品。这些学者于20世纪初期在伦敦和剑桥教书。虽然如今很少有人读这些材料，但它们曾在人类学、考古学等领域产生过重大影响。

根据沃格特的说法，传播论者的核心观点为："所有文化发展都源自一个中心地带，然后像水中的涟漪一样向外扩散。"[245] 这是一个非常生动的比喻。在这种观点中，埃及常被视为中心，一切（或至少大部分文化元素）都被认为起源于埃及，然后向外传播，就像在平静的水面上投入一颗石子，涟漪不断向四周扩散。

传播论主要分为两大学派：德国学派和英国学派。英国学派于约1900年到1925年在这个岛国的人类学界占据主导地位。值得注意的是，正是传播论，而非结构主义，首先动摇了进化论理论的根基。埃德蒙·利奇指出："弗雷泽是他那个时代人类学的杰出代表，但那个时代到1910年左右就已经结束了。在随

---

244 Lowie, *Primitive*, p. 421.
245 Voget, *History*, p. 355.

后的 15 年里，英国的历史人类学完全被埃利奥特·史密斯和 W. J. 佩里的传播论观点所主导。"[246]

利奇提到：

> 如果你认为原始人是愚笨的傀儡……那么你也会认为"习俗"是不朽的人工产物，像燧石工具和陶器碎片一样坚固耐久。这样一来，你就可以用考古学家从发掘中重建历史的方法，通过人类学数据来重建历史……事实上，正是因为 1900—1920 年间的学者认为把习俗当作陶器碎片和古老骨骼来研究是合理的，现代社会人类学家至今仍常常不得不与史前考古学家和体质人类学家维持一种尴尬的"三角关系"！[247]

这是一种讽刺，因为考古学和人类学在剑桥大学是一起设立的，而且当时还是埃德蒙·利奇的主要活跃时期。当时的院系包括社会人类学系、体质人类学系和考古学系，它们之间存在不少内部矛盾。因此，这是一个带有政治色彩的陈述。人类学已经变成了研究习俗分布的学科。但是，这段简短时期出现的重要先驱们在很大程度上已被遗忘。谁还会去读 W. H. 里弗斯晚期的作品《美拉尼西亚社会史》，或者佩里和埃利奥特·史密斯的著作呢？

这个时期虽然短暂，但不应被完全遗忘。罗伯特·路威在总

---

246 Leach, 'Frazer and Malinowski', pp. 25–26.
247 Leach, 'Frazer and Malinowski', p. 34.

结埃利奥特·史密斯的工作时，简明扼要地概括了这些学者的观点：

1. 人类缺乏创造力，因此文化只能在极其有利的条件下产生，几乎不可能在两个地方独立出现。
2. 这种条件只存在于古埃及。因此，除了一些最基本的元素外，其他地方的文化必定是随着航海的发展从埃及传播而来。
3. 文明在向外传播时不可避免地会被稀释。因此，衰退在人类历史中扮演了极其重要的角色。[248]

……让我们简要总结一下英国传播论者的贡献。埃利奥特·史密斯和佩里的贡献可能为零。[249]

就知识的广度和深度而言，德国传播论者远远优于他们的英国同行。[250]

*

简单谈及传播论后，我现在要探讨我所称的"结构主义"的主要时期。结构主义可以主要分为几个不同阶段，我也会稍作介绍。大致来说，第一阶段是"功能主义"，算是一个早期阶段；第二阶段是"结构功能主义"；第三阶段则是法语意义上的

248　Lowie, *History*, p. 161.
249　Lowie, *History*, p. 176.
250　Lowie, *History*, p. 177.

结构主义，即"structuralisme"。

为了便于解释，我把这些阶段归为一类，因为它们有共同之处：都拒绝早期的进步主义和进化论框架，也都具有某种超越时间的特性。它们都致力于理解社会的结构和功能，而不过多关注社会发展到现状的起源、进程和阶段。因此，这些理论因共同的基本范式和对先前范式的否定而联系在一起。尽管如此，这一时期仍有不同的发展阶段。

这是一次向超越时间的重大转变，从这个角度来看，它也否定了非常关注起源的传播论。时间曾是连续展开、不断进步的，但突然间变得支离破碎。这个时期让人联想到时间的突然停滞，一种碎片化现象。每当我讲到这里，总会想起叶芝在1919年创作的那首动人的诗作《第二次来临》，诗中写道：

> 盘旋飞翔，在不断扩大的旋涡中，
> 猎鹰已听不见驯鹰人的呼唤；
> 万物分崩离析，中心难以维系；
> 混乱与失序在世间肆虐……

这并非真正的无序状态。虽然当时的思想家们确实感到世界正在崩溃，但他们试图通过研究事物间的联系来重新整合一切。这是一个注重相互关联的时期，先关注功能上的联系，后来转向结构上的联系。在某些方面，这次思想变革堪比之前的两次重大转变。I. C. 贾维为其著作命名为《人类学的革命》(*The Revolution in Anthropology*, 1964）来描述这一时期，可以说恰如其分。然而，此"革命"非彼革命，它不是循环回到某个早期状态。它并非全面回归，只有一点例外：它回到了文艺复兴时期那种超越线性时间的视角。它回归到某种超越时间的状态，但总的来说，这是向一种全新思维模式的转变。

为什么说这场席卷人类学、社会学、历史学以及其他所有社会科学的变革是一次范式转移？其核心在于，它彻底改变了看待社会的方式。过去，人们认为社会从简单到现代有一个进化过程，存在巨大的差异。而现在，这种观点转变为对所有社会的平等看待。在新的观点下，各种社会更像是彼此相似的，而不是处于道德、技术等方面的不同阶梯上。造成这种变化的原因，其实在对这场变革的描述中就有所体现。比如，贾维简明扼要地描述这场革命说："所有现存的社会都必定是可以运作的。马林诺夫斯基甚至更进一步，他认为所有社会同样可行，同样优秀，实际上是平等的。"[251]

这一变化源自我在上一章中提到的那种广泛存在的不平等假设，这确实是一场革命。过去，"落后""野蛮"的社会被认为是不平等的，但马林诺夫斯基等人开始提出：暂且搁置你的道德判断，仔细观察这些地方，不要将它们视为低等。虽然马林诺夫斯基在他的一些书的标题中使用了"野蛮人"这样的词，而且他的日记也显示他有某种优越感，但这种新观点的使命之一就是将所有不同的文明置于同一水平，并以它们自身的标准来看待它们，认为它们都是可行的和平等的。

---

251 Jarvie, *The Revolution in Anthropology*, 1964, p. 12.

我继续引用贾维的话："车轮已经转了一整圈[AM：这才是真正的革命]。如今，表面的差异甚至不被认为是真实的——**实际上根本没有差异**。只要一个社会系统能让人类生存，它就和其他任何系统一样好。没有所谓的野蛮人，没有差异，只有人类社会的多样性。柏拉图和亚里士多德说：'人与人是不平等的。'理性主义者说：'人人平等，但有些人**看起来**更平等。'进化论者说：'人人潜在平等，但有些人比其他人更平等。'马林诺夫斯基则说：'人人平等但各有不同，所有的不同都是平等的。'"[252]

这确实是一场革命。它体现了相对主义思想，表明每个社会在特定环境下都同样优秀。这种观点对帝国主义鼎盛时期的种族主义观念来说是一记响亮的耳光，因为它否定了白人在理性方面的所谓优越性。尽管在技术上可能更为先进，但在其他方面，白人社会并不比世界上其他社会更加优越。用另一种方式来说，按照贾维的描述，导致马林诺夫斯基革命的各个阶段如下：

> 然而，重要的是，马林诺夫斯基通过他的相对主义彻底改变了社会人类学的整个形而上学背景。基本问题是："我们如何解释人类的差异？"希腊人说这是因为差异是根本的，理性主义者说是因为差异是表面的，进化论者说是因为发展，传播论者说是因为接触和借鉴的偶然性。而马林诺夫斯基（按我的理解）则说："胡说！根本没有需要解释的差

---

252 Jarvie, *Revolution*, p. 12.

异,只有人类及其作品的神奇多样性。人类学的任务现在仅仅是观察、描述和记录这种多样性。"[253]

我们可以稍微修改这种观点,不将功劳单独归于马林诺夫斯基。虽然马林诺夫斯基是现代人类学的某种象征,但他只是众多思想家中的一员。例如,博厄斯在马林诺夫斯基之前就已经进行了重要的田野研究,拉德克利夫－布朗的研究也早于马林诺夫斯基,还有许多 19 世纪的学者。总之,这不是马林诺夫斯基一个人的功劳,而是一群学者共同的贡献。

马林诺夫斯基是这种新思潮的代表,而非其起源。他为一个全新的世界观发声,而这一切在某种程度上是个巧合。第一次世界大战爆发时,马林诺夫斯基正在特罗布里恩群岛进行实地研究。由于他的欧洲背景,当局认为让他四处活动不太合适,于是他不得不留在那里。在正常情况下,他本应很快从特罗布里恩群岛返回,但战争使他不得不在那里停留了几年。这段时间,他进行了最深入的人类学实地研究,至少在当时的英国学者中是最深入的。他开始真正深入了解他所研究的社会。虽然这是个意外,但它确实为新人类学奠定了重要基础。

在马林诺夫斯基之后的新一代学者中,有一位值得关注的人物。他是贾维的朋友,长期在马林诺夫斯基任教的伦敦经济学院工作,既是哲学家,又是人类学家。这位学者对这场革命给出了非常精辟的描述。他就是我的朋友和前教授欧内斯特·盖

---

253 Jarvie, *Revolution*, pp. 12–13.

尔纳。盖尔纳为埃文思-普里查德的《人类学思想史》写了导言。在导言中,他描述了一种可以被视为主要反击进化论的思潮。他将这种思潮看作一次范式转换或智识革命。在我们的研究框架中,盖尔纳认为这次转变与18世纪的进步主义思想转向同样重要。而18世纪的转向,尤其是启蒙运动和大卫·休谟的思想,恰恰是他最为推崇的。

这是进化论之后的革命——它不仅消除了进步的概念,而且在某种程度上淡化了时间和变化的重要性。让我们简要回顾一下盖尔纳的观点:"埃文思-普里查德亲身经历了一场革命。在这场革命中,马林诺夫斯基用功能主义取代了进化论。同时,一种特定的田野工作方法与部分源自法国社会学的思想相结合,并逐渐制度化。这场革命彻底改变了英国及其人类学影响范围内的社会人类学。"[254]

盖尔纳继续总结了人类学的发展变化。人类学诞生于18世纪的第一次进步主义浪潮中,后来在19世纪,特别是在泰勒、摩尔根、梅因等人的进化论框架下得到了发展。我在此再次引用盖尔纳的观点,这个进化论框架,"不仅仅是一个简单的理论,它是一种哲学,一种神义论,一种道德视野,一种宗教的替代品……实际上,人类学诞生之初就像是一门穿越时空的科学[①]。马林诺夫斯基革命的核心,恰恰是彻底抛弃了这种穿越时空的

---

254 Gellner in Evans-Pritchard, *History*, xv.
① 原文是"time-machine science"(时间机器科学),在这里指的是早期人类学家的研究方法和假设。他们认为,通过研究当代的"原始"社会,可以了解人类早期的生活方式和社会组织。——译者注

研究方法……被否定的并不是对人类和人类社会起源的自然主义和进化论的解释……而是质疑这种解释与我们理解具体社会如何'运作'之间的**相关性**"[255]。

范式转换常常如此。你并不会完全摧毁先前的范式,只是认为它现在对我们来说不再适用;可以将它搁置在书架顶层积灰,而我们转去做另一项工作。新范式否定了历史、时间和进化。这些被认为是无法知晓的,拉德克利夫-布朗称之为"推测性的",不是我之前提到的18世纪意义上的,而仅仅意味着"猜测"。科学家们的态度是:我们不做猜测工作。没有事实依据,那就别再拨弄尘埃了。让我继续引用盖尔纳的话:"旧的理论框架或范式(进化论)本身似乎很合理,但由它启发并结合实际数据得出的具体理论却常常出错……这种新的长期田野调查的工作方法和功能主义解释避开了两个问题 [AM:不受约束的推测和从残存现象推论],即数据是通过直接接触和深入参与收集的,用当下解释当下。"[256] 然而,正如盖尔纳所说,这种新方法本身也充满了矛盾。

盖尔纳本人,尤其是在他晚年的著作《犁、剑与书》中,某种程度上也表现出进化论的倾向。他这样评论道:"一个真实而重要的基本思想(进化论)反而导致了有缺陷的方法和诸多错误。相反,一个不太真实,或者充其量只有部分真实的理论(认为社会普遍稳定,过去无关紧要,制度之间和谐互依且相互

---

[255] Gellner in Evans-Pritchard, *History*, xvii–xviii.
[256] Gellner in Evans-Pritchard, *History*, xx.

支持）[AM：这是一种粗略的功能主义]却促成了有价值、准确且富有洞察力的研究。"[257]

功能主义的视角，尽管从长远来看和在理论上可能不太正确，却极大地提高了观察者的洞察力。从马林诺夫斯基开始，直到20世纪七八十年代，人类学进入一个伟大的时期。在这期间，基于盖尔纳认为相当粗糙的整合哲学理论，研究者们带着这种理论的勇气，收集了大量精彩的信息并进行了出色的分析。盖尔纳认为，这是人类学核心理念的一场重大交锋，争论焦点在于语境与进化的对立。按照埃文思-普里查德的观点，站在语境一方的有甫斯特尔·德·库朗日、孟德斯鸠和托克维尔，很可能还包括涂尔干，而支持进化论的则有圣西门和康德。

有两位学者亲身经历了这场革命，并在新理论框架下进行写作。他们深谙旧理论，因此能为我们提供对这场学术交锋的独特洞察。这两位学者其中一个是美国人类学家罗伯特·路威，他约在1912年首次发表著作，是博厄斯的学术继承人；另一位是埃文思-普里查德，他继承了马林诺夫斯基、拉德克利夫-布朗的学术传统，并受到法国结构主义者的一定影响。现在，我将介绍他们对这场变革的描述。

路威在1920年出版的教科书《初民社会》中，对进化论者进行了猛烈抨击。关于家庭模式的演变，我们可以回想一下进化论者的观点：他们认为社会从野蛮人、部落，经过父系、母系等阶段逐步演变。摩尔根、麦克伦南、梅因等人试图建立父

---

257 Gellner in Evans-Pritchard, *History*, xxii.

系、母系、双系等社会结构的演变顺序。对此，路威写道："我可以想象安达曼群岛人——一个没有氏族制度、对父系或母系没有明显偏好的民族——通过不断吸收外来文化，达到任何文明阶段，而不必然发展出父系氏族或母系氏族。"[258]

路威还审视了进化论的另一个理论：财产制度的假定演变。这个理论从摩尔根到马克思都很重要，某种程度上成了马克思经济学的基础。它假设财产制度从公有制（如原始共产主义）演变到私有制。对此，路威直言不讳："普遍原始共产主义的说法"是"明显荒谬的"。[259] 实际上，印度的经验性研究表明："这个地区不动产法律的演变方向很可能与那些凭空臆测的人类学家所轻率假设的完全相反。"[260]

路威在其他地方指出，即便是在最简单的澳大利亚原住民社会中，认为没有财产、没有人拥有任何东西、一切都是公有的想法也完全是无稽之谈。后来的人类学家发现，这一点在简单的狩猎采集社会中同样适用。事实上，几乎所有社会都存在不同程度和不同类型的财产概念。因此，马克思主义关于回归无财产社会的设想，似乎建立在一个虚构的基础之上。

路威对将世界各民族排列在进化阶梯上的做法提出了尖锐批评。谈到波利尼西亚人时，他说："摩尔根把这个已经定居、有政治组织、艺术造诣惊人的族群，列为人类现存群体中的最低等级。这种说法荒谬到了极点。即便在他那个年代，已有的大

---

258 Lowie, *Primitive*, pp. 172–173.

259 Lowie, *Primitive*, p. 224.

260 Lowie, *Primitive*, p. 221.

洋洲探险记录就足以证明这一观点是错误的。"[261] 作为20世纪初的美国著名人类学家，路威对其学术先驱路易斯·亨利·摩尔根做出如此严厉的评价，可谓是对旧理论的彻底否定。

路威认为，那些认为社会必然经历特定阶段演化的理论都注定失败。他说："试图将如此丰富多样的社会现象塞进单一的时间序列中，这种尝试看来令人绝望。"[262] 不过，谈到"进步"这个概念时，路威的态度有所缓和。他承认在描述技术进步时，这个词还是有用的："工具是为了实现特定目的而设计的。如果一套工具能更快、更好地完成任务，那它就是更优秀的。因此，说金属斧头比石斧更好，这是一个纯粹客观的判断。"[263]

然而，路威指出，我们不应将进步这个概念随意扩展到生活的其他领域。他解释道："在社会生活方面，我们没有客观标准来评判文化现象的优劣。就连最杰出的哲学家，对社会科学应该追求什么样的终极理想也无法达成共识。在过去一个世纪里，西方的思想和行动在两个极端之间摇摆不定：从曼彻斯特式的极端个人主义①，到极端的国家社会主义。因此，一个学者如何评价因纽特社会的共产主义倾向，完全取决于他是赫伯特·斯

---

261 Lowie, *Primitive*, p. 55.
262 Lowie, *Primitive*, p. 417.
263 Lowie, *Primitive*, p. 424.
① 曼彻斯特式的极端个人主义（Manchesterian individualism）指的是19世纪中期在英国曼彻斯特兴起的一种经济思想。它主张自由放任的经济政策，最小化政府干预，强调个人自由和自由贸易。这种思想与当时曼彻斯特作为工业革命中心的地位密切相关，反映了新兴工业资本家的利益。——译者注

宾塞的追随者,还是克鲁泡特金①亲王的门徒。"[264] 因此,基于这种观点,路威得出结论:"虽然不同的社会组织在复杂程度上确实存在差异,但这种差异并不能成为衡量进步的标准。"[265]

路威最后提出了一个观点,将进化论框架与它产生时的需求和政治背景紧密联系起来。这是贯穿本书的一个主题,我在试图解释进化论和结构主义之间的断裂时还会回到这个问题。这预示了一个想法:范式之所以发生变化,是因为19世纪末20世纪初的政治环境发生了改变。

对社会进步的信念与对历史规律的信仰紧密相连,这在"19世纪70年代充满进化论乐观主义的氛围中尤为明显。[AM:这里指的是斯宾塞、马克思、泰勒、梅因、摩尔根和麦克伦南等人的思想。]如果我们相信有一种内在力量推动所有社会沿着固定路径前进,哲学家们可能会争论这种力量是神圣的还是邪恶的。但至少,我们可以轻易地判断出哪个社会在向既定目标前进时落后了,哪个又加速了。然而,对文化历史的研究并未显示出这种必然性或预设的发展模式。相反,文化主要是通过偶然的接触和相互借鉴来发展的。事实上,我们自己的文明,甚

---

① 彼得·克鲁泡特金(Peter Kropotkin),俄国著名的无政府主义思想家和地理学家。出身于俄国贵族家庭,但后来放弃了特权,成为无政府共产主义的主要理论家之一。克鲁泡特金主张废除国家和私有财产,提倡建立基于互助和自愿合作的社会。他的思想与斯宾塞的社会达尔文主义形成鲜明对比,强调生物界和人类社会中的合作,而非竞争。——译者注

264 Lowie, *Primitive*, p. 425.
265 Lowie, *Primitive*, p. 426.

至比其他文明更大程度上是一个借鉴而来的特征的集合体"[266]。

我稍后可能会更详细地讨论这一点。在几百年前,西方文明中几乎所有重要的元素都是从其他地方借鉴来的。理解这一点的重要性在于,我们无法为其他社会提供一个固定的发展模式。"我们的文明形成的独特历程,并不能为其他文化制定发展路线图。因此,那种认为某个民族必须经历**我们**历史上的某个阶段才能实现某个目标的说法,再也无法成立了。任何掌握了梅特兰论点的学者都会认识到这种庄严的废话在历史和人类学上的荒谬性。"[267]

埃文思-普里查德是继罗伯特·路威之后的下一代学者,他同样参与了人类学思想的重大转变。他在马林诺夫斯基的课上受到早期功能主义的学术训练,后来接任拉德克利夫-布朗,成为牛津大学的教授。在1946年出版的《社会人类学》一书中,埃文思-普里查德表达了他与19世纪人类学家在道德观上的差异。他说:

> 这些早期人类学家的理论重构不仅仅是基于推测,还带有强烈的价值判断。作为自由主义者和理性主义者,他们最推崇的是进步,特别是维多利亚时期英国在物质、政治、社会和思想领域正在发生的变革。他们认为工业化、民主和科学等本身就是好的。因此,仔细分析他们对社会制度的解

---

[266] Lowie, *Primitive*, p. 427.

[267] Lowie, *Primitive*, pp. 427–428.

释，就会发现这些解释其实是一种假想的进步阶梯。在这个阶梯的顶端是19世纪欧美的制度和信仰，而底端则是与之完全相反的形式。他们据此设计出一系列发展阶段，试图展示从阶梯底端到顶端的理论演变过程。之后，他们要做的就是在民族志文献中寻找例子，来印证每个假设的阶段。[268]

这是对19世纪进化阶梯理论的一个相当有趣的总结。根据埃文思－普里查德的观点，发生变化的是：我们不再自信地认为自己掌握了所有解决方案，不再将其他社会视为处于阶梯的底端，对进步的信念也有所动摇。埃文思－普里查德写道："如今，我们对早期人类学家所认可的那些价值观已不再那么确信。人类学研究重心的转变，至少在某种程度上，可以归因于一种日益增长的怀疑态度。这种转变体现在：学者们不再专注于构建发展阶段理论，而是转向对原始社会进行归纳性的功能研究[AM：从实际观察的事实出发]。这种怀疑主要针对的是，19世纪发生的诸多变化是否真的都可以被视为进步。"[269]

人们开始反对维多利亚时代的种种弊端：工业革命带来的恐怖、日益加剧的阶级分化、生态环境的破坏，以及帝国主义背景下的种族歧视。这导致人们质疑这样一种普遍观念：西方已经解决了所有问题，并处于人类进步的顶峰。正如我稍后会详细讨论的，这种自信的迅速崩塌很大程度上源于20世纪初欧洲、

---

268 Evans-Pritchard, *Social Anthropology*, 1946, p. 41.
269 Evans-Pritchard, *Social Anthropology*, 1946, p. 41.

美国乃至全球范围内更广泛的政治变革。

其中最具冲击力和戏剧性的事件是1914年至1918年的第一次世界大战。令人震惊的是，那些自诩为理性文明终极代表的西欧国家，那些在科学、工业、知识、人文、哲学等方面有诸多发展成就的国家，却将自己置身于四年的毁灭性战争中。在战壕里，仅仅为了争夺几米泥地，一天之内就有数十万人丧生。交战国互相诋毁，使用芥子气和化学武器。这场战争的残酷令人发指，简直难以言表……

这就是人类历史的伟大成果吗？仅这场战争本身就足以动摇进化论的观点，更不用说其他因素了。有趣的是，尽管马林诺夫斯基没有亲身在战壕中作战，但正是在这些年里，他发展出新的深入田野调查的工作方法，这为构建一种更人道、更自由、更具相对主义的世界观奠定了基础。与此同时，在战壕中战斗的数十万战士中不乏印度人以及其他受英帝国殖民统治的人。

这个时期也标志着欧洲对世界其他地区的统治开始松动，欧洲与亚非之间的力量天平开始倾斜。例如，在19世纪末至20世纪初，日本在甲午战争和日俄战争中取得了关键的军事胜利。这些事件使得西方不得不紧急重新评估其进化优越性的理论范式。

在这种情况下，对进步的信念消退了。正如我之前论述的，19世纪时达尔文主义和人类学作为新的进步观取代了某些宗教信仰，面对世界的碎片化和人们信心的丧失，功能主义和结构主义应运而生，这些新理论试图在进化论失去吸引力的情况下，重新构建对世界的理解。正如欧内斯特·盖尔纳和基思·托马斯所指出的，这些理论体系开始承担起曾经属于宗教的功能。人类学家们不再追求宏大的理论体系，而是转向更细致的研究。他们说："让我们仔细观察细节，看看社会是如何维系在一起的。在这个似乎正在分崩离析的世界里，为什么这些社会没有瓦解？让我们更加谨慎，让我们关注细节。"在这一转变中，埃文思－普里查德和结构功能主义者们的工作发挥了关键作用。

最后，让我再次引用埃文思－普里查德的话来总结。他这样描述18世纪和19世纪的学术思想："那时的思想为进步观念所主导。人们认为，社会风俗会从粗鄙走向优雅，从野蛮进化到文明。他们发展出的比较研究法，主要用于重构这种假想的发展路径。"[270] 但这一切都发生了变化。用他的话："就像早期发生学方法在所有学科领域占主导地位一样，现在我们到处都能看到功能主义取向。有功能生物学、功能心理学、功能法学、功能经济学等，当然还有功能人类学。"[271]

在下一章中，我将探讨这种变化在不同社会科学领域中的具体表现。我会重点关注新兴的功能主义和结构主义方法，它主导了接下来几代社会科学家的研究。

以下是增加了传播论部分的最新拼图：

---

270 Evans-Pritchard, *Social Anthropology*, 1946, p. 43.
271 Evans-Pritchard, *Social Anthropology*, 1946, p. 50.

类别	循环 （至1450）	进步 （约1500—1790）	悲观主义 （约1790—1840）	进化论 （约1840—1890）	传播论 （约1890—1920）
人物	柏拉图 伊本·赫勒敦 中世纪经院哲学家	孟德斯鸠 杜尔阁 弗格森 亚当·斯密	马尔萨斯 托克维尔 （梅因）	达尔文 马克思和恩格斯 斯宾塞 摩尔根 泰勒 埃夫伯里	阿尔弗雷德·哈登 佩里 里弗斯（晚期） 埃利奥特·史密斯 （詹姆斯·弗雷泽）
时间观	永恒回归 时间如轮 循环时间	进步性增长 进步阶段 不可逆时间	仅短期进步 危险和陷阱 长期循环	长期进化和增长 时间跨度延伸至数百万年	文化变迁的长期影响如涟漪般逐渐扩散
力观	西方处于防御状态 国家间平等	西方具备军事和生产技术优势 早期帝国主义	法国大革命和欧洲分裂 工业和城市革命的恐怖 分散的帝国主义	西方在各方面几乎完全占据主导地位 成熟的帝国主义	西方以外的其他地区在科技和经济上逐渐缩小与西方的差距 帝国主义的新形态
隐喻	自然循环 季节 植物和动物 天体	从黑暗到光明（启蒙） 从粗糙到光滑 从简单到复杂	自然循环 从生到死 历史循环	有机的 从种子到植物 分化 多样化 复杂性	水中的涟漪 物种的传播
问题	生命的意义 如何生存 最理想的状态	增长的阶段是什么？ 如何改善地球上的生活？	如何避免未来的经济、人口和政治危险？	人类起源 将文明置于阶梯上 进化动力学 同质性	事物起源于何处？ 思想和技术如何传播？
模型	神学 历史	牛顿科学 数学和其他科学 手工艺学科	神学 生物学	生物学 考古学	生物学 技术
理论贡献	基本类别和区分 理想类型	文明的基本类型和阶段 比较方法	乐观主义和悲观主义的平衡 基本危险和陷阱	比较方法 元历史和进化论的一般规律	相对主义 联系不同的种族 长期视角
背景	农业文明	科学技术的发展 探索	法国大革命 城市化和工业化	西方的帝国主义统治 成熟的工业主义	日本、印度等国力量的增长 第一次世界大战

第 12 章 结构主义对进化论的否定

第 13 章

结构主义取代进化论成为主导范式

在本章中，我想继续探讨我所称的结构主义时期的基础。广泛来说，这个时期大约从 19 世纪末开始，持续了约百年时间。我们将着眼于这一新范式对人类学和其他社会科学的影响。我们可以在历史学、人类学以及其他学科中看到这种转变的一些结果。这种转变是指，从关注历史、进步、起源（如进化论所关注的）转向关注事物如何运作、它们如何相互关联、结构是什么以及次级结构是什么等方面。

这个时期的特点是注重深度而非广度，可以说是向下钻研，探究深层结构。这种趋势体现在人类学和社会学等各个分支学科中，它需要发展新的深入观察的方法。研究者不再像以前那样对习俗和历史的宏观概况感兴趣，而是更加关注全球不同社会和不同地方生活的微观细节。这体现为一种新的精确度，一种对现实的新的测量方式，以及对这些微小细节如何相互联系的研究。

这是社会科学领域新方法论蓬勃发展的重要时期。在此期间，每个学科都致力于寻求准确、客观的数据，摒弃了道德化的倾向，而是直接关注数据本身。无论是心理学、历史学、人类学，还是社会学，各个学科都发展出了独特的研究方法。此前,社会科学,尤其是人类学的数据主要来自非专业人士,如出于其他目的而外出的传教士、商人和探险家等。他们带回了他们所见所闻的描述和实物资料,随后这些内容被学者们纳入一个宏大的进化论框架中进行解读。

这个时期,学者们开始亲自外出收集第一手资料。对剑桥的一些学者来说,这种转变的标志性事件是哈登及其同事于1898年进行的托雷斯海峡探险。这次探险是有意识地努力寻找详细证据的尝试。他们带上了摄像机,这是摄像机首次被用于实地调查。一些影片至今仍然保存完好,还有一些蜡筒录音、照片和测量数据。探险队中的重要成员,如 W. H. 里弗斯等,都是科学家。他们对当地居民进行了精确的测量和深入的调查。这次探险时间较短。随后,研究方法逐渐发生了变化。从早期一大群研究者带着各种设备短期出行的模式,发展成了我多年来在喜马拉雅山区实践的深入的**"参与式观察"**方法。这种方法要求研究者长期驻扎在当地,学习当地的语言,努力融入当地文化。

这是学术研究专业化的时期。20世纪初,人类学和社会学等学科在大学里设立了专门的系科,社会科学逐渐发展成为一门基于新方法论的专业学术领域。在我的另一个研究领域历史学中,这一时期也经历了类似的专业化过程。历史系的成立、更多历史学教授席位的设置,以及对细节的重视和微观研究方法的采用,都标志着这一转变。学者们不再热衷于宏大叙事。人类学家倾向于深入研究某个特定社会,尽可能全面地了解它;而历史学家则专注于历史上的某个特定时期,通常是更短的时段。

维多利亚时期的历史学家如斯塔布斯、弗里德曼、弗劳德等人，常常研究从盎格鲁－撒克逊时期直至当代的整个英国历史，这种宏大的历史叙事现在已经被搁置一旁。只有少数边缘学者，如特里维廉（George Macaulay Trevelyan）在《英国社会史》中，还在延续这种宏观研究方法。如今，学术研究走向了专业化。人类学家会成为研究某个特定岛屿、特定部落或世界其他某个特定地区的专家。历史学家则会专攻某个国家的一两个世纪，甚至可能只关注其中的某个特定方面，比如14世纪的政治生活或经济生活。

如今，历史和文化的研究地图正在被细节填满。这种趋势不仅出现在心理学等多个学科中，也在西方各国的学术发展中普遍存在。其中，法国的年鉴学派[以其标志性期刊《年鉴》（Annales）命名]为历史学研究提供了强大的推动力。年鉴学派的学者们专注于研究特定的时期和制度，其中最著名且对我个人工作影响深远的是该学派创始人之一马克·布洛赫的研究。在对封建主义的研究中，布洛赫选取了跨越几个世纪的特定制度，并以功能主义和结构主义的方式进行分析。另一位创始人列斐伏尔，则研究了16、17世纪的心态史[①]。这种研究方法与莱基等人的宏大叙事，或早期法国历史学家如米什莱和基佐的研究方法形成了鲜明对比。现在的研究更加集中于较短的时期和特定的主题。

---

① "心态史"（histoire des mentalités）是由法国年鉴学派发展起来的一种历史研究方法和领域，主要关注特定时期人们的集体心理、思维方式、情感结构和价值观念。——译者注

这也意味着学者的角色在某种程度上发生了变化。在维多利亚时期，像亨利·梅因爵士、阿克顿勋爵等著名学者往往深度参与更广泛的帝国事务；例如，梅因曾担任印度政府的顾问。而现在，历史学家和人类学家更多地退回到大学中，从更纯粹的学术角度记录和研究其他社会和其他时代。因此，在这两个学科中，虽然研究主题的范围有所扩大，但调查的时间跨度或空间范围却变得更加狭窄。

我们对事物变化的原因可能了解得越来越少，但对特定时间和地点的情况却知道得越来越多。人们成为真正的专家。20世纪60年代，我在牛津学习历史时，已经可以遇到像我的同名学者K. B. 麦克法兰这样的中世纪专家。他是研究15世纪的权威，特别精通威克里夫和14、15世纪的政治。正是这种专业知识赢得了人们的尊重。如我之前所说，这种专业化需要新的研究方法，要求学者亲力亲为。过去，我们在一定程度上依赖他人，尤其是在人类学领域，常常依赖传教士、政府官员和旅行者的记录。作为历史学家，我们也常常依赖二手资料。而现在，我们追求的是原始数据。

F. W. 梅特兰在这一学术转变中扮演了重要角色，他致力于编辑中世纪记录并创立了记录学会。这个时期的学者不再满足于接受传统观点，而是需要亲自验证。这意味着他们可能需要亲自前往特罗布里恩群岛进行实地考察，或者回到14世纪，仔细查阅原始资料。他们试图建立新的研究框架，或在新框架内工作，以更准确地还原历史事件，并深入了解世界各地人们的生活状况。

这种研究方法带来了许多意想不到的发现。例如，一旦你在所谓的"野蛮人"群体中生活一两年，你就会发现那些关于他们无知愚昧的刻板印象完全站不住脚。你会发现，他们在很多方面比你聪明得多，而且绝对不能在任何意义上被视为"孩子"。这是一个实证主义的时代，也就是说，我们先看事实，然后再做判断；从这些事实出发，进行归纳推理。

重要的是特殊性。这种趋势在 20 世纪中期的英国发展到了极致，表现为地方史研究。学者们可能只选择一个村庄或一个庄园来写它的历史。W. G. 霍斯金斯是英国地方史研究的重要开创者之一，也是我的老师之一。他最喜欢引用威廉·布莱克的一句格言："泛泛而谈是愚蠢的，只有具体细致才是真正有价值的。"学者们对这种微观世界产生了浓厚的兴趣。也许日后我们可以对这些微观研究进行整合。例如，莫里斯·弗里德曼在 1960 年提倡中国人类学研究时指出，如果我们能对中国各地的村庄进行大量详细的社区研究，我们可能就能拼凑出整个中国的全貌。这就像是先收集拼图的各个碎片，然后再将它们组合起来，最终呈现出完整的图景。

这种对进化论的反动在整个欧美人类学界大师级人物的研究工作中都可以看到。它体现在克利福德·格尔茨后来称之为"深描"的方法中，这意味着非常细致入微的描述。你可以在玛格丽特·米德的早期作品中看到这一点，她对萨摩亚和新几内亚社会进行了对比研究，并平等对待这些社会。玛格丽特·米德和她同时代的学者，以及更早的劳威等人的伟大之处在于，他们不做道德判断。米德欣赏并热爱她研究的对象，她的其中一任丈夫格雷戈里·贝特森，以及里奥·福琼等人也是如此。他们对有机会深入了解这些世界感到无比珍惜，并为之着迷。

在许多方面，他们开始将"原住民"视为平等的个体，甚至认为这些原住民能够教导我们。这一观念的转变带来了新的冲击——那些曾经被轻视为"野蛮人"的群体，竟然能教我们如何生活。玛格丽特·米德在公众领域广受欢迎，很大程度上是因为她提出，大洋洲人民的育儿方式、青春期文化和性习俗能给美国人带来启示。

马林诺夫斯基的研究也体现了类似观点。他研究性生活等方面，认为通过了解特罗布里恩德人等群体的生活组织方式，我们能更好地理解自身的性习俗和其他文化习俗。因此，深入探索这些群体的内部模式，从中发现更深层的人性特质，或许能为我们的文明提供宝贵的借鉴。

我一直强调，马林诺夫斯基只是这种研究方法的先驱之一，而且在某种程度上是偶然成为先驱的。他的直系学生、剑桥大学的埃德蒙·利奇在一次关于弗雷泽和马林诺夫斯基的讲座中这样描述道："马林诺夫斯基的专业声誉与其独特的田野研究质量密不可分，这种研究的深度可谓前所未有。"虽然他的研究确实相当深入，但我不敢断定它真的是前所未有的。利奇继续说道："在此之前，还没有哪位专业人类学家在同一个部落中研究长达两年，真正融入原住民的村庄生活。"[272] 这种说法可能没

---

272 Leach, 'Frazer and Malinowski', p. 32.

错，但值得一提的是，许多早期的传教士和官员在当地居住的时间可能更长，他们可能对当地文化的理解更为深刻。

回归原始文本，洞察原住民未受他人偏见影响的观点，让人们为自己发声——这正是当时所需要的。这种方法大大提高了研究的准确性。这一转变可以用一个略显刻薄的逸事来说明：据说，在剑桥大学三一学院的一次高桌晚宴上，詹姆斯·弗雷泽爵士的朋友们问他，他那部开创性的著作《金枝》是否基于实地考察。他们问道："弗雷泽爵士，您见过原住民吗？"在那种场合下，提到接触原住民略显不恰当。据说，弗雷泽爵士回答道："上帝保佑，可别！"

与之相反，马林诺夫斯基则敦促研究者要"把握原住民的观点，了解他们与生活的关系，领会他们对世界的看法"。

这种新方法是一场更广泛运动的一部分。在马林诺夫斯基之前，他的同时代人拉德克利夫-布朗就已经对安达曼群岛的居民进行了深入的实地研究。在《安达曼岛人》一书的序言中，拉德克利夫-布朗描述了他的研究方法，这进一步推进了相关讨论。他的方法是试图通过亲身目睹的事件背景，以及通过当地人自己的视角来理解文化。他在序言中写道："民族志田野工作者常常满足于记录神话和描述仪式，而不关心这些事物的意义和它们所表达的内容……民族志学者容易陷入一种危险，即可能不是根据原住民的心理生活，而是根据自己的心理生活来诠释原住民的信仰……因此，我认为民族志有必要为自己提供一种确定意义的方法，这种方法应该像语言学家在研究一种新语言时确定词语或语素含义的方法一样有效，并且尽可能避免

'个人因素'的影响。"[273]

澳大利亚早期人类学先驱之一W. 鲍德温·斯宾塞在皮特·里弗斯博物馆巴尔弗图书馆的一封信中提供了一个明确的例子："我确信，我们对拜亚姆和达拉姆鲁姆的描述很可能是误导性的。白人很可能是无意中将自己关于神灵的想法'投射'到了原住民的观念中，这只是因为他们无法摆脱这样一个想法，即不可能存在一个没有'至高无上的存在'概念的种族。"[274]来到这个地区的传教士和其他人假定当地人一定有神灵的概念。另一方面，斯宾塞和另一位澳大利亚早期人类学家吉伦对这一假设提出了质疑。

这种对精确性、细节、背景的强调，以及对道德判断的暂缓，贯穿于我提到的所有学科，包括历史学和人类学，同时也适用于考古学。考古学领域越来越强调对出土文化或文物的精确记录。这是一个追求准确记录和建立新的实地工作精确标准的伟大时代。

格林·丹尼尔在概述考古学历史时这样写道："弗林德斯·皮特里无疑是现代考古发掘方法的奠基人之一。然而，在西欧，现代考古技术的真正先驱是一位非凡的军人——奥古斯塔斯·莱恩·福克斯。1880年，当他继承了克兰伯恩狩猎场的庄园后，依照遗嘱规定改名为皮特·里弗斯。在此之前，他曾以莱恩·福克斯上校的身份进行过一些考古发掘工作。但正是

---

273 Revised preface to *The Andaman Islanders*, viii–ix.
274 Quoted in Baker, 'Mild Anthropologist', p. 272.

作为皮特·里弗斯将军，他凭借1880年至1900年间在伍德卡茨、罗瑟利、伍迪耶茨、沃尔巴罗、博克利戴克和旺斯代克等地的卓越发掘工作，在考古学史上留下了不朽的名字。"[275]

皮特·里弗斯之于考古学，就如同博厄斯之于人类学，他们的追随者则类似于马林诺夫斯基和拉德克利夫-布朗。格林·丹尼尔描述了20世纪20年代伦纳德·伍莱在吾珥（乌尔）进行的重大发掘，如何采用了与历史学文献研究和人类学参与式观察相似的密集方法。考古学家们的研究重心也在转移，他们不再满足于仅仅在脑海中重建过去文明的样貌，而是希望尝试了解这些物品对当时的人们来说意味着什么，它们留存下来的背景以及它们是如何被使用的。

社会学领域也在发生同样的转变；就像历史学家发展出了一套回溯历史事实的方法，考古学家致力于考古事实，人类学家关注民族志事实，社会学家也在做着类似的工作。一个主要的例子是埃米尔·涂尔干的工作和影响，他在某些方面可以被视为社会学的重要奠基人之一，是这门学科的一位伟大先知。这一点在他关于自杀的研究中尤为明显，该研究基于详细的统计工作，展示了自杀发生的时间、涉及的人群等，并从这些事实中推导出理论和社会学规律。例如，一个奇怪的发现是，许多研究表明，至少在一些城市，四月份的自杀发生率非常高。

同样，我们可以在马克斯·韦伯对社会科学的意义和客观性的关注中，以及对方法论的新关注中看到这一点。这个时期，

---

[275] Daniel, *Origins*, p. 225.

社会学领域也开始对特定群体和特定问题进行深入研究，在某种程度上类似于人类学，使用类似的参与式观察方法，但通常是在工业化的西方城市社会中进行。18世纪和19世纪对文明阶段的宏观描绘正在让位于对细节的填补，社会学中也出现了反进化论的倾向。社会学早期阶段的进化论，如孔德、马克思等人的理论，在19世纪末20世纪初让位于这种反进化论的立场。

进化论并没有完全消失。认为一种范式消失后立即会出现另一种范式，这种想法过于简单化。通常情况下，我们会看到一个主流思想，而后在其中产生支流或亚流。大多数思想家的思维中都包含了不同范式的元素。例如，马克斯·韦伯在某种程度上也是一个进化论者；他写了很多关于从封建主义到资本主义的转变以及社会发展的内容。除了更多地关注功能和相互关系外，他的另一个不同之处在于，他是一个悲观主义者，而非19世纪进化论中的那种乐观主义者。韦伯在晚年变得越发悲观，这与20世纪初欧洲的动荡局势密切相关。他目睹了德国的崛起与随后的失败，同时也察觉到一种新型冷漠态度的蔓延。在他看来，科学的进步，尤其是官僚体制的扩张，很可能会带来一个并不比被取代的旧世界更美好的新世界。

韦伯在著名的《以政治为志业》中写道："等待我们的不是夏日的繁花似锦，而是极地之夜的冰冷黑暗与严酷……当这个漫长的夜晚慢慢退去时，那些曾经享受过奢华春天的人，又有谁能活到那时呢？"[276] 他谈到了"理性的铁笼"。我们也许变得

---

[276] Gerth, Mills, trans. and eds., *From Max Weber: Essays in Sociology*, 1946, p. 128.

更加理性，但在理性化的过程中，我们也失去了太多。这是一个禁锢我们的铁笼，就像官僚制度一样。他变得保守和悲观。

如尼斯比特所言："正如我们在托克维尔的著作中不可避免地发现他对贵族制的强烈偏好，在滕尼斯的著作中发现他对**共同体**的主导偏爱，我们同样不可避免地在韦伯的一生和著作中发现，他对那些似乎正被新社会统治者抛弃的传统价值观有着挥之不去的执着。"[277] 尼斯比特继续写道："在韦伯的时代，进化论和内生变迁理论①盛行。在这样的背景下，寻求一个社会体系（资本主义）变迁的原因不是在其自身——许多人在连续性思想的影响下正这么做——而是在一个独立的体系（新教）中[AM：换句话说，在宗教中]，这本身就是一个值得注意的成就。韦伯还主张，要深入理解社会变迁，必须从宏观描述转向具体行为动机的形成过程，并以变迁时期最具影响力的价值观为基础——这也是一项重大贡献。此外，他将资本主义兴起的研究置于真正的比较背景中，这在当时盛行单线发展论的学术环境中是独一无二的。'比较方法'在当时通常被视为仅仅是阐释单一进化过程中各个阶段的工具，这种观点在马克思和斯宾塞的著作中尤为明显。"[278] 然而，韦伯是一位真正的比较主义者和比较思想家。他通过研究中国、印度和中东等世界各地的社会，

---

277 Nisbet, *Tradition*, p. 293.

① 内生变迁理论（endogenous theories of change）指的是那些认为社会变迁主要由社会系统内部因素驱动的理论。这些理论认为，社会变迁是社会自身结构、功能和矛盾的产物，而非外部力量的结果。——译者注

278 Nisbet, *Tradition*, pp. 260–261.

深入探索了不同文化背景下特定情境的独特之处。

另一位社会学奠基人涂尔干，同样兼具进化论者和反进化论者的特质。"尽管被归类为'进化论者'，涂尔干至少在理论上反对单线进化的观点，他认为这种观点过于简单化：社会并非只有一种类型，而是存在许多不同质的类型。"[279] 涂尔干无疑延续了可以追溯到孟德斯鸠及更早时期的结构主义思想传统。以涂尔干对宗教的研究为例，虽然他研究的是非常简单的宗教形式（他称之为"基本形式"），人们可能认为他会从这些基本形式出发，逐步探讨西方社会中更复杂的宗教形式。然而，事实上他并未这样做。《宗教生活的基本形式》是一部独立的著作，涂尔干并没有继续研究从简单到现代的宗教形式的演变过程。涂尔干的思想中仍然存在一种残留的进化论观念，这体现为他关注"基本形式"，即他认为的最简单的形式——澳大利亚原住民的宗教。与当时的其他学者一样，他通过研究简单案例来为我们提供启示。

涂尔干面临的一个重大问题是：在西方社会中，什么力量将取代宗教和家庭系统的凝聚作用？为此，他提出了这样一个想法：通过研究宗教在最简单社会中的作用，我们或许能够明白它对现代社会的潜在贡献。他的目标是观察宗教如何在简单社会中团结人们并赋予生活意义，希望从中获得启示，也许我们可以借鉴类似的模式，或从中学习到有价值的经验。然而，涂尔干在很多方面都是个悲观主义者，他并没有进一步深入发展这个思路。

---

279 Lowie, *History*, p. 201.

　　　　　　　　＊

现在，让我们来探讨导致结构主义这一重大理论发生转变的原因。有趣的是，新理论体系的出现往往与数据收集相互影响：理论为数据收集提供依据，而数据收集又反过来改变理论体系。美国著名人类学家弗朗茨·博厄斯在19世纪80年代对因纽特人的研究就是一个很好的例证。博厄斯的思想展示了详细的微观研究如何开始挑战当时占主导地位的宏观进化论范式。

博厄斯的思想经过十年的酝酿，在1896年达到了一个转折点。他呼吁放弃"贫瘠的"比较方法，认为"试图构建统一的文化进化系统历史"是徒劳的。[280] 为了纠正进化论的错误，博厄斯提出了新的历史方法，对文化发展进行有控制的动态研究。从那时起，博厄斯开始系统地、不知疲倦地致力于推翻进化人类学。博厄斯挑战发展主义立场的灵感很大程度上来自他自己的田野经验，这始于他1883—1884年在因纽特人中的研究，后来又延伸到对西北海岸印第安人的研究。同样的情况也发生在20世纪初拉德克利夫-布朗在安达曼群岛的研究中，还有托雷斯海峡探险队的路途中，以及后来的马林诺夫斯基身上。新的数据出现了。

这一变革标志着人类学研究方法从"扶手椅人类学"转向实地田野研究。所谓"扶手椅人类学"，指的是像弗雷泽、泰勒等学者的研究方式。他们常常舒适地坐在西方的书房里，根据收

---

[280] In Boas, *Race, Language and Culture*, 1940, p. 280 (collection of papers).

到的大量二手资料来推测原住民的生活。不可否认,这些学者拥有丰富的知识储备。比如弗雷泽,他有一个令人惊叹的图书馆,阅读量也相当惊人。然而,他们的研究方法本质上还是坐在扶手椅上思考:"如果我是一个原住民,我会如何理解这个现象?我为什么要这样做?"到了20世纪中期,这种研究方法的转变在地方史研究中被形象地描述为"让靴子沾满泥土"。这个说法来自 W. G. 霍斯金斯等地方史学家,他们受到 R. H. 托尼等人的影响。他们呼吁研究者"走出去,让靴子沾满泥土",意思是要亲身实地考察,直接获取一手资料,而不是仅仅依赖书本上的二手信息进行推测。

沃格特指出:"进化论在19世纪90年代开始失去主导地位。这一变化源于新的生物学和历史文化证据,它们质疑了种族、心理和文化之间的固有联系。"[281] 随着时间推移,与进化论不符的现象越来越多。正如我之前提到的库恩所说的那样,当反常现象积累到一定程度时,思想的范式就会发生改变。虽然一个理论可以解释一些反常现象,但当这些现象大量涌现时,就必须重新审视整个理论框架。这种情况最初推翻了人们对世界的线性认知,继而催生了进步主义的世界观和进化论思想。而现在,我们又一次面临大量无法解释的反常现象,这预示着新的理论变革可能即将到来。

埃弗里勋爵对此有一番见解:"如果亲属关系系统是逐步发展并不断完善的,那么我们自然会认为,由于各地习惯和风

---

281 Voget, *History*, p. 190.

俗的差异，不同种族的各种进步并不会完全按照相同的顺序发生……比如缅甸人和日本人，尽管他们的整体文明程度明显高于前面提到的一些种族，但在家庭称谓系统方面却显得异常落后。"[282] 这在当时是一个反常现象，但埃弗里勋爵并没有因此动摇自己的理论体系。另一个日益凸显的反常例子是中国。

钱伯斯在很久以前就注意到了这一点。他说："中国文明之谜——为什么如此发达（尽管我们稍后探讨的理论可能会提供不同的视角）——可以通过考虑地理位置来解释。地理位置导致了居住的稳定性和人口的密集程度，这就解决了这个难题。"[283] 确实，在很长一段时间里，人们可以在很大程度上忽视这些反常现象。但这种做法变得越来越不可能，你必须改变理论来适应事实。这样做虽然困难重重，但别无选择，因为研究社会变迁的证据本就稀少，因此需要尝试新的方法。

正如我之前提到的涂尔干和韦伯，新思想家们并非完全反对进化论。这种看法过于简单化。他们的思想中也包含了新进化论的元素。例如，据路威所说："拉德克利夫-布朗历史思维的一个方面，虽然只是粗略勾勒而非完全阐明，但那就是他对文化进化的看法。它与摩尔根的理论不同，他放弃了所有的社会必然经历相同发展阶段的想法，但确实暗示了明确的社会趋势，尤其是更广泛的整合倾向于取代范围较窄的整合。"[284]

---

282 Avebury, *Origin*, p. 190.
283 Chambers, *Vestiges*, p. 302 (note).
284 Lowie, *History*, p. 226.

即便是马林诺夫斯基本人的思想中,也有一些进化论的痕迹。例如,他1947年出版的遗作《自由与文明》(*Freedom and Civilisation*)中就展现出了强烈的进化论色彩。这些思想也体现在他晚期关于文化变迁和发展的理论中。但总的来说,此时功能主义已经占据主导地位,与进化论形成了对立。马林诺夫斯基的功能主义是其中最极端的形式。功能主义完全反对历史主义、反对分布论、反对传播论,也反对进化论。在其极端形式中,它将每种文化都视为一个封闭系统。这种观点与后来社会学中的"系统理论"非常接近。

这种方法与生物学中研究封闭的生态系统的方法有些相似。比如,你可以研究一些岩石池或山顶,观察其中的整合系统、反馈机制、循环过程,以及系统不同部分如何协同工作。现在,这个新的理论体系就像我们现在回顾的旧理论一样,本质上是一种世界观。它提供了组织信息的新方式。正如我们在范式转换中所发现的,这种转变并不是通过逻辑、理性地逐步瓦解先前的理论而实现的。然而,正如我引用罗伯特·路威的话所说,当你审视事实时,旧的事实似乎是错误的,这种批评确实存在。但更重要的是,这是一种信念的转变,远不只是对旧理论体系的系统性瓦解。

贾维指出,进化论者和马林诺夫斯基其实在回答完全不同的问题。对于自己提出的问题,进化论者的回答是令人满意的。在社会科学中,范式的转换并非通过获取更多数据来回答同样的问题,而是通过改变问题本身。这就像列斐伏尔所说的"**一个表述不当的问题**"。当你改变思路时,你看到的世界没有变,但因为提出的问题不同，便得到了不同的答案。我之前提到过，贾维和盖尔纳都强调，新理论在哲学方面并不比旧理论更优越。

贾维和盖尔纳还认为，马林诺夫斯基的基本逻辑在很多方面存在问题。他们说："马林诺夫斯基的实证主义和相对主义观点是糟糕的形而上学。"特别是，他否定历史的重要性，过分强调功能性，这阻碍了对社会变迁的研究。"他的实证主义方法和平等主义形而上学都妨碍了对社会研究中一个关键问题的有效探讨：社会变迁。马林诺夫斯基的理论无法解释社会是如何变化的……"[285]

这种方法本身很有价值，让我们学到了许多新奇有趣的知识。但它无法解答一个根本问题：为什么事物会是现在这个样子？如果采用内部观点，答案就变成了"事物之所以如此，就是因为它们本来就是这样"。这是一种循环论证，完全忽视了发展的因素。这种思维方式可能像早期的进化论一样局限。要真正理解事物，离不开历史视角，但同样重要的是要了解事物在特定时间点是如何运作的。

尽管我们后来发现马林诺夫斯基和早期功能主义者的观点存在不少问题，但它们在当时却广受欢迎。功能主义形成了多个流派，推动人类学在这一时期作为学术学科快速发展。功能主义对数据收集方法产生了深远影响，促进了大量有价值的资料的积累。

---

285 Jarvie, *Revolution*, pp. 18–19.

＊

让我们回顾一下之前讨论的人类学发展的原因。首先是技术变革。我曾提到，帆船是早期人类学研究的重要工具。随后，蒸汽船取代了帆船，使人们能更频繁地进行远洋旅行。除此之外，还有更好的枪支、更先进的通信和动力系统，以及世界各地工业实力的增长。有趣的是，虽然欧洲的汽车和通信技术快速发展，但欧美与世界其他地区之间的政治差距却开始缩小。

这种变化对人类学产生了重要影响，体现在从帝国主义向殖民主义的转变。帝国主义时期，英国和其他欧洲强国积极对外扩张，瓜分了世界大部分地区。而在两次世界大战之间的殖民主义时期，主要是维持已有的统治。这段时间里，大英帝国既没有大幅扩张，也没有明显萎缩，处于一种相对稳定的状态。1840年到1890年的大扩张已经结束，19世纪90年代以及第一次世界大战后，局势趋于稳定。

霍布斯鲍姆在《工业与帝国》中指出："在经济的四个方面，英国都落后于竞争对手；当这些对手占据了英国最先开拓后来又放弃的领域时，这种落后就显得尤为明显，甚至令人痛心。"他强调："在短短三四十年间（1860—1890/1900），英国从领先且最具活力的工业经济体突然变成最迟缓和保守的，这是英国经济史上的关键问题。"[286]

---

[286] Hobsbawm, *Industry and Empire: 1750 to the Present Day*, 1968; Penguin 1987 ed., p. 178.

进步思想开始动摇，部分原因是欧洲内部的失衡加剧，第一次世界大战也动摇了欧洲的自信。即使是曾在1860年前在欧洲占据主导地位且是第一个工业化国家的英国，也在1860年后开始受到挑战，先是来自德国，然后是法国，最后是美国。维多利亚时代的英国人对帝国和命运的自信不再那么容易维持。

我认为，欧洲扩张和政治主导地位这个论点是核心。地理大发现时期和大帝国时期那个开放、扩张、不断发展的世界已经结束了。我觉得H. J. 麦金德在一篇有趣的文章中很好地捕捉到了这种感觉。1904年，他在为英国皇家地理学会写的一篇题为《历史的地理枢纽》的论文中写道："当遥远未来的历史学家回顾我们现在经历的这几个世纪，并看到它们被压缩时……他们可能会将过去的400年描述为哥伦布时代，并提到这个时代在1900年后不久就结束了。最近，人们普遍认为地理探索已接近尾声，并认识到地理学必须转向深入调查和哲学综合的目的。"他还提到，世界已经被欧洲列强"几乎完全政治占有"；"几乎没有'未被占领'的土地可供进一步殖民扩张……"。[287] 但现在，政治潮流已经转向。麦金德精辟地概述了三个主要历史阶段。他说："从宏观角度来看，我们可以将哥伦布时代与前一个时代对比。哥伦布时代的本质特征是欧洲几乎没有遇到抵抗就实现了扩张，而中世纪的基督教世界则被限制在一个狭小的地区，还要面对外部蛮族的威胁。"随着欧洲获得政治和技术领域

---

[287] Mackinder, 'The Geographical Pivot of History', *The Geographical Journal*, v. 23, no. 4 (April 1904), p. 421.

的主导地位，人们的历史观从循环性转向了连续性，并逐渐倾向于进化的观念。但到了19世纪末，一个新时代正在来临——一个新的封闭时代。麦金德预言："从现在开始，在后哥伦布时代，我们将再次面对一个封闭的政治体系，尽管它将是一个全球范围的体系。每一次社会力量的爆发，不再消散在未知的空间和混乱中，而将从地球的另一端清晰地回响。"[288]

其实在麦金德于1904年写下这些观察之前，帝国主义衰退的迹象就已经显现。早在大约50年前，印度民族大起义（1857—1859）就已经对帝国统治构成了严重挑战。到了世纪之交，甚至在第一次世界大战这个最终重创帝国主义的事件发生之前，许多人已经察觉到了这种变化。伦纳德·伍尔夫在1928年的观察就是一个很好的例子。他认为："英国在印度推行的帝国主义政策存在一个根本矛盾——如果成功地将西方的统治和文明强加于亚洲，反而会激发强烈的反抗，最终导致帝国主义的自我毁灭。"[289] 这种见解在当时无疑是令人震惊的。要知道，大英帝国的建立是基于这样一种理念：这些被殖民统治的地区和国家正在逐步被纳入帝国体系，成为帝国使命的一部分。这个使命包括逐步培养这些被视为"孩子"的地区实现自治和自我管理。然而，在当时的人们看来，这个目标似乎遥不可及。

伦纳德·伍尔夫是一位帝国主义的杰出批评家，这一点我们之前已经提到过。他提出了一个与麦金德理论相关的观点：世

---

288 Mackinder, 'The Geographical Pivot of History', pp. 421–422.
289 Woolf, *Imperialism*, p. 56.

界是一个封闭的系统，如果你在一个方向施加力量，这种力量终将会反弹回来打击你自己。换句话说，当我们用武力入侵和震慑世界其他地方时，这种影响最终会反噬我们，导致我们的统治崩溃。伍尔夫将英国帝国体系的历史划分为三个时期：第一个时期从1835年到1858年的印度民族大起义中期；第二个时期从1858年到1905年；第三个时期始于1905年，一直持续到他写作的时代。他认为，第三个时期是对欧洲统治的反抗期。在日本的影响下，印度民族主义迅速而激烈地发展起来。事实上，尼拉德·乔杜里的作品以及其他研究都表明，大约在20世纪初，印度民族主义思潮和印度应当独立的理念变得更加广泛流行。随后爆发的第一次世界大战，使得欧洲局势的变化更加突然并充满戏剧性。这种影响的加剧主要是由于西方世界自身的内部崩溃。

我之前提到过，新的相对主义人类学诞生于世界大战时期，其中有一种特殊的讽刺意味。马林诺夫斯基在特罗布里恩群岛被囚禁期间开展的研究工作，正是这种新人类学思潮的代表。有趣的是，恰恰在欧洲优越感幻灭之际，人类学转而深入研究其他文化，试图从中寻找理解我们自身困境的线索。想想看，当法国人、德国人和英国人在战场上互相屠杀，造成数百万人死亡的惨剧后，还有谁能相信理性、政治稳定和道德在不断进步呢？这场大规模的杀戮粉碎了人们对世界的美好幻想。事实证明，正如达尔文在某种程度上所展示的，这个世界不过是一个残酷的竞争系统。因此，人类学家们开始采取一种更加谦逊、非历史性的结构主义方法。他们不再关注欧洲的宏大命运，而是转向微观研究，试图理解具体的文化细节。用罗伯特·洛威的话说，人类学从宏观绘图转向了深入分析。

我曾在本书的开篇（"人类学家的观察"）中提到，只有在地理探索为了解社会多样性奠定基础之后，才有可能进行真正有价值的民族学研究。近年来，探索的重点已转向更加深入细致的调查。与此同时，学术界的观点也发生了显著变化。过去，特别是在进化论盛行的时期，人们往往将远古时代视为黑暗落后的，认为原始民族是野蛮的。然而，这种观点现在已经改变。19世纪后期，前拉斐尔派运动掀起了中世纪复兴的风潮，人们开始意识到我们可以从中世纪时期学到很多东西。这个时期的艺术作品让我们重新认识到早期时代的美。同时，学者们开始热切地提出"野蛮人的高贵"这一观点。埃文思-普里查德等许多学者争辩说，原始思维并非不合逻辑。他们指出，原始婚姻制度并非基于简单的群居本能，原始家庭制度也并非从简单演变为复杂。事实上，许多最早的家庭制度比我们现在的还要复杂得多。新的研究表明，原始人并非没有宗教信仰，也不是仅仅相信荒谬的迷信。简单社会、部落社会和农民社会的活动，从他们自身的角度来看，是连贯的、有道德的并且值得尊重的。原始的器物也被认识到具有独特的美。

亨利·摩尔和他的同代人开始意识到，我们曾傲慢地忽视了大量高超的工艺和艺术。他们发现所谓的"原始人"并非懒惰，只是追求不同于资本主义增长和积累的社会目标。

学者们开始反对民族中心主义（将自身文化视为世界中心）和时代中心主义（以当代为衡量其他社会的标准）。他们认为"原始人的使命"是教导我们一些文明礼仪。情况发生了逆转,我们应当以谦逊的态度去学习世界的多样性、丰富性和奇妙之处。

以下是拼图中功能主义和结构功能主义的部分:

类别	功能主义(约1920—1950)	结构功能主义(约1935—1980)
人物	马林诺夫斯基 理查兹 迈尔	拉德克利夫-布朗 福蒂斯 埃文思-普里查德 弗思 比蒂 巴恩斯 格卢克曼
时间观	大体静态 短期变化 强调平衡 横断面研究	静态 短期变化 自我修正的平衡机制,但开始对历史发展产生兴趣
权力观	独立运动 两次世界大战和西方世界的动荡 殖民主义持续和帝国的维系	殖民主义的终结和后殖民主义的兴起 冷战开始
隐喻	社会整体是一台复杂的机器,由多个活动部件组成	社会各部分都是整体结构中发挥特定功能的组成部分
问题	一个部分的功能是什么? 什么是由功能组成的整体结构? 功能比较	社会结构如何运作? 在既定社会中的模式是什么?
模型	生物学 技术	技术 社会学 法律
理论贡献	文化相对主义与对民族中心主义的批判 强调深入细致的民族志研究	对特定社会进行深入的个案研究 更全面、深入地理解社会运作机制
背景	第一次世界大战	殖民主义末期

第 14 章

进化论的再次兴起

在这一章中，我想探讨1930年到1980年这段时期。这个时间段延伸到了我首次撰写这些讲稿的1982年，也是我回顾自己学术生涯和结构主义时期的阶段。正如我在前文中解释的，功能主义是一种反历史、反传播论的理论范式。

我们可以将功能主义分为两个阶段：第一个阶段是呈现出强烈的反历史特征的功能主义阶段，以马林诺夫斯基为代表；第二个阶段包含多个不同流派，其中一些流派回归到了更注重历史、进化，甚至类似维多利亚时期的研究方法。我将在本章中详细讨论这一点。

实际上，人类学在这一时期经历了分化。一方面，以迈耶·福蒂斯和埃文思-普里查德为代表的功能主义和结构功能主义继续发展；另一方面，在20世纪50年代到70年代，以列维-斯特劳斯和路易·杜蒙等法国学者为代表的结构主义兴起，呈现出更加反历史的特征。虽然功能主义和结构功能主义在某种程度上仍然保持反历史的立场，但与此同时，一种新形式的进化论也开始兴起。接下来，我将对这一现象做出解释。

20世纪50年代之后，特别是在历史学，同时也在人类学领域，出现了一种回归进化模型的趋势，即马克思主义或新马克思主义人类学、考古学等。在考古学领域，这种趋势体现在戈登·柴尔德以及后来的格雷厄姆·克拉克等人的工作中。例如，沃格特在他的《民族学史》中写道："考古学一直处于有利地位，能够将历史过程和进化过程结合起来。因此，1936年考古学家柴尔德……通过描述推动人类社会和精神生活进步，并显著增强人类生存能力的重大生存和技术革命，重新激发了人们对文化进化的兴趣，这是恰如其分的。"[290] 柴尔德对人类学，尤其是对杰克·古迪等人产生了影响。

在人类学领域，拉德克利夫–布朗和马林诺夫斯基后期的工作比他们早期对传播论的反应更接近社会进化论。但人类学中一个更戏剧性的例子是朱利安·斯图尔德和林恩·怀特的工作，他们通过一系列对当时盛行的反历史趋势的批评，将进化视角重新引入美国人类学。

人们一直都意识到，尽管我们可能试图避开起源和历史等问题（因为它们难以确知），但这些问题确实很重要。贯穿学科发展的整个历史，人们一直接受这样一个观点：如果我们了解或知道过去，我们就会将其纳入考虑。罗伯特·路威在他的《民族学理论史》(History of Ethnological Theory) 中写道，年代学一直存在，只是往往被忽视了。我们已经看到，学者们在年代学偏好上存在广泛分歧。有些人满足于模糊的时间指示，有些人坚持精确的时间定位，还有一些人声称只依赖书面记录，甚

---

290 Voget, *History*, p. 552.

至在原则上蔑视历史。即使是极端主义者——这是一个重要观点——也会将年代学偷偷带入他们的体系中，因为时间范畴是不可避免的，因此我们需要尽可能准确地确定年代。

这些变化有其背景原因。在这些章节中，我集中讨论了政治对知识体系的影响。对社会系统稳定性描述的挑战日益增长，尤其是在20世纪30年代。随着大萧条的发生、欧洲法西斯主义的兴起以及民众信心的普遍丧失，世界再次开始崩溃。

经济大萧条在引起人们对系统性矛盾、冲突和混乱的关注方面起到了尤为关键的作用。大萧条和第二次世界大战是深刻的历史事件，它们动摇了社会科学家对功能性和系统性整合现实的信念。这是一个转折时期。随着人类学家更多地注意到工业化世界和非工业化世界在机械化浪潮中经历的加速变革，对静态结构功能关系的强调开始动摇。不仅是因为经济危机和第二次世界大战导致欧美内部信心和信念的丧失，回顾历史我们也能清晰地看到，权力平衡再次发生了转移。

英国作为领先的经济强国的地位早已受到挑战，但直到第二次世界大战之后，它才真正失去了帝国地位。这个过程始于1947年最大块殖民地的独立，随后在接下来的十年里，大部分其他殖民地也相继独立。在20世纪40年代之后，将人类学和其他学科视为分析社会凝聚力的工具这一观念变得难以维系。到了五六十年代，学者们对时间、变迁等概念产生了新的兴趣。

例如，埃文思－普里查德强烈反对他的导师拉德克利夫－布朗和马林诺夫斯基的观点，并在50年代为历史在人类学中的价值提出了新的研究方向。埃文思－普里查德本人受过历史学训

第14章 进化论的再次兴起　　267

练，他试图将历史学和人类学结合起来，这对我产生了很大的影响。埃德蒙·利奇在他著名的缅甸高地研究中，对单纯的功能主义观点持否定态度，引入了时间元素，即使这种时间概念是一种来回摆动的钟摆。迈耶·福蒂斯在他的模型中引入了循环时间、社会时间的概念。维克多·特纳则引入了冲突、运动、戏剧性等概念。

在人类学领域，你会发现学者们对时间的兴趣日益增长。同样，在历史学领域，马克思主义历史观在《过去与现在》（*Past and Present*）杂志上兴起，出现了像爱德华·汤普森的《英国工人阶级的形成》（*The Making of the English Working Class*）这样的经典著作，以及马克斯·韦伯进化模型的逐步融入。

这种变化再次发生在第二次世界大战后快速发展的政治和技术变革的背景下。欧美的旧社会秩序似乎正在瓦解。一切都在变化，阶级之间、性别之间、年轻人和老年人之间的关系都在迅速变化。20世纪50年代兴起的流行文化，以及欧洲、美国与世界其他地区之间的关系也在迅速变化。

如我之前提到的，欧洲传统帝国的最终退场正在发生，而冷战则导致了两种意识形态之间的斗争。技术再次开始快速发展。回顾过去，维多利亚时代那种给人以进步感的技术大潮似乎在19世纪末有所放缓。

1890年到1940年间的变化并不显著，但在1940年到1960年，技术却出现了大幅提升和变革。医学和卫生领域出现了抗生素的重大革命、新疫苗的开发等。过去几百年中最大和最重要的发展可能发生在1930年到1960年期间，如DNA的发现等。

通信技术突然出现了巨大飞跃，特别是无线电、电视和电话的普及。破坏性武器的威力突然提升了一个数量级，先是原子弹的爆炸，然后是氢弹的发展；这将破坏的可能性提升到一个新的水平。

同样，在经历了20世纪30年代的低迷时期，第二次世界大战结束后，经济突然开始再次增长。德国带动了欧洲部分地区的经济复苏，美国和日本的经济也开始蓬勃发展。战后，美国经济迅速前进，逐渐成为地球上的主导力量。虽然地球表面的探索早已完成，没有太多新的发现，但出现了两个新的重要领域：海底及其运作机制（如板块构造等），以及作为新疆界的太空。正如麦克米伦（Macmillan）最著名的那句——"我们大多数人从未如此富足"，一切似乎都在变好，正是在这个时期，新进化论的理论框架变得越来越令人信服。

韦伯和马克思成为两位令人兴奋的社会学家，受到几乎所有人，尤其是人类学家和历史学家的高度重视。社会学也随着发展主义而发展。在人口研究和人口统计学领域，人们对经济和人口变化的各个阶段产生了新的兴趣，包括马尔萨斯革命以及随后的反驳理论。例如，埃斯特·博塞拉普等人提出，事物正在变化和改善，存在某种技术进步的规律，这将克服马尔萨斯早期更为悲观的观点。

20世纪60年代，进化论视角在学术界重新获得重视。沃格特对此现象做出了这样的描述："进化论思想被重新引入美国民族学，引发了一系列将政治系统分类和排序的研究热潮。这些研究试图展示政治系统从简单到复杂的阶段性演进过程。这种政治进化论视角的兴起,部分是受到了史前学家对古代城市文明兴起的研究的激发。史前学家对这一主题的兴趣,与政治进化论形成了相互促进的关系。"[291]

当时出现了一种新的乐观主义和自信心。例如,沃格特再次写道:"罗伯特·雷德菲尔德在总结他的《原始世界及其变革》(*The Primitive World and Its Transformations*)一书时,乐观地指出人类在这场实验中智慧、道德和品格的提升……对目的性发展的重新关注再次引导人类学家对文化价值进行判断。透过进步的棱镜回顾过去,人类学家似乎与早期发展主义者,特别是人文主义者的思想理念保持一致。"[292] 沃格特进一步将这种观点与西方,尤其是美国的一种新型统治形式联系起来。这是一种新型帝国主义,不同于英帝国那种掠夺土地的旧式帝国主义,而是经济帝国主义。换句话说,这种新型帝国主义通过开拓市场,利用经济力量获取世界财富的大部分份额。

随着各国政府在全球范围内越来越深入地卷入权力政治,问题变得更加复杂。美国政府在越南开展相关研究,为越南战争做准备,这类研究给人类学的某些方面赋予了新的使命。虽然这种做法受到广泛批评,但本质上,这与英帝国时期有相似之处。英帝国需要了解它所征服和征税的人民,而美国则需要了解来自对手的威胁,以及如何借助社会科学家的帮助来实现其经济和其他目标。

---

291 Voget, *History*, pp. 698–699.
292 Voget, *History*, pp. 584–585.

就像维多利亚时代那样，人们对详细信息的兴趣再次高涨，而且信息的数量和质量都在提升。例如，历史学领域出现了一场档案革命。我亲身参与了这场革命，包括开放地方档案和公共记录，以及以新方式获取关于过去社会的第一手资料。在20世纪50年代到60年代，我参与了地方史研究等令人兴奋的发展。这是历史学和历史文献研究的一场革命。

同时，人类学的深入研究方法有了很大的发展，电影和摄影技术也得到了广泛应用。考古学出现了全新的革命性方法，特别是放射性碳测年法和树木年轮年代学。社会学则开始使用更深入的研究方法，并利用计算机来提高信息质量。

我亲身经历了那个时代，并参与其中，因此我深知当时存在一种普遍的扩张感和兴奋感。经济在扩张，新的大学不断成立，人们突然充满了新的信心。我们当时感觉世界是可以被改造和改善的。一切都在扩张。那是一个适合大计划、大型会议、大预算和大项目的时代，其中一些可能不太理智，但都令人兴奋。

历史学家们开始撰写一些宏大的著作，比如诺贝特·埃利亚斯的《文明的进程》(*The Civilizing Process*)，这本书最初于1939年用德语出版，但直到60年代才广受欢迎。劳伦斯·斯通的《婚姻与爱情》(*Marriage and Love*)一书记录了现代情感的发展等。这种趋势在心理历史学家和爱德华·肖特等人中间也很普遍。我们感觉一切都在进步。我们认为现代人比我们的祖先更宽容、更富有情感。

正如我一直解释的那样，历史发展并非单向的，而是起起落落。20世纪60年代的信心，尤其是在英国和欧洲，在70年代初遇到了新的障碍：石油危机、越南战争、经济衰退，以及对武器扩散的担忧。这些事件导致了一定程度的信心丧失。然而，通信革命仍在继续，特别是计算机的兴起，后来还有互联网的出现。探索也没有停止；科学发展，尤其是医学和生物学领域，仍在快速前进。有趣的是，我们同时看到了两种截然不同的学术趋势。一方面，以列维－斯特劳斯为代表的法国结构主义学者，倾向于将社会视为静止的考古层位来研究，如埃德蒙·利奇所说，他们对历史变迁不太感兴趣；另一方面，学界对大型历史研究计划的兴趣却在不断增长。

将这种新进化论与旧进化论相比很有趣。它是否成功避免了帝国进化论的弱点，如道德傲慢等曾玷污早期观点的问题？在20世纪80年代初，就我熟悉的家庭社会史领域而言，我感觉历史学家们回到了一种令人不快的维多利亚式道德说教。至少一些研究家庭的学者如斯通、肖特等，倾向于认为我们的祖先生活在前现代时期，那时的生活"肮脏、野蛮、生命短暂"，情感被压抑，人们基本上不如现代人。他们认为我们在18、19世纪才进入一个更理性、更富有感情的世界。为了理论需要而将人们推向过去的做法似乎再次出现，我试图尽力动摇这种观点。但有趣的是，现在回顾30年前，我确实接受了某些观点。

其中之一是，我看待人类社会历史的方式基本上采用了18世纪提出并在19世纪修订的社会发展阶段论。在剑桥大学为本科生授课时，我经常将人类历史分为四个主要阶段：首先是约5万年前仅靠地球表面资源生存的狩猎采集社会；其次是首次驯化植物和动物的部落社会，大致在3万年前到1万年前（这些时期持续的时间很长）；然后是我们所说的第一批文明，具有文字、国家、工艺等特征，始于约 1 万年前；最后是现代工业资产阶级社会。这是我当时思考问题的发展框架。

另一个对我影响深远的是马克思—韦伯理论中关于社会发展阶段的观点，尤其是资本主义如何从封建主义中演变而来的理论。这一理论还认为，资本主义个人主义的现代文明最初只在世界的一个地方出现，也就是欧洲，然后向其他地方传播。特别是，如马克思和韦伯所认为的，这一过程始于英国。我参与了 20 世纪 60 年代（始于 50 年代）的一个学术潮流。这个潮流关注现代世界的起源，认为现代社会和资本主义首先在欧洲发展起来。在那个时期，特别是在历史学领域，出现了许多体现温和进化论思想的作品。

我们可以从一个极端的例子开始，那就是罗斯托 1960 年出版的《经济增长的阶段：非共产主义宣言》。尽管这本书是非共产主义的，但它仍然采用了类似的发展阶段和经济增长阶段的概念。这本书描述了社会是如何一个接一个地"起飞"的：首先是英国，然后是德国和法国，接着是美国，再后来是日本。在他写这本书时，发展大致到这里，如今我们可以继续补充其他国家的起飞过程。20 世纪 60 年代到 70 年代，出现了许多激动人心和引人入胜的著作。比如大卫·兰德斯的《解除束缚的普罗米修斯》（*The Unbound Prometheus*），约翰·霍尔、迈克尔·曼等人关于"欧洲奇迹"和资本主义兴起的各种著作，E. L. 琼斯的《欧洲奇迹》（*The European Miracle*），以及后来贾雷德·戴蒙德的《枪炮、病菌与钢铁》（*Guns, Germs, and Steel*）——这本书探讨了文

第 14 章 进化论的再次兴起　　273

明如何从最早的起源发展而来。

那时出现了一系列研究"欧洲奇迹"的著作，用现在的话说，这些可以被称为"轻量版进化论"。我认为，这与我之前提到的现象相吻合：美国（大部分这类理论的发源地）、欧洲和日本与世界其他地区之间的差距不断扩大。当时，发达国家和所谓的不发达国家之间的不平等差距已经相当显著，而且随着技术的快速发展，这种差距还在不断加大。

这些因素让西方人产生了一种领先的感觉。这是一个"援助与发展"的重要时期，西方试图帮助其他社会达到自己的水平，同时抵制共产主义这一实现发展的替代方案。这体现了一种线性的历史观，再次将西方置于领先地位。这个观点一直延续到我结束这部分章节的地方。

1989年柏林墙的倒塌象征性地标志着苏联共产主义的终结。1989年成为"西方的胜利"的象征，这也是当时许多书籍的标题。这一"胜利"被一位名为福山的学者所庆祝，他是一位在美国兰德公司工作的日裔学者。兰德公司是一个与资本主义发展密切相关的智库。福山在他后来成书的文章《历史的终结与最后的人》中提出：虽然我们可以回顾整个文明的发展历程，但现在西方已经胜利了，资本主义已经胜利了，个人主义已经胜利了，美国已经胜利了，因此历史已经终结。他认为，从那时起，人类唯一需要做的就是继续增加世界的财富和维护世界的安全。

这似乎是一个黄金时刻，但历史并未在1989年终结。在后文中，我将讨论在那之后的事件，以及我对1982年原始写作的进一步阐述。

接下来，我们将讨论两个重要的思潮：马克思主义和法国结构主义。

类别	功能主义 （约1920—1950）	结构功能主义 （约1935—1980）	马克思主义 （约1950—1989）	结构主义[①] （约1940—1990）
人物	马林诺夫斯基 理查兹 迈尔	拉德克利夫-布朗 福蒂斯 埃文思-普里查德 弗思 比蒂 巴恩斯 格卢克曼	戈德利尔 布洛赫 沃斯利 沃尔夫 弗里德曼	列维-斯特劳斯 利奇 道格拉斯 （莫斯）
时间观	大体静态 短期变化 强调平衡 横断面研究	静态 短期变化 自我修正的平衡机制，但开始对历史发展产生兴趣	系统随时间推移的长期演变 社会发展经历的各个阶段	静态分析 关注时间的层次性
权力观	独立运动 两次世界大战和西方世界的动荡 殖民主义持续和帝国的维系	殖民主义的终结和后殖民主义的兴起 冷战开始	冷战 发展与欠发展问题	关注技术发展带来的平等和同质性 追求各种形式的平等
隐喻	社会整体是一台复杂的机器，由多个活动部件组成	社会各部分都是整体结构中发挥特定功能的组成部分	动植物通过不同阶段的生物生长过程	地质地层 语言结构 二进制计算机
问题	一个部分的功能是什么？ 什么是由功能组成的整体结构？ 功能比较	社会结构如何运作？在既定社会中的模式是什么？	历史发展的基本决定因素是什么？ 意识形态的神秘化表现在哪些方面？	探讨关系之间的关系 寻找人类思维的深层普遍性 研究代码和思想的本质
模型	生物学 技术	技术 社会学 法律	社会学 历史学 经济学	语言学 控制论 计算机科学 符号学 地质学
理论贡献	文化相对主义与对民族中心主义的批判 强调深入细致的民族志研究	对特定社会进行深入的个案研究 更全面、深入地理解社会运作机制	回归对宏大问题的探讨，关注更长的历史时间跨度 社会现象去神秘化	使用包容性研究方法 发现不同层次间的联系 普遍性原理
背景	第一次世界大战	殖民主义末期	冷战时期	数字时代的开端

① 此即作者所说"法语意义上的结构主义"。——编者注

对1982—2023年变迁的反思

2012年12月：对讲座的反思

30年前，我首次为剑桥大学社会人类学三年级学生开设了"资本主义的宇宙观"系列讲座，共八讲。我在1982年编写了讲稿，并在随后的三四年里讲授。时光飞逝，令人惊叹。如今，我正在重新录制这些讲座，内容有所增减，但基本框架仍保持原样。这30年间，我渐渐老去，世界也发生了巨变。此刻正是回顾这一系列讲座并反思后续事件的好时机。在之前的讲座中，我概述了三次重大的范式转变：文艺复兴引领的进步阶段、进化论阶段和结构主义阶段。而今，我意识到在过去30年里，我见证了另一次重大转变。虽然不确定它是否与先前的转变同等重要，但我暂且称之为全球化或全球范式。

这种认识源于我的阅读和旅行经历。1986年结束讲座后，我的研究重心转向了尼泊尔，随后在1990年访问了日本。日本的"他者性"给我带来了巨大冲击，我在《镜中日本》（*Japan Through the Looking Glass*）一书中详细描述了这种体验。虽然我此前在理论上知道日本在某种意义上是"欧洲奇迹"的延伸，但在多次实地访问和深入了解之后,我的观点发生了极大的变化。1990年首次访日后,直到1996年左右,我才真正重拾讲座的核心主题。在此期间,我完成了《和平的野蛮战争》(*The Savage Wars of Peace*)一书,比较了日英两国的医疗史及其他历史。之后,我开始更深入地研究曾在讲座中提到的思想家,如孟德斯鸠和托克维尔等。

我后来写了两本书:《现代世界之谜》(*The Riddle of the Modern World*,2000)探讨了孟德斯鸠、亚当·斯密和托克维尔的思想;《现代世界的诞生》(*The Making of the Modern World*,2002)则聚焦于福泽谕吉和梅特兰。通过深入研究这些伟大思想家的生平和著作,我加深了对范式转变及其原因的理解。21世纪带来了巨大的变化。1996年我曾短暂游览中国,但从2002年开始频繁访问。我对中国产生了浓厚的兴趣,在那里讲学并试图理解这个国家。这种经历,加上对日本的了解,以及对印度的零星访问和多次尼泊尔之行,让我意识到一个将在后文简要讨论的现象:世界力量的再平衡。这意味着世界正在回归到19世纪之前的状态,即东西方在权力和财富上的均衡。

另一个重要发展是,我在20世纪90年代及之后的几个时期受邀做了一系列关于社会理论发展的讲座。这些讲座基于我之前提到的著作,另外增加了对马克思、韦伯、涂尔干、欧内斯特·盖尔纳和梅特兰的研究。这给了我一个机会回顾、扩展和深化对这些范式转变的理解。

大约从2000年开始,另一个重大变化发生了。多年来,我一直对计算机在教学和研究中的应用感兴趣,并开发了一些视频光盘和计算机信息检索系统。但直到21世纪初，电影、计算机和互联网的结合才展现出其全部潜力。我和许多人一样意识到，我们已经生活在一个全球通信的世界中。我对YouTube、Facebook（脸书）等新兴媒体产生了兴趣，建立了自己的网站，开始录制内容。在过去几年里，我在一些新媒体平台上也建立了一定的影响力。

自1989年我结束上一次讲座以来，主要发生了两个重大变化。首先是全球力量平衡的转移。金砖国家以及许多其他国家的崛起，加上此前日本的发展，意味着欧美正走向相对衰落，甚至可能在未来面临绝对衰落。因此，"西方领先，而其他国家需要追赶"的旧观念已不再适用。虽然一些追赶仍在进行，但整个世界如今比以往任何时候都更加平等和平坦。其次，我们生活在一个全球互联的世界。无论是实地还是虚拟地，跨越远距离变得更加容易。我在东方度过了很长的时间，而互联网和通信革命意味着我们现在生活在一个即时全球化的世界中。

此外，还有与"9·11"事件和某些伊斯兰教派及其他组织崛起相关的政治不稳定因素。这意味着我之前以"历史的终结"结束时的那种轻松自满不再能够维持。显然，历史并未终结。

有趣的是，从早期的分析中我可能会预测，如果力量平衡再次倾斜，范式的变革就会发生。从1990年左右开始（尽管马歇尔·霍奇森的《伊斯兰的冒险》等作品中有更早的预兆），越来越多的著作开始挑战"欧洲奇迹"的整个叙事。一些领先的思想家开始质疑：稍等，马克斯·韦伯等人告诉我们，欧洲及其思想或经济系统有某些特殊之处，它将主导世界并保持其地位，而其他地方几乎不可能效仿。但现实是什么？中国、印度、巴西、俄罗斯、日本以及越来越多的其他国家都在快速发展，增长速度远超西方。也许这一切都是无稽之谈，也许并没有什么特殊因素，也许发展是自然的、普遍的，只是一两个国家由于幸运或剥削而暂时领先，但其中并没有什么本质上的特别之处。

许多书籍的标题反映了这种新的思潮。例如，贡德·弗兰克的《白银资本：重视经济全球化中的东方》（1998），这是一个巧妙的双关语，意味着"让我们转向东方，让我们重新调整思维"。布劳特的《殖民者的世界模式》（1993）则对欧洲中心主义进行了尖锐的批评。我的老师、挚友兼引路人杰克·古迪也著有数部相关作品，其中最能体现这一思想的可能是《西方中的东方》（1996）和《偷窃历史》（2006）。还有一些著作更具体地关注某个崛起的大国，尤其是中国，如王国斌和彭慕兰（Kenneth Pomeranz）的研究，特别是后者的《大分流》（2000）。这些作品都挑战了欧洲中心模式，提出了一个更加多元化的世界发展观。

例如，彭慕兰认为，直到1800年左右，东西方的发展水平大致相当，中国甚至可能比西方更富裕。随后，仅仅由于一些偶然因素，英国发现了煤炭的使用价值，再加上当时在不断扩张的过程中获得了大量财富，这双重效应意味着英国的发展突飞猛进。彭慕兰和许多其他学者的观点是，这就像一场长跑，一个国家领先一段时间，然后另一个国家又赶上来。现在我们正在回归到一个更加平衡的世界，在这个世界里，中国可能在一段时间内领先于其他国家。

在这里，我不会详细讨论我对今天这些新范式的看法和感受,但我想简要说几点。首先,我非常赞同这个新的转向。我曾以维多利亚时期英国的帝国主义阶段为例,明确指出了西方的傲慢和种族主义倾向。维多利亚时期西方思想中的帝国傲慢确实需要被纠正。这种观点在当时是荒谬的,现在依然如此。在20世纪后半叶,许多欧洲中心论者的作品中潜藏着一种傲慢,这通常被称为新保守主义思想,在美国尤其如此。他们认为美国的使命是不顾一切阻力,向全世界传播美国的生活方式。这种观点可能被推向极端,应该被纠正。还有其他伟大的文明,它们对我们有重要启示。在某种程度上,这种重新平衡是必要的。

另一方面,新范式也展现了许多范式变迁的典型特征,即倾向于将好的与坏的一起抛弃,正如英语谚语所说的"把洗澡水和婴儿一起倒掉"。我们在反对进化论的反应中看到了这一点。功能主义并没有解答或回答关于起源、历史、事物为何如此的问题。它只是回避了这些问题,认为我们不知道,也永远不会知道,所以让我们继续研究社会当前是如何运作的。后来人们意识到问题并没有消失,只是问题的形式改变了,而他们忽视了这个问题。在某种程度上,我对整个重视东方的说法也有同样的感觉。

我认为,彭慕兰的研究虽然在许多方面都很出色,但并没有真正解答为什么19世纪的西方比中国和世界其他地方变得更加强大这个问题。它也没有解释为什么科学革命和工业革命会在世界的某一特定地区发生。仅仅谈论19世纪的煤炭和帝国的隐藏财富,是无法抹去这些历史事实的。从彭慕兰的著作中就可以看出这一点,他的书没有涉及科学、社会结构、政治或家庭制度，基本上只是比较了 19 世纪初中国的一个富裕地区与整个欧洲的经济生产力。

这当然很有趣，但它远未触及韦伯所提出的问题：为什么会发生这种朝向我们现在所处的工业社会的巨大转变？我认为，这个时期几乎所有其他学者的研究都存在这个问题。他们通过各种重新平衡的方法，暗示过去一千年来，特别是在欧亚大陆，各大文明之间几乎没有什么差异。我认为这是错误的。我访问中国、日本、印度和尼泊尔的经历明确表明，它们之间存在巨大差异。它们并不相同。即使是日本和中国，也有很大的不同。通过掩盖差异并试图纠正失衡，我们忘记了最初的问题。

我们必须找到一种方法来解答现代世界兴起的问题。我们需要承认，这种兴起虽然可能令人不快，但事实上，如今正在全球传播的许多事物确实最初产生于世界的某一地区，然后才向外扩散。尽管如此，我们也要认识到这些发展的根源和财富来自世界各地。我们需要理解并接受这一点，而不是妄下结论，认为世界其他地区在某种程度上低人一等或落后。这引出了我想讨论的最后一部分，即对重大范式转变的日益深入的理解，其中最近的几次转变是我亲身经历的。

1982 年，我首次撰写这些讲座的讲稿时，对发现社会科学中我认为的重大范式转变感到非常兴奋：循环时间、线性时间等。我简单地将其分为四个主要阶段：文艺复兴之前的循环时间，18 世纪的进步时间观念、进化阶段，然后是 1890 年左右开始的结构时间。然而，到了 2002 年左右重写这些讲稿时，我发现这种划分过于简单化，不再完全符合我的想法。我将其修订为一个更复杂而全面的版本，更多地关注每个时期提出的问题和使用的隐喻等。我在一次讲座中介绍了这个新版本，后来制作成图表，并将其纳入文章。我认为，用更复杂的例子来补充和完善这些对我早期讲座的重新诠释，可能会对那些感兴趣的人有所帮助。

2014 年：一个没有世界观的世界

1982 年的讲座系列将故事讲述到了当时的情况。然而，描述其后四十年发生的事情却颇为困难，因为似乎宏大的世界观或范式已经消逝了。我曾两次尝试描述这种情况。其中一次是在一本书的一个章节中，这本书写于 2014 年，并于 2018 年出版，书名为《给四月的信：我们如何知道》(*How Do We Know? Advice for April*)。

以下是直到 2012 年的完整拼图，包括全球化或"后"阶段：

类别	循环 （至1450）	进步 （约1500—1790）	悲观主义 （约1790—1840）	进化论 （约1840—1890）	传播论 （约1890—1920）
人物	柏拉图 伊本·赫勒敦 中世纪经院哲学家	孟德斯鸠 杜尔阁 弗格森 亚当·斯密	马尔萨斯 托克维尔 （梅因）	达尔文 马克思和恩格斯 斯宾塞 摩尔根 泰勒 埃夫伯里	阿尔弗雷德·哈登 佩里 里弗斯（晚期） 埃利奥特·史密斯 （詹姆斯·弗雷泽）
时间观	永恒回归 时间如轮 循环时间	进步性增长 进步阶段 不可逆时间	仅短期进步 危险和陷阱 长期循环	长期进化和增长 时间跨度延伸至数百万年	文化变迁的长期影响如涟漪般逐渐扩散
权力观	西方处于防御状态 国家间平等	西方具备军事和生产技术优势 早期帝国主义	法国大革命和欧洲分裂 工业和城市革命的恐怖 分散的帝国主义	西方在各方面几乎完全占据主导地位 成熟的帝国主义	西方以外的其他地区在科技和经济上逐渐缩小与西方的差距 帝国主义的新形态
隐喻	自然循环 季节 植物和动物 天体	从黑暗到光明（启蒙） 从粗糙到光滑 从简单到复杂	自然循环 从生到死 历史循环	有机的 从种子到植物 分化 多样化 复杂性	水中的涟漪 物种的传播
问题	生命的意义 如何生存 最理想的状态	增长的阶段是什么？ 如何改善地球上的生活？	如何避免未来的经济、人口和政治危险？	人类起源 将文明置于阶梯上 进化动力学 同质性	事物起源于何处？ 思想和技术如何传播？
模型	神学 历史	牛顿科学 数学和其他科学 手工艺学科	神学 生物学	生物学 考古学	生物学 技术
理论贡献	基本类别和区分 理想类型	文明的基本类型和阶段 比较方法	乐观主义和悲观主义的平衡 基本危险和陷阱	比较方法 元历史和进化论的一般规律	相对主义 联系不同的种族 长期视角
背景	农业文明	科学技术的发展 探索	法国大革命 城市化和工业化	西方的帝国主义统治 成熟的工业主义	日本、印度等国力量的增长 第一次世界大战

类别	功能主义（约1920—1950）	结构功能主义（约1935—1980）	马克思主义（约1950—1989）	结构主义（约1940—1990）	全球化（约1985—）
人物	马林诺夫斯基 理查兹 迈尔	拉德克利夫-布朗 福蒂斯 埃文思-普里查德 弗思 比蒂 巴恩斯 格卢克曼	戈德利尔 布洛赫 沃斯利 沃尔夫 弗里德曼	列维-斯特劳斯 利奇 道格拉斯（莫斯）	萨义德 马库斯和费舍尔 格尔茨（后期） 古迪（后期） 拉图尔
时间观	大体静态 短期变化 强调平衡 横断面研究	静态 短期变化 自我修正的平衡机制，但开始对历史发展产生兴趣	系统随时间推移的长期演变 社会发展经历的各个阶段	静态分析 关注时间的层次性	对时间的关注弱化 时间的政治化
权力观	独立运动 两次世界大战和西方世界的动荡 殖民主义持续和帝国的维系	殖民主义的终结和后殖民主义的兴起 冷战开始	冷战 发展与欠发展问题	关注技术发展带来的平等和同质性 追求各种形式的平等	全球化的世界 通信互联互通 美国霸权地位
隐喻	社会整体是一台复杂的机器，由多个活动部件组成	社会各部分都是整体结构中发挥特定功能的组成部分	动植物通过不同阶段的生物生长过程	地质地层 语言结构 二进制计算机	文本与元文本 话语分析 语言学
问题	一个部分的功能是什么？ 什么是由功能组成的整体结构？ 功能比较	社会结构如何运作？ 在既定社会中的模式是什么？	历史发展的基本决定因素是什么？ 意识形态的神秘化表现在哪些方面？	探讨关系之间的关系 寻找人类思维的深层普遍性 研究代码和思想的本质	环境背景如何对研究产生影响？ 如何表现他者？
模型	生物学 技术	技术 社会学 法律	社会学 历史学 经济学	语言学 控制论 计算机科学 符号学 地质学	文学分析 媒介研究 美学理论
理论贡献	文化相对主义与对民族中心主义的批判 强调深入细致的民族志研究	对特定社会进行深入的个案研究 更全面、深入地理解社会运作机制	回归对宏大问题的探讨，关注更长的历史时间跨度 社会现象去神秘化	使用包容性研究方法 发现不同层次间的联系 普遍性原理	作者中心主义的消解 警惕潜在的宏大叙事 自我反思
背景	第一次世界大战	殖民主义末期	冷战时期	数字时代的开端	全球化时代

对 1982—2023 年变迁的反思

2023 年：最终的反思，遥远的视角

二月

2023 年，我在自己的 YouTube 频道收到一个订阅者的请求，对方希望我更新这个账号。我于 2023 年 2 月 9 日完成更新，制作了一个 26 分钟的视频。

在研究"资本主义的宇宙观"，也就是西方强国（尤其是英语世界）从约 1450 年至今的思想体系时，我认为从局外人的视角来探究 1450 年之前的根源会很有启发。为此，我选择了一位中国世界历史学家，他不仅精通本国文明史，也深谙西方历史。我想了解他的看法。这位学者认为，这些思想体系的根源可以追溯到希腊文明、基督教、罗马帝国、中世纪思想以及日耳曼人的入侵，并对这些方面做了简要概述。随后，我考察了这些宇宙观在 1450 年至今 500 多年的演变。

现在，以一个远方观察者——一位中国世界历史学家——的视角来结束这次探索似乎很合适。从中国的角度来看，这半个千年的大致轮廓是怎样的？审视这些思想体系又如何有助于解释中国和世界大部分地区所经历的变迁？

大多数中国人所熟知的历史格局是，从约 1830 年起直到近代，西方一直将中国视为低等、二流的国家，是可以随意操纵、剥削甚至瓜分的对象。当时的漫画、远征、赔款和鸦片战争无不诉说着这段悲惨的历史。

从大约 1830 年开始，西方国家，尤其是英国，在科技、军

事和工业领域逐渐建立起优势。凭借这种力量上的优势，西方不仅将中国，而且将世界上大部分地区都视为可以肆意剥削的对象。19世纪的宇宙观，特别是进化论，清晰地体现了这种统治意识形态。进化论思想在维多利亚时期达到顶峰，但如果我们审视过去70多年的世界格局，从朝鲜战争开始，我们不难发现，类似的殖民主义和帝国主义态度仍然根深蒂固。这一次，主导权从失去帝国的英国人手中，转移到几乎在各个方面都占据主导地位的美国人手中。

仔细观察美国的海外行为模式，我们可以清楚地看到，它一直在追求一种无情的非正式征服路线。这意味着，美国并没有像英国那样直接占领大片土地，而是通过操纵和施压等手段，迫使许多国家按照美国认为对自身最有利（当然也符合美国利益）的方式行事。

回顾这一时期的不同阶段，我们可以清晰地看到一系列的扩张行动。首先是对东亚的大规模推进，包括朝鲜战争、越南战争、柬埔寨战争和老挝战争。这主要发生在20世纪50年代到70年代。紧接着，部分重叠的是对南美的大规模干预，包括颠覆民主政权和政权更迭，如尼加拉瓜、智利和古巴的事例。随后，焦点转移到了从北非延伸至巴基斯坦的伊斯兰地带。在过去的30年里，美国对伊拉克、伊朗、叙利亚、利比亚、阿富汗和巴基斯坦施加了巨大压力并发动了大规模军事行动。这些行动导致数百万人流离失所，数以十万计的人丧生，反映了英语世界基于其帝国主义角色而产生的对外扩张观。这种模式显而易见，并且仍在持续，如今表现为向东欧的扩张、与俄罗斯的对抗，以及与中国日益加剧的紧张关系。

一位中国全球史学家可能会探究，这段给世界带来军事和经济灾难的时期究竟源自何处。有观点认为，这与我在本书中描述的500多年的历史进程密切相关。从中国的视角来看，西方的意识形态和宇宙观似乎非常契合这种对外的爆发式扩张运动。

尤其是英语世界的一些国家——虽然早期也包括葡萄牙、西班牙和欧洲其他地区的基督教传教帝国——持有一种军国主义的世界观。这种观点在克劳塞维茨关于战争的著作中被概括为：为避免被攻击，你要先发制人；要把防御放在首位。人们认为，军事压力通常能帮助实现帝国的野心。这是一种非常好斗和好战的观点，反映在对竞技游戏的重视上，以及对二元世界的看法上——如果你赢了，他们就输了，你必须选边站。这整个哲学深深根植于资本主义世界的宇宙观中。

从经济角度来看，这是一种零和博弈的世界观。如果一个国家的贸易看起来做得很好，比如日本经济的迅速崛起，那就被认为是以其他国家为代价的。"你们在偷走我们的工作和财富。"亚当·斯密等人认为贸易对双方都有利的观点被否定了；相反，贸易被视为制造依赖性并窃取我们财富的手段。这是一种帝国模式，最初体现在欧洲帝国，特别是英帝国中，如今则体现在美国的霸权中。

这个世界建立在某种现代性理念的基础之上，该理念在理论上将政治与意识形态和宗教相剥离，同时试图将政治与经济和社会分离开来。然而，在现实中，财富与权力之间的紧密联系仍然存在，这一点我们在美国和西方世界的其他大部分国家中都可以看到。这种文明形态高度崇尚个人主义，个体利益被置于群体利益之前，这与中国的传统观念形成了鲜明对比。在这里，金钱与财富被视为至高无上的追求，正如托克维尔在19世纪30年代对美国社会的深刻剖析，也如同众多欧洲大陆人士对英国社会的评价——一个由商人构建或引领的国家，其中，"钱、钱、钱"不仅是大英帝国的不懈追求，也在很大程度上成为美利坚帝国的核心目标。

在西方强权占据优势之际，他们倾向于将自身制度视为典范，坚信所有国家均应效仿，甚至企图强加于他国。我们自诩知晓何为全球之最佳实践，诸如"民主""自由"及我们口口声声珍视的各项价值观。然而，我们的世界观却缺乏对他国观点的深切同情、关注与理解，不能认可他们或许已探寻到同样有效乃至更为优越的治理之道。这种世界观本质上蕴含着种族主义色彩，即默认西方白人国家凌驾于棕色、黑色或黄色皮肤国家之上。尽管此类观念正逐渐淡化，但种族主义法律在美国的影响绵延数代，而且西方社会众多人的言行间仍隐约透露出深刻的种族主义偏见。

从中国的视角出发，这种对西方世界的评价或许显得悲观，甚至有人认为是失之偏颇的。原因在于，中国人对西方在过去半个千年内于艺术、思想及生活品质上做出的贡献深怀敬意。然而，当我们尝试从宇宙间更广阔的视角或是其他星球文明的视角来审视这个世界时，不得不面对这样一个现实："资本主义的宇宙观"在很大程度上，是西方世界基于其技术、科学及军事领域的显著优势与胜利，所形成的一种自视优越且自认为代表进步的宇宙观。

九月

时至 2023 年 9 月,艾琳·加尔斯蒂安与我一起完成了本书的最后润色工作。这确实是我近期的最后一篇感想,主要围绕我从撰写这本书中所学到的以及后来发生了什么。之前的反思分别写于 2012 年和 2023 年年初,将故事延续到接近现在。因此,以下仅是我过去七个月中的进一步思考。

其中之一就是人工智能像一股洪流突然涌入我们的意识。显然,我以前就知道人工智能,也读过关于"奇点"的文章,即 2049 年计算机将超越地球上的所有人类大脑。但随着 ChatGPT(一种人工智能技术驱动的自然语言处理工具)等软件和其他非常智能的程序的公开发布,它成为每个关注时事和新闻的人都在讨论的话题。人们对人工智能充满了焦虑和担忧。有人说,这意味着地球上某种生命形式的终结,也就是说,像我们这样的生物有机体将让位于机械/电子"有机体"——计算机。还有人说,这将从根本上颠覆工作模式,因为大多数工作,包括几乎所有的专业工作,都可以由机器更好地完成。还有人认为,这将导致使用无人机和机器人进行新形式的可怕战争。从积极的一面来看,也有人说,它将通过加快科学实验,特别是健康和能源领域的科学实验,彻底改变我们的世界,从而可能使我们免于目前面临的一些生态、医疗和社会灾难。

我的思绪常在过去与未来之间徘徊。目前,我正考虑与同事合作,深入研究人工智能对社会、心理、经济等方面的影响。虽然在本书中我并未过多关注这一点,但人工智能无疑是一项正在改变我们这个世界的技术。就像以往的技术革命一样,当它悄然改变我们周遭的世界时，我们往往并未充分意识到这一点。

另一个引起我思考的是可再生能源问题。一方面，我们被告知必须在未来七八年内彻底摆脱对碳基燃料的依赖。我们目睹了全球变暖导致的众多自然灾害。同时，我们也看到了决策者们缺乏果断行动的魄力，特别是在民主制度下，政客们为了选票而相互角力。面对一些统计数据，人们很容易感到悲观和震惊。比如，有数据显示，地球上的锂元素储量仅够为未来全球10%的汽车制造电池。

另一方面，我们也看到了一些令人鼓舞的迹象。我当前对核聚变能源的最新突破以及利用室温超导体传输电力的新技术寄予厚望。中国在小型模块化反应堆（Small Modular Reactors, SMRs）方面的进展也让我倍感兴趣。这种反应堆的体积只有一个大冰柜大小，但每一个通过吸入空气就能产生巨大能量，足以为英国250万人口供电。这项技术有望在全球范围内推广，比如遍布非洲、印度和南美洲。它们将提供免费、无限且清洁的能源，不仅能满足电力需求，还可用于海水淡化和大气净化。这将极大地缓解食品生产和安全用水等方面的问题，并减少因资源短缺而引发的国际纷争。

再一个引起我关注的话题——也是贯穿系列讲座的主线——是东西方力量平衡的历史变迁。当西方处于主导地位时，它塑造了一种进化的形象，将自己置于发展阶梯的顶端。而当东西方实力相当时，一种超越时间的平等理念就会出现。我发现这个观点对于理解七个月年来迅速发展的局势很有帮助。我们正目睹全球力量平衡从西方（欧洲和其他英语世界）向其他地区转移。这种转变在日本、中国和印度已经持续数十年，但现在正在加速。我们每天都能听到来自南非、中东或南美洲要求平等的新主张。世界货币从美元主导转向多元化货币体系或黄金标准的趋势，以及最近金砖国家扩大成员范围，都是明证。我认为，我们正经历着西方与世界其他地区之间在权力、知识和提出全球倡议方面的巨大转变，这种变化几乎影响着各个领域。

这种全球格局的变化尤其影响了我们从"其他国家"那里学习到了什么。我曾对一位朋友说，过去三四十年里，中国从远远落后的位置迅速赶了上来。在这个过程中，中国在技术、法律、市场体系和政治等方面都快速与西方接轨。中国不仅适应了西方，还吸收了新的理念和做事方法，这些都极大地激发了它的发展活力。然后我问他，反过来，西方从中国、印度以及世界其他地区学到并采纳了什么？他想了想，说：嗯，食物，比如印度菜和中国菜，还有一些电影和文化风格，但也就这些了。我认为，当前我们面临的一个重大挑战是如何摒弃"我们掌握所有答案"的自负心态，转而接受我们可能从世界其他地区学到很多东西。这无疑是一个巨大的挑战，因为很多人觉得改变是困难的。

事实上，这并非西方第一次需要这样做。纵观历史，我们曾多次经历类似的学习过程。比如，在中世纪时期，许多阿拉伯科学和一些技术涌入欧洲，欧洲对此进行了消化和吸收。再如，15世纪开始的欧洲扩张，至少在物质层面，来自世界各地的新事物为欧洲文明注入了新的活力。到了18世纪向东亚扩张时期，欧洲通过贸易、文化交流等又从中国那里学习了许多。当时甚至掀起了一股中国和日本热潮，不仅包括物质文化，还涉及做事方式，甚至哲学思想。我认为，文明之间思想的交流与融合需要更加频繁地发生。我们必须认识到，西方的方式并非唯一正确的方式。我们需要学会适应和改变，就像东方和世界其他地区在西方帝国主义扩张时期所做的那样。

最后，本书讲述了这样一个故事：当西方发现自己与其他国家实力相当时，还能表现出一定的宽容，不至于过分傲慢。但西方一旦在各方面占据优势，就开始向外扩张，大肆推广其生活方式和帝国野心。我一再强调，西方一直是个好斗、崇尚军事、在很多方面自以为是且自信满满的文明，所以它一直是这种行为模式。现在，许多人认为，随着东方和南方国家在世界舞台上获得更多力量、知识和话语权，它们也会像过去的西方一样行事。这种想法导致了一些偏执的理论，比如担心中国想要统治世界等。但这其实是一个根本性的误解。

随着世界力量的再平衡，我们过去两千年那种对外扩张、咄咄逼人的处世哲学，正在被一种更注重协作、和谐、具有较少军事侵略性的世界观和传统所取代。这种新的观念在中国尤为明显，在印度和日本也广泛存在。当然，这并不意味着这些国家不会武装自己或不防备西方的威胁，也不是说它们的历史上没有战争或冲突——显然不是这样的。但是，儒家、道家和佛教思想的基本前提是追求和谐共处，而希腊、基督教和封建思想的基本前提则是在相互冲突的力量和欲望之间维持一种紧张的平衡。正因如此，我对未来充满希望。我认为，世界需要一种新的、更加和谐、减少冲突、注重协作的世界观。这将有助于我们作为人类在这个小小的星球上团结一致。